U0402750

会计学论丛

公允价值计量与金融市场风险

THE IMPACT OF FAIR VALUE MEASUREMENT ON THE FINANCIAL RISK OF CHINESE CAPITAL MARKET

曾雪云◎著

本书得到北京市社会科学理论著作出版基金资助

图书在版编目(CIP)数据

公允价值计量与金融市场风险/曾雪云著.—北京:北京大学出版社,2014.5
(会计学论丛)
ISBN 978-7-301-23782-3

Ⅰ.①公…　Ⅱ.①曾…　Ⅲ.①会计计量-影响-金融市场-金融风险-研究
Ⅳ.①F830.9

中国版本图书馆 CIP 数据核字(2014)第 025780 号

书　　　名:公允价值计量与金融市场风险
著作责任者:曾雪云　著
责 任 编 辑:李　娟
标 准 书 号:ISBN 978-7-301-23782-3/F·3842
出 版 发 行:北京大学出版社
地　　　址:北京市海淀区成府路 205 号　100871
网　　　址:http://www.pup.cn
电 子 信 箱:em@pup.cn　　　QQ:552063295
新 浪 微 博:@北京大学出版社　　@北京大学出版社经管图书
电　　　话:邮购部 62752015　发行部 62750672　编辑部 62752926　出版部 62754962
印　刷　者:北京宏伟双华印刷有限公司
经　销　者:新华书店
730 毫米×1020 毫米　16 开本　13.25 印张　216 千字
2014 年 5 月第 1 版　2014 年 5 月第 1 次印刷
定　　　价:35.00 元

序

近年来，在西方实证研究方法的影响和推动下，会计学与金融学不断融合，会计研究的选题日益偏重于公司财务以及金融领域，这不仅导致会计学与公司财务、应用金融等相邻学科的区分度较低，而且也影响了我们对会计目标、会计要素等诸多基础理论问题和现实问题的深入思考。应当看到，随着社会经济的进步和资本市场的发展，会计学与金融学、法学等相关学科的融合已经是大势所趋，但是这种融合的本意和初衷应当有利于会计学科的繁荣和发展，它没必要也不应该挤占我们对会计学独立思考的空间。若非如此，学术界一些有识之士的担忧也就可以理解了。

曾雪云博士的论著《公允价值计量与金融市场风险》是近年来较为难得的一本会计类学术著作，既体现了会计学与金融学等相关学科的融合，也展现了作者对会计目标、公允价值等诸多会计现实问题的艰辛探寻和独立思考；既有基于国际财务报告准则最新发展的国际视野的分析，又有立足于金融资产分类和证券市场监管的中国实践的透视；既运用了实证研究这一能够被国际学术界普遍认可的研究方法，又不乏规范研究的逻辑推理和条理分析。

著作首度从社会属性与公共管理政策的视角，对会计在金融稳定与宏观调控方面的基础性作用进行了开创性的经验研究。作者融合了中西方会计思想，率先运用"会计管理活动论"的思想精髓，突破会计是信息系统的概念约束，立足于会计的社会属性，通过中国的经验证据系统、深入地考察了公允价值会计对金融风险的影响机理，重新阐释了公允价值会计在社会经济体系中的角色定位，同时对公允价值会计的经济后果进行了全面的分析。特别值得一提的是，在这部著作中，作者还试图打通微观层面与宏观层面的研究，从会计学视角在微观层面考察了资产价格波动这个宏观经济问题，进而为我们理解金融脆弱性提供了新的分析基础。鉴于宏观经济的复杂性和系统性，我相信来自微观层面以及中微观层面的分析将会逐渐成为宏观经济研究的一个重要视角。

在这部专著中，作者还阐释了会计准则是社会各方利益协调的结果这一重要的会计思想。应当看到,会计和经济的相互影响是极其广泛和复杂的,过度重视会计信息处理技术与信息媒介的局限性恰在于缺乏对会计社会属性的重视,忽略了会计作为公共管理政策对投融资行为的制度影响。回望历史,我们不得不承认,对会计社会属性的忽视是制约会计基础理论发展、导致财务会计概念框架偏离各类实践活动,甚至是制约会计政策在宏观调控领域的作用边界的一个关键因素。作者的研究表明,公允价值会计的作用不仅在于及时披露市价信息,更在于给管理层提供了新的会计选择和激励方式。以往采用成本计量模式要求尽可能预估所有损失而不预估任何利得,这种不对称性导致了较高的金融资产持有成本,对金融投资具有抑制作用。但公允价值计量遵循价值相关性原则,要求把证券持有利得也计入会计收益,减轻了经理层对金融资产的看管责任,这个未来价值理念激励了经理层和控股股东的金融投资行为。在公允价值会计的作用下,管理层可能倾向于增加证券投资规模,倾向于使证券产品复杂化,其背后的真实动机有盈余管理、过度自信、薪酬激励等,它可能导致会计收益缺乏真实的社会财富作为价值基础,并且还可能引起生产性投资不足和金融衍生过度等问题,这一系列的角色扮演可能使公允价值会计对资源配置和社会经济发展产生深远影响,值得会计准则制定者和证券监管机构长期关注。

本书是曾雪云博士近年来潜心研究取得的阶段性成果,研究内容及其视角较好地捕捉到了会计学的当前热点和未来的发展方向,希望该书的出版能够引起学术界和监管层对会计的制度内涵与本质属性做更多的思考,对探索和拓展会计在经济、金融与管理领域的职能和作用有所贡献。是为序。

徐经长

2014 年 1 月于中国人民大学商学院

前　言

公允价值计量是会计和金融领域一个相当重要而又极具争议的研究课题。一方面,国际会计准则理事会及其委员认为公允价值计量属性由于能够将经济活动的内在波动传递给市场参与者,因而有利于金融市场稳定。另一方面,业内对公允价值计量存在大量质疑,部分学者认为公允价值的不确定性与操控性可能降低了会计信息质量;还有学者认为有顺周期效应且恶化了次贷危机;但另一部分学者却认为对公允价值会计的指责混淆了计量规则与资产证券化对金融危机的贡献(Ryan,2008;Barth et al.,2008;Barth and Landsman,2010;Waymire and Basu,2011)。为什么对公允价值计量的争议很难协调?在我看来,关键问题在于过度强调会计的技术属性和信息含量,却不重视会计的制度含义和社会属性,特别是没有分析公允价值计量规则和理念对上市公司金融投资行为以及金融市场风险的影响。相关研究还停留在信息有用性的层面,较少从制度经济学和行为经济学角度做研究,这亟待加强。虽然,从准则制定者的初衷来看,会计只是一个信息反映系统,并不参与金融经济体系的运行。但不可否认的是,会计的本质是利益协调机制,是用于协调和处理市场各方经济利益的全球通用的计量规则。而且,会计准则本身也是利益协调的结果,会计准则和计量理念会引导实体的经济行为,经济实体既可能遵循会计制度,也可能把会计作为管理工具,还可能针对会计数字而不是企业价值发展新的衍生交易和复杂经济行为,市场参与者则可能利用会计信息进行投机和炒作。这说明会计的制度含义和社会属性是相当重要的研究课题,对与公允价值相关的会计理念与计量规则在经济体系中的作用和角色开展深入研究,无论在增强人们对金融经济体系的运行规律、风险传导与应对机制的了解和认识,还是在填补该领域系统性研究的空白方面,无疑都具有相当重要的意义。

本书在借鉴国内外相关文献的基础上,以"会计管理活动论"这个中国原创性会计学说以及行为金融学等前沿理论作为主要理论依据,通过考察公允价值计量模式、经理层的行为动机、金融资产规模、金融资产收益、盈余波动性、市场流动性与股票价格波动之间的相互关系,就公允价值计量作为一项监管制度对上市公司金融投资行为的影响后果展开了系统、深入的研究,解释了公允价值计量对金融市场风险的传导机制。研究结论有助于深化对公允价值计量的制度后果的理解,对于改进会计准则和加强金融监管具有参考价值,对于维护金融稳定,具有重要的理论和现实意义。

本书的主要研究结论是:(1) 公允价值计量对上市公司金融投资行为存在显著激励作用,一定程度上导致了更大的金融资产规模和更高的盈余波动性。(2) 这些新增的金融资产规模与盈余管理、过度自信、高额薪酬和赚钱效应是显著相关的。(3) 金融资产的公允价值变动通过投资者情绪和流动性变动增强了资产价格波动,并且公允价值对金融风险的传导效应是以价值相关性为前提的。这说明虽然公允价值信息能够向投资者揭示金融资产风险,但却可能导致过度交易和非理性行为,因此有不利于市场估值和金融稳定的一面。(4) 公允价值计量在一定程度上增强了股票价格波动,进而增加了金融脆弱性。基于以上结论,本书的研究揭示出公允价值计量对金融投资行为存在显著激励作用且对金融市场风险存在传导效应:首先,在公允价值计量下,由于价值相关性原则的导向作用,证券持有利得被视为综合收益的组成部分,从而产生赚钱效应,在过度自信心理以及高额薪酬的利导下,经理层有强烈的金融投资动机;加之,公允价值计量模式提供了金融资产分类和证券择机处置这个盈余管理机会,可以部分隐匿金融资产价格波动和按管理意图进行盈余操纵,因此对上市公司的金融投资活动具有显著的激励作用,导致了金融资产规模的增加;随着金融投资规模的增加,上市公司的盈余波动性出现了显著增加;并且,金融资产的内在风险以及盈余波动性显著增加了股票价格波动;又因为股票价格波动会导致投资者股票持有损益波动,于是在投资者情绪波动和非理性行为的作用下,出现噪声交易和流动性改变,引起进一步的股票价格波动,最终在市场总量层面传导了股票价格波动和金融脆弱性。

本书对公允价值计量制度后果与风险传导机制的研究具有一定探索性。主要改进和创新体现在以下四个方面:

第一,率先突破将会计定义为信息反映系统的限制,通过中国资本市场的经验证据首次系统地解释了公允价值计量对金融投资行为的激励作用。既往对公允价值会计的研究建立在会计是信息反映系统和信息处理技术这个基本命题之上，由于没有把握会计的本质，因此很难求证公允价值会计对金融风险的传导效应。但会计准则本身是利益协调的结果，会计准则和计量理念会引导经济行为，经济实体还可能把会计作为管理工具，市场参与者则可能利用会计信息进行投机和炒作。所以，会计对经济的影响是复杂的，并且随着金融经济体系的发展，会计的主导作用还会不断增强。因此，本书的改进与意义在于:基于会计的制度含义和社会属性，率先解释了公允价值计量对上市公司金融投资行为的激励作用。

第二，本书提出公允价值计量存在有利有弊的两面性，研究结论说明价值相关性以及决策有用性目标的导向作用值得斟酌。有利一面是公允价值计量有助于增强会计的价值相关性，能把金融资产的内在风险传递给投资者；不利一面在于公允价值计量对金融风险有传导效应，能够增加盈余波动性、噪声交易量和股票价格波动。进一步来说，虽然从价值相关性出发可以推行全面公允价值计量，但从金融风险的角度出发则不宜推行全面公允价值计量。这是因为从理论渊源来说，(外部)决策有用性会计目标以资本市场为导向，但却忽略了市场主体的行为，这是一个较大的缺陷。作为市场主体，企业的长远发展需要以稳健为前提；有稳健发展的企业，才有健康稳定的市场。鉴于此，本书的理论和政策含义在于，公允价值会计对风险的反映和传导作用应当谨慎适度，更重要的是以后的会计目标也应当包含促进企业长远发展的内容。

第三，本书从制度经济学和行为经济学的视角，构建了公允价值计量对金融市场风险的传导机制的分析框架，考察了金融资产收益、金融资产规模、盈余波动性、市场流动性等中介变量的影响，为理解会计在金融经济体系中的作用和角色提出了研究思路。

第四，本书将资产价格波动这个宏观经济问题放在微观层面进行研究，以上市公司的个股收益波动和相对风险系数作为代理指标，解释了金融脆弱性的微观形成机理，有助于加深对金融风险微观传导机制的理解。

曾雪云

2014 年 1 月

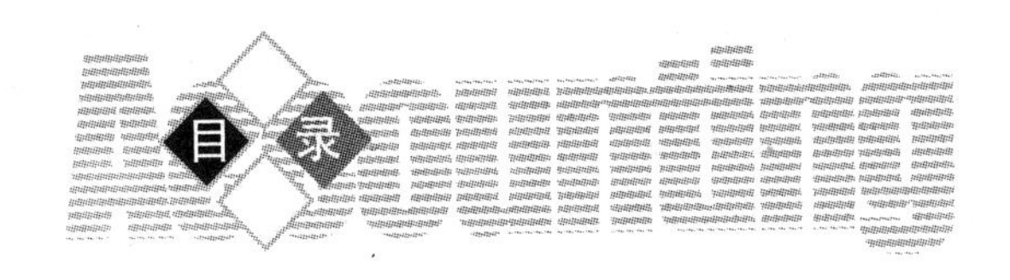
目 录

第一章 导 论

第一节 研究背景与研究问题

近几年,以证券市场资产价格波动为特征的金融脆弱性问题正在成为影响全球经济稳定的风险引擎。而伴随金融产品的持续创新,公允价值会计的重要性日益凸显,在经济体系中的作用边界不断延展,引起了各国政府的高度重视。2006年2月,我国财政部颁布了新修订的《企业会计准则》(*China Accounting Standards*,CAS),宣布中国会计准则与国际财务报告准则实现了实质性趋同,其中一个重要转变就是对金融资产采取公允价值计量模式。在公允价值计量下,我国上市公司买卖股票、债券等金融产品的现象日益普遍,金融资产规模已经显著增加。随着金融资产规模的增加,公允价值计量作为会计规则对经营业绩、资产价格和金融稳定的影响变得越来越重要,引起了一系列有待于研究和探索的重要而迫切的问题。在公允价值计量下,上市公司的资产结构和盈余结构有什么改变?公允价值计量对管理层金融投资行为有什么影响?上市公司的金融投资行为如何影响股票的价格波动?是否进一步影响了投资者情绪和市场流动性?对这些问题的研究,有助于加深对公允价值计量制度后果的理解,可以为公允价值会计准则的修订提供经验证据和政策建议,是理解金融脆弱性问题的一个重要分析视角,具有相当重要的理论和现实意义。在这个研究背景和现实意义下,本书将致力于通过以下两个研究问题来解释公允价值计量对金融风险的传导机制以及与此相关的经济后果:(1)公允价值计量与股票价格波动有何关联关系?(2)公允价值会计影响股票价格波动的作用机理和传导机制是什么?

第二节 名词解释

(1)**公允价值**(Fair Value):公允价值作为会计学名词最早见于 Paton

(1946)。美国财务会计准则委员会(Financial Accounting Standards Board, FASB)的定义是:“在计量日的有序交易中,市场参与者出售某项资产所能获得的价格或转移负债所愿意支付的价格。”①

(2) **公允价值信息**(Fair Value Information):本书特指资产或负债的市场价格与账面价格的差额,包括持有利得和持有损失,也称为公允价值变动损益或者未实现损益。

(3) **公允价值会计**(Fair Value Accounting):本书特指与公允价值信息的确认、计量和披露有关的会计处理方法,包括公允价值计量和资产减值会计。②

(4) **公允价值计量**(Fair Value Measurement):本书特指以金融资产或金融负债在活跃市场的报价作为计量基础并且需要确认持有利得和持有损失的会计方法。

本书对公允价值计量的研究范围是金融资产,不包含投资性房地产。按照国际会计准则理事会(International Accounting Standards Board, IASB)和中国会计准则委员会(Chinese Accounting Standards Commission, CASC)的规定,投资性房地产可以采用公允价值计量,但实际上,我国上市公司在2007—2009年间仅有52例以公允价值计量的投资性房地产,只占同类资产的4.39%,所以公允价值计量对投资性房地产的核算总体来说不具有重要性。

(5) **金融资产**(Financial Assets):本书特指以公允价值计量的金融工具,包括交易性金融资产、交易性金融负债、衍生金融工具和可供出售金融资产。

本书对金融资产的研究范围不包括以摊余成本计量的持有至到期投资和应收应付款。

(6) **资产价格**(Asset Price):本书对资产价格的定义是由投资者决定的反映在股票价格中的上市公司净资产的市场价值。资产价格作为经济学概念最早可以追溯到Fisher(1911)。Fisher(1911)把股票市价和房地产市价统称为资产价

---

① 摘自美国财务会计准则委员会(Financial Accounting Standards Board, FASB)SFAS第157号《公允价值计量准则》。

② 业界对公允价值会计没有一致解释。葛家澍、徐跃(2006)认为市场价格是所有计量属性的一个基本概念,历史成本、现行成本、公允价值都来自市场价格。毛新述、戴德明(2011)认为公允价值会计与资产减值会计是不同概念。这里指与公允价值信息确认、计量、报告和披露有关的各种会计处理方法,包含公允价值计量、资产减值会计和债务重组等。

格(Asset Price),但后来的经济学文献通常以资产价格指代股票价格。遵照惯例,资产价格在本书中的含义是资本市场上证券产品的市价,而不是上市公司资产负债表上特定资产的计价。

(7) **资产价格波动**(Asset Price Volatility):本书特指由投资者决定的反映在股票价格中的上市公司净资产的市值变动,或称为股票价格波动。资产价格波动有两个微观代理指标:一个是个股的收益波动性,选取个股周收益率标准差和个股月收益率标准差表示;另一个是个股的 Beta 系数,以上海综合指数和深圳成分指数为参照,用个股的相对风险系数表示。

(8) **金融脆弱性**(Financial Instability):在早期主要指银行部门的经营风险和不稳定性,但近十年来频繁爆发的金融危机不一定表现为银行系统的坍塌,却都有资本市场指数暴跌的现象(例如,1994 年墨西哥金融危机、1997 年东南亚金融危机和 2008 年全球金融危机等),因此国际货币基金组织(International Monetary Fund,IMF)、欧洲中央银行(European Central Bank,ECB)等机构通常把资产价格波动作为衡量金融脆弱性的重要参数。

(9) **市场流动性**(Liquidity):按照中国人民银行《2006 年第三季度中国货币政策执行报告》,流动性可以划分为市场流动性和宏观流动性两个层次,市场流动性是指"在几乎不影响价格的情况下迅速达成交易的能力,往往与市场交易量、交易成本、交易时间等因素有关"。

(10) **其他名词**:后文出现的其他名词有盈余波动性、持有利得、持有损失、未实现损益、已实现损益、金融资产规模、金融资产收益、盈余管理、赚钱效应、高额薪酬、过度自信、市场乐观和市场悲观。对它们的定义和解释见相关章节。

第三节 研究现状

长期以来,股票价格的波动是经济金融学的经典研究问题。其中,宏观经济学研究了股票价格波动对金融稳定和实体经济的破坏和影响,行为金融学研究了投资者行为与心理对股票价格波动的决定和影响,但会计领域却很少关注会计制度和会计信息等对股票价格波动的影响。究其原因,关键在于会计学术界一直认同会计是信息处理技术这个基本假设。在信息处理技术假设下,无论是会计信息含量还是价值相关性研究,都很难认可会计准则作为监管制度对上市公司行为的影响与决定性,从而没有客观把握会计在金融经济体系中的重要性。

一、经济金融学的研究

一方面,宏观经济学通常把资产价格波动作为测评金融脆弱性的指标(Fisher,1911;Minsky,1971;Minsky,1986;Bernanke,1983;Marshall,1992;Allen and Gale,2000;伍志文,2002;刘霞辉,2002;瞿强,2007),分析它对金融稳定性、实体经济稳定以及通货膨胀预期的影响,但宏观研究的局限性在于很难深入解释资产价格波动的形成机理和影响因素。

另一方面,针对"资产价格波动之谜"(Campbell and Cochrane,1999),行为金融学从风险厌恶、情绪波动、信念异质等角度研究发现股票持有损益会影响投资者情绪,改变投资者的风险厌恶水平,然后通过"噪声交易"将资产价格推得更高或者超跌(Barberis et al.,1998,2005),进一步的研究表明投资者是非理性的和过度自信的(Odean,1998),并且普遍存在的过度交易行为给资本市场带来了额外风险(Barberis et al.,1998),甚至影响到市场总量的系统性变化(Watanabe,2008;Dumas et al.,2009)。但是,行为金融学很难解释股票价格与资产负债表之间的关联性。

二、会计学的研究

与经济学和金融学相比,会计学者虽然在理解资产负债表和管理行为方面有专业优势,但贡献却相对有限。

首先,在股票价格波动的问题上,鲜有来自会计学的研究。自 Ball and Brown(1968)以及 Beaver(1968)首次证实会计信息对于证券价格具有估值作用,宣告"会计信息无用论"不成立以来,会计学与公司金融就一直密不可分,以决策有用性作为报告目标,确立了公允价值会计理念。但也受到了批评和质疑:Holthausen and Watts(2001)认为价值相关性研究很难推导出有益于准则制定的建议;陆正飞等(2009)认为会计学近三十年来少有新颖的和有价值的研究主题,创新性远不如金融学等相邻领域。

其次,业内正在反思会计学研究的发展方向。第一,现有文献忽略了对会计学与金融学、经济学的结合研究。Wilson(1996)在评判会计学的局限性时提出,会计学家如果仍然固守在本领域内,而不重视跨学科结合研究,将来很可能失去某些方面的竞争优势。Sloan(2001)通过分析 Shleifer and Vishny(1997)发现,金融经济类文献对会计学研究成果的引用仅有 3%,由此可见会计学者对经济学的贡献太少。第二,长期把会计视为信息系统,忽略了会计的本质和社会属性。我国著名会计学者杨纪琬和阎达五早在 20 世纪 80 年代就对这个缺陷提出了质疑。杨纪琬、阎达五(1980,1982)认为会计的本质是有意识的价值管理活动,既有技术性也有社会性,需要妥善处理经济价值与使用价值、整体利益与局部利益的关系。这些重要理论和现实问题都没有被包括在会计学的研究内容之中。第三,现有文献还没有关注公允价值计量作为会计制度的政策后果,没有重视会计准则对管理者行为的影响,也没有重视会计信息对市场投机和投资者情绪的影响,因此还没有客观把握会计在经济、金融体系中的作用和角色。

再次,现有研究对公允价值会计与金融风险相关性的解释有较多冲突。Penman(2007)认为市值会计(即公允价值计量)很可能降低了会计信息质量。Landsman(2007)认为测定误差和估计来源很可能对公允价值信息质量不利。Schwarzman(2008)认为公允价值会计恶化了次贷危机。周华、刘俊海(2009)认为公允价值会计"缺少科学性,不能称之为理论"。黄世忠(2009)等大量文献认为公允价值会计具有顺周期效应,在经济萧条时期迫使金融机构确认大量投资损失进而恶化实体经济。FASB 和 IASB 等学术权威机构认为导致金融危机的原因更多地在于次贷产品本身而不是公允价值会计。Barth (2004)则提出会计只有将经济活动的内在波动传递给市场参与者才有利于金融稳定。在这些观点和意见中,有两个见解很重要:一是导致金融危机的原因更多地在于次贷产品本身,二是公允价值会计具有顺周期效应。其中,第一类意见侧重于撇清公允价值对金融危机的贡献,第二类意见旨在强调公允价值信息的反映职能对金融危机存在影响,但这两者都没有重视公允价值计量作为一项监管规则对上市公司投融资行为的制度影响。

最后,会计计量理念在一些关键问题上仍然存在较大争议。这些问题是:公允价值计量是否会对会计实体和经济发展造成负面影响?是否导致股票价格波动?影响机理和影响程度如何?应当如何防范?这些问题迄今没有结论,已经困扰业内多年,还需要深入的研究。

三、研究构建

会计学的未来发展前景有两个方面值得会计学者关注。一是应当更能理解会计数字的经济内涵(Sloan,2001),并且会计学应当与经济学、金融学、战略学、组织学等其他学科相结合,只有这样才能得出真实有用的研究结论(Wilson,1996);二是应当重视会计的本质和社会属性,而不只是会计的技术属性。因为会计是具有经济后果的(Zeff,1978),并非只是单纯的信息处理技术(阎达五,1983a;1983b)。

在这个发展前景下,针对资产价格波动这个经济学问题,更好的研究构建在于完善会计是信息处理技术这个基本命题,重视会计的本质、社会属性和经济后果。在这个新的研究框架下,可以就公允价值计量对实体经济以及资本市场的影响得出有益的解释,进而为会计准则修订和金融风险管理提供经验证据和政策参考。

第四节　研究框架

本书的研究框架如图 1-1 所示。本书主体共有四个组成部分:第一部分是导论,见第一章;第二部分是理论分析与准则研究,见第二、三章;第三部分是实证研究,见第四章至第八章;第四部分是研究结论,见第九章。各章研究内容与逻辑结构如下。

本书第一部分包括六项内容。其中,第一节阐述研究背景、现实意义和研究问题,第二节阐述本书的关键名词和分析范围,第三节进行文献综述并提出研究构想,第四节阐述研究框架、逻辑结构和研究内容,第五节阐述实证研究设计,第六节阐述本书的主要创新和研究改进。

本书第二部分依逻辑结构共有两章。第二章展开理论与文献分析,梳理相关学科的主要研究成果、分析研究现状和不足,以确立分析基础和理论依据。第三章阐述公允价值会计准则的发展历程,以及公允价值会计在中国的应用原则。

本书第三部分依逻辑结构共有五章。第四章对公允价值计量进行界定、度量和理论分析,考察了上市公司的资产结构和盈余结构在公允价值计量下的变

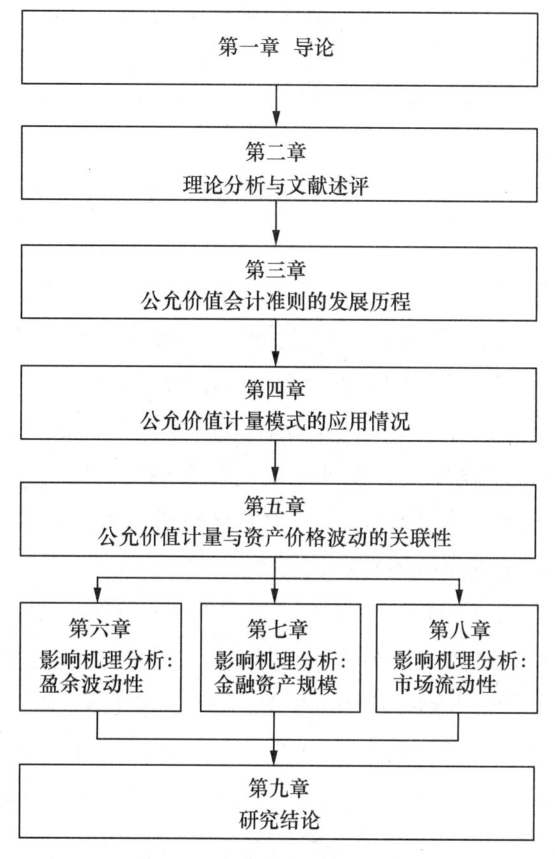

图 1-1　本书研究结构示意图

动情况。第五章对公允价值计量与股票价格波动的关联关系进行理论和实证研究,第六章至第八章对公允价值计量影响金融市场风险的传导机制进行理论和实证研究。其中,第六章研究公允价值计量对盈余波动性的影响,以及盈余波动性在传导公允价值计量对股票价格波动的影响方面的中介作用;第七章先是研究公允价值计量下金融资产规模显著增加的原因,从盈余管理、赚钱效应、高额薪酬和过度自信四个方面解释了公允价值计量模式对我国上市公司金融投资行为的影响,然后考察了金融资产在影响盈余波动性以及公允价值计量与股票价格波动关联关系方面的中介作用;第八章研究了公允价值计量对市场流动性的影响(以噪声交易量为代理),以及市场流动性在影响公允价值计量与股票价格波动相关关系方面的中介作用。

本书第四部分包括三项内容。其中,第一节阐述了主要研究结论,并对研究结论进行理论解释;第二节阐述了研究启示和理论含义,并提出相应的政策建议;第三节讨论了研究局限性和未来研究方向。

第五节 研究设计

目前,国内和国外对公允价值计量与金融风险的实证研究比较稀少。这主要有三个方面的原因:(1)如何区分公允价值计量与金融资产的波动性风险是一个业内争议多年的实证难题;(2)股票价格波动很大程度上还受到市场行情和其他制度因素的影响,对这些因素的控制有一定困难;(3)就国内来说,CSAMR 和 CCER 等数据库没有收录可供出售金融资产公允价值变动和金融资产已实现损益等重要数据,因此限制了对公允价值计量的实证研究。针对于此,本书进行了以下关键的研究设计和研究改进。

本书对第一个关键问题的解决方案是以公允价值计量作为研究对象,通过中介变量来解释公允价值计量的金融风险,实证研究设计有:(1)以金融资产规模代表金融资产风险,以金融资产收益代表公允价值计量,金融资产收益包含未实现收益和已实现收益两项内容;(2)以 2004—2009 年持续持有证券投资的上市公司构建 Sample I(共 486 家),用于检验同一公司基本面、同一经营业务下两种计量模式在盈余波动性、金融资产规模和股票价格波动上的差异;(3)以 2007—2009 年所有上市公司构建 Sample II,分为持有证券投资和没有证券投资两个观测组,用于检验同一制度基础、同一市场环境下两种不同计量模式在盈余波动性、金融资产规模和股票价格波动上的差异;(4)发展了金融资产规模、盈余波动性和市场流动性三个中介变量,先分别检验公允价值计量对各中介变量的影响,然后分别检验各中介变量对公允价值计量与股票价格波动关联性的影响。

本书对第二个关键问题的解决方案是:(1)在测算股票价格波动时,采用综合市场指数做平减;(2)在 Sample II 的基础上,选取 2007—2009 年持有以公允价值计量的金融资产的上市公司构建子样本,以检验公允价值计量在同一市场环境下对金融风险的影响;(3)根据 2007—2009 年市场行情的变化,定义市场乐观和市场悲观两个子样本,以检验公允价值计量在不同市场行情下对金融风险的影响;(4) 区分金融行业和非金融行业,以对公允价值计量的经济影响有更细致的检验。

本书对第三个关键问题的解决方案是收集和构建基础数据库。首先从2007—2009年持有证券投资的500余家上市公司的各年度报表附注中采集可供出售金融资产公允价值变动和金融资产已实现损益,然后从2004—2006年的各年度报表附注中采集短期投资收益,以获得公允价值计量和成本计量下金融资产收益的完整资料。通过以上实证研究设计和改进,本书较好地区分了公允价值计量与金融资产的波动性风险,比较清晰、可靠地解释了公允价值计量对金融风险的影响机理以及公允价值计量在微观层面的制度后果。

第六节　主要改进与创新

公允价值计量与金融市场风险的相关性是会计学一个相当重要而又复杂的研究课题。就金融危机的微观传导机理来说,虽然在理论上公允价值波动会通过循环反馈效应导致资产价格传染和金融危机蔓延(Plantin et al.,2008;Allen and Carletti,2008;黄世忠,2009),但业内普遍认为对市值会计的指责混淆了计量规则与资产证券化对金融危机的贡献(Ryan,2008;Barth et al.,2008;Barth and Landsman,2010;Waymire and Basu,2011)。主要原因在于公允价值变动虽然是通过市值计量模式反映到股票价格上,但却是由金融资产的内在风险所引起的,因此事实上很难划分金融资产的内在波动与公允价值的估计误差,进而导致对实证结果的解释存在困难,导致了激烈的学术争辩。以至于Plantin et al.(2008)和Allen and Carletti(2008)提出金融资产和市值会计两者都有价格传染效应。加之,学术界长期以来假定会计是信息反映系统,从而不支持公允价值计量作为一项监管制度能够影响金融投资行为的研究假设。并且,CSAMR和CCER等金融数据库没有收录可供出售金融资产公允价值变动等关键数据,这使得实证研究面临挑战,但也为本项目的改进和创新留下了空间。

鉴于此,本书在借鉴国内外相关文献的基础上,率先运用“会计管理活动论”以及行为金融学前沿理论,通过发展公允价值计量模式、金融资产规模、盈余波动性和市场流动性等中介变量,展开理论分析并实证检验了公允价值计量

模式对上市公司金融投资行为的影响以及金融资产公允价值变动对投资者情绪和市场流动性的影响,在微观层面就公允价值计量对金融市场风险的传导机制进行了解释。

本研究的主要改进和创新之处体现在四个方面:

第一,通过中国资本市场的经验证据,首次系统地解释了公允价值计量对金融投资行为的激励作用。既往对公允价值会计的研究建立在会计是信息反映系统和信息处理技术这个命题上的,很难求证公允价值会计对金融风险的传导效应。会计准则本身是利益协调的结果,会计准则和计量理念会引导经济行为,经济实体还可能把会计作为管理工具,市场参与者则可能利用会计信息进行投机和炒作。所以,会计对经济的影响是复杂的,并且随着金融经济体系的发展,会计的主导作用还会增强。因此,本研究的改进与意义在于:基于会计的制度含义和社会属性,率先解释了公允价值计量对上市公司金融投资行为的激励作用。

第二,本书提出公允价值计量存在有利有弊的两面性,研究结论说明价值相关性以及决策有用性目标的导向作用值得斟酌。有利一面是公允价值计量有助于增强会计的价值相关性,能把金融资产的内在风险传递给投资者;不利一面在于公允价值计量对金融风险有传导效应,能够增加盈余波动性、噪声交易量和股票价格波动。进一步来说,虽然从价值相关性出发可以推行全面公允价值计量,但从金融风险的角度出发则不宜推行全面公允价值计量。这是因为从理论渊源来说,(外部)决策有用性会计目标以资本市场为导向,但却忽略了市场主体的行为,这是一个较大的缺陷。作为市场主体,企业的长远发展需要以稳健为前提;有稳健发展的企业,才有健康稳定的市场。鉴于此,本书研究的理论和政策含义在于,公允价值会计对风险的反映和传导作用应当谨慎适度,更重要的是以后的会计目标也应当包含促进企业长远发展的内容。

第三,本书从制度经济学和行为经济学的视角构建了公允价值计量对金融市场风险的传导机制的分析框架,考察了金融资产收益、金融资产规模、盈余波动性、市场流动性等中介变量的影响,为理解会计在金融经济体系中的作用和角色提出了研究思路。

第四,本书将资产价格波动这个宏观经济问题放在微观层面研究,以上市公司的个股收益波动和相对风险系数作为代理指标,解释了金融脆弱性的微观形成机理,有助于深化对金融风险微观传导机制的理解。

此外，在数据处理方面，本书对2007—2009年的金融资产已实现损益、可供出售金融资产公允价值变动以及2004—2006年的股票投资收益进行了手工采集，对2007年市场乐观和2008—2009年市场悲观两种环境下公允价值计量的金融风险进行了分别检验，对金融行业和非金融行业进行了区分。这些改进使本书的研究建立在比较细致完备的数据分析和坚实充分的基础数据之上。

第二章　理论分析与文献述评

现有文献如何解释会计的本质、会计的职能、公允价值会计、公允价值信息、股票价格波动和金融脆弱性？本章将就此展开理论和文献综述，主要包括两部分内容：(1) 对会计学、金融学和宏观经济学的相关理论和重点文献进行综述；(2) 就相关问题的已有成果和研究不足进行评述。

第一节　主要理论依据

已有的大量文献和研究结论为本研究提供了比较丰富的理论依据，主要有：杨纪琬、阎达五(1980,1982)等国内经典文献对会计管理职能和社会属性的强调；Zeff(1978)等国外经典文献对会计经济后果的解释；Ball and Brown(1968)、Ou and Penman(1989)、Barth(1994)、Ohlson(1995)等会计学主流文献对会计信息有用性的强调；Campbell(1999)等行为金融学文献对投资者情绪的研究；Eckstein and Sinai(1986)、Bernanke and Gertler(1987)以及 Bernanke et al. (1999)等经济学文献基于资产负债表对宏观经济增长的研究。

一、会计的本质、属性与后果

中国会计学者杨纪琬、阎达五(1982)认为会计既有技术属性也有社会属性。与此对应，西方会计学者 Zeff(1978)也认为会计具有经济后果。

(一) 会计是一项管理活动

会计管理这个概念是1980年由我国著名学者杨纪琬和阎达五提出来的，后来逐渐发展形成“会计管理活动论”。相对于西方会计学，“会计管理活动论”体现了中国学者的原创性，具有两个主要特征：一是“会计管理活动论”认为西方会计理论没有准确定义会计的本质、职能和属性，二是“会计管理活动论”认为欧美国家盛行的将会计定义为一个信息技术系统的做法没有体现会计的本质。

相对于西方会计学,“会计管理活动论”更偏重于会计对经济的影响,而非经济对会计的影响。它的思想精髓有以下主要内容:(1) 会计具有双重性,既有技术属性,与合理地组织生产力有关系;也有社会属性,与妥善处理经济关系和经济利益紧密联系(杨纪琬、阎达五,1980;杨纪琬、阎达五,1982)。(2) 会计并非只是单纯的信息处理技术。虽然,贯穿于西方会计理论的一个指导思想是,会计属于应用技术的范畴,是外在于经营管理活动的一种技术方法,与社会政治条件没有直接联系(阎达五,1983a;1983b)。但实际上,会计还需要服务于生产领域,与企业内部的经营管理和价值创造紧密结合,其在企业经营管理活动中将逐步处于核心地位(阎达五,1983b)。并且,会计管理职能的提升,还将进一步强化会计的社会属性(阎达五,1983b)。(3) 会计的本质是一种价值管理活动,社会的经济发展程度越高,社会经济关系就越复杂,企业的价值活动也越复杂,会计的管理职能就越为重要(阎达五,1983b;1994)。(4) 随着生产社会化程度的不断提高和生产资料公有制的建立,未来会计将由企业会计向“社会会计”转化,判断依据就是国家必然讲求宏观经济效果。并且,如何应用会计管理加强宏观经济调控以及正确处理宏观经济效益和微观经济效益的关系,还将具有越来越重要的现实意义(阎达五,1983b;1983c;1988)。

(二) 会计具有经济后果

1978 年,美国休斯敦大学的会计学教授 Zeff 发表“The Rise of Economic Consequences”一文,论证了他对会计的认识,认为会计具有经济后果。Zeff 的这个观点在中国得到了大量引用,被称为“会计经济后果假说”。

根据 Zeff(1978)和其他几位学者对美国会计制度与经济发展的考察,美国以市价为基准的会计报告在一定程度上助推了 20 世纪 30 年代的经济大萧条,以摊余成本为基准的会计报告在一定程度上延迟了 80 年代储贷危机的发生。

在 30 年代经济大萧条之前,大量美国企业按照假定的、没有真实来源的市场价格记录资产,以此向股票价格“注水”,从而对投资者产生了信息误导,这促成了美国证券交易委员会(Securities and Exchange Commission,SEC)对历史成本计量原则的坚持和对重置成本的限用(Zeff,2005)。

在 20 世纪 70 年代经济滞胀时期,美国 SEC 不得不要求公众公司以附件形式报告资产重置成本信息。在这个制度背景下,发生了闻名一时的葛斯特与斯科格摩案例。虽然被诉讼的企业没有披露土地现值的做法符合 GAAP 的规定,但法院最终判决其会计信息存在严重误导。当时的SEC主席William Casey根据法院裁决发表演说,认为“企业有责任提供更精确的会计信息以及补充信息,以确保财务报表不会误导使用者,对真实价值和会计账目之间的重大差异有必要做出信息披露”(Zeff,2005)。这些因素共同促成SEC对会计计量属性的看法发生重大转折,此后SEC委员不再像30年代那样“迷恋”历史成本法(Zeff,2005)。

美国在80年代爆发储贷危机,更是促成了SEC对公允价值会计的实际使用。在1980—1984年的储贷危机中,大约有1 300家储蓄及贷款机构因为金融工具而陷入财务危机,被迫清算或者接受资助(Enria et al.,2004)。然而,在陷入财务困境之前,这些金融机构的财务报告由于建立在历史成本计量模式之上,还显示了“良好”的经营业绩和“健康”的财务状况,从而给外界传递了与真实经营业绩相反的会计信息。许多投资者认为以历史成本为基础的财务报告误导了他们对金融机构的判断,强烈呼吁FASB重新考虑历史成本会计是否适合于金融机构。SEC因此相信历史成本会计阻碍了投资者对储贷机构财务状况真实性的判断,要求FASB制定一个对金融性债务按照市场价格而不是摊余成本进行计量的会计准则(Hitz,2007)。此外,Holthausen and Leftwich(1983)认为会计选择具有经济后果,Holthausen and Watts(2001)认为会计信息的价值相关性不能为准则制定提供有价值的参考。总的来说,Zeff、Enria、Hitz、Holthausen和Watts都比较重视会计在经济体系中的角色扮演。

二、会计信息的决策有用性

进入70年代,在信息论的影响下,大量国内外文献围绕会计信息是否具有决策有用性进行了丰富研究。

(一)会计盈余的信息含量

1968年,Ball和Brown发表“An Empircal Evaluation of Accounting Income Numbers”,首次以事件研究法证实了会计信息对于判断股票价格具有估值作用,宣告了“会计信息无用论”的不成立。此后,会计盈余的信息含量一直是“会计·金融”(Accounting & Finance)领域的研究重点。在早期,Foster(1977)、Brooks and Buckmaster(1976)、Freeman et al.(1982)等大量文献研究了会计盈余的时间序列特征，以分析会计盈余在预测未来盈利能力方面是否有估值作用。此后，Ou and Penman（1989）、Lev and Thiagarajan（1993）、Abarbanell and Bushee（1997）等研究已不再单纯锁定会计盈余，而是基于更为宽泛的财务报表信息建立基本面分析，以此预测企业未来盈余、股票价格和超额回报。

（二）Ohlson 剩余收益估值模型

Ohlson（1995）以及 Feltham and Ohlson（1995；1996）将权益价值和剩余盈余纳入一个分析框架，建立了剩余收益模型（以下简称 Ohlson 模型）。Ohlson 模型的基本设定是：假定投资者是风险厌恶型，在风险中性和同质的经济条件下，股利估值模型可以用 Eq（2-1）表示。在 Eq（2-1）中，公司价值应等于未来股利贴现值，P_t 表示反映在股票价格中的上市公司净权益的市场价值，R_t 等于无风险利率加 1，d_{t+i} 表示第 t 期第 i 次的股利分配。

$$P_t = \sum_{i=1}^{\infty} R_f^{-i} E_t[\tilde{d}_{t+i}] \qquad \text{Eq(2-1)}$$

然后，用净盈余替代 Eq（2-1）之中的股利分配，求得剩余收益模型。剩余收益模型的表达式见 Eq（2-2）。在 Eq（2-2）中，BV_t 表示权益价值（第 t 期期末股东权益的账面价值），X_{t+i}^a 表示扣减第 t 期第 i 次资本成本之后的剩余收益，也称作超额收益（Abnormal Earnings）。[①]

$$P_t = BV_t + \sum_{i=1}^{\infty} R_f^{-i} E_t[\tilde{X}_{t+i}^a] \qquad \text{Eq(2-2)}$$

Ohlson 模型的线性表达式见 Eq（2-3）。在 Eq（2-3）中，有权益价值、股利、净收益和其他信息这四个变量。其中，μ 代表其他信息；w 和 γ 是已知约束参数，介于 0 与 1 之间。当 w 等于 0 时，公司市值等于净收益乘数减去股利。当 w 等于 1 时，公司市值等于权益价值。按照 Ohlson（1995），公司平均声誉的超长预期将趋近于零，此时权益净值是公司市值的无偏估计。

$$\begin{gathered} P_t = \varphi(\phi X_t - d_t) + (1 - \varphi) BV_t + \eta \mu_t \\ \varphi \equiv R_f/(R_f - 1); \quad \phi = (R_f - 1)w/(R_f - w); \\ \eta = R_f/(R_f - w)(R_f - \gamma) \end{gathered} \qquad \text{Eq(2-3)}$$

---

① X_{t+i}^a 来自右述联立方程：$BV_{t-1} = BV_t + d_t - X_t$；$X^a \equiv X_t - (R_f - 1) BV_{t-1}$。

（三）价值相关性研究

对公允价值会计的实证检验，主要见于价值相关性研究。大量的经验证据显示，美国银行业对证券投资类金融资产的公允价值信息披露和确认具有增量的价值相关性（Barth et al.，1990；Bernard et al.，1995；Petroni and Wahlen，1995；Barth et al.，1995；Eccher et al.，1996；Hodder et al.，2003；Hung，2004）。其中，代表性研究有：Barth（1994）、Nelson（1996）、Barth et al.（1996）、Eccher et al.（1996）和 Khurana and Kim（2003）。Barth（1994）通过比较 1971—1990 年银行业的公允价值信息披露，发现证券投资的公允价值信息对于股票价格具有显著解释能力，而 GAAP 下以成本计量的会计信息对于股票价格缺乏解释力。Nelson（1996）通过研究美国银行业 1992—1993 年的公司市场价值变动，发现在 FAS 107《金融工具公允价值披露》下，证券投资的公允价值信息披露对股票价格具有增量解释力，存款、贷款、长期债券和表外金融工具的公允价值披露没有增量价值相关性。Eccher et al.（1996）的研究结论也与 Nelson（1996）相似。Barth et al.（1996）通过研究 1992—1993 年 136 家美国银行公司的市场价值变动，发现投资证券、贷款和长期负债的公允价值信息披露能够提供增量信息，与股票价格有显著的正向关联性。Venkatachalam（1996）研究发现银行业在 FAS 119 下对衍生金融工具公允价值信息的披露增加了价值相关性。与此相反，Khurana and Kim（2003）研究发现美国银行业 1995—1998 年对公允价值的信息披露与按照 GAAP 确认的会计信息在价值相关性方面不存在显著差异。

三、投资者情绪对资产价格的影响

长期以来，金融学基于有效市场假说，从消费、红利等方面做了大量研究，但对资本市场上的股票价格却始终缺乏解释力，因此存在“资产价格波动之谜”（Campbell，1999）。近年来，行为金融学基于投资者情绪对“资产价格波动之谜”进行了大量研究，修正后的定价模型对股票价格的解释力有显著提高。

（一）股票持有损益影响资产价格波动

在行为金融学领域，Barberis et al.（1998）发展了“动态损失厌恶”理论，对 CC 模型进行修正后形成了 BHS 模型，得到了实证检验的有力支持。BHS 模型的基本设定是:消费不是投资者效用的唯一来源,投资者效用还来自股票持有损益;投资者的风险厌恶水平会随着股票持有损益的变动而变动;股票持有损益的增加是一个利好消息,在这种情况下资产贴现率低,投资者可以获得盈利,会倾向于冒险,将资产价格推得更高;反之,如果股票价格下跌带给投资者持有损失,投资者就会变得敏感,更加厌恶风险,此时资产贴现率很高,资产价格可能出现超跌。BHS 模型的"动态损失厌恶"理论以投资者情绪为分析基础,揭示了非消费效用在资产价格决定因素中的重要性,突破了早期 C-CAPM 模型对红利与消费做联合解释的限制条件,是一个重要改进。

(二) 投资者非理性和噪声交易影响资产价格

与 BHS 模型通过修订效用函数改进 CAPM 模型不同,更多的研究是直接从投资者情绪(Investor Sentiment)的变化来解释证券市场资产价格的高波动性。DeLong et al. (1991)基于投资者非理性假设证实了噪声交易的存在。Daniel et al. (1998)的分析模型解释了投资者的过度自信心理和自我归因偏差。Barberis et al. (1998)的分析模型解释了投资者具有"表征型"和"保守型"两种认知偏差,前者倾向于反映过度,后者倾向于反映不足。Dumas et al. (2009)的分析模型基于宏观分析视角研究投资者非理性情绪在市场总量层面对资产价格波动的影响,提出将投资者分为贝叶斯交易者和过度自信交易者,贝叶斯交易者能够理解市场信号与红利的相关性并且应对市场变化时有合理的信念;但是,过度自信交易者则频繁变化预期,并且对市场信号的反应会超出合理信念的水平,有时过度乐观,有时过度悲观,所以过度自信的投资者会给市场总量带来额外风险。总的来说,Dumas et al. (2009)认为这两类市场交易者会存在相互作用、互相干扰,从而导致市场价格波动远远超过红利的波动,并且过度自信交易者的比重越大,则市场总体价格波动性就越大。

四、市场流动性对资产价格的影响

随着金融业的快速发展,流动性问题逐渐成为影响证券市场股票价格的重要因素,得到了金融经济界的广泛关注。业内对流动性的定义比较多,比较公认的有以下几种。Roger(2005)认为流动性在狭义层面可以用中央银行货币度量,在广义层面应当反映价格乘数或者利率对金融体系的影响。Kevin(2007)建议通过测评金融资产的风险溢价和资本流入规模来了解流动性状况。中国人民银行在《2006 年第三季度中国货币政策执行报告》中将流动性划分为市场流动性和宏观流动性两个层次,认为“市场流动性是指在几乎不影响价格的情况下迅速达成交易的能力,往往与市场交易量、交易成本、交易时间等因素有关”。

在对流动性的研究中,Allen and Gale(2000)的分析模型表明在收益函数非凸性、投资风险不可预知和资产供给总量有限的条件下,信贷扩张和信贷扩张预期对资产价格有推高作用。在此基础上,Illing(2001)的分析模型表明中央银行的不对称反映功能是导致资产价格泡沫的原因。[①] Diamond and Rajan(2001;2006)的分析模型表明基金经理在利率水平较低、市场流动性充裕时倾向于将资金提供给流动性较差、信用级别较低的项目,所以基金经理的利益倾向助推了资产价格。基于学习效应,Adam et al.(2006)的分析模型表明市场参与者即使有较大的风险规避偏好,低利率政策和市场流动性也将助推资产价格上涨。

大量实证研究就上述分析模型进行了经验分析。Baks and Kramer(1999)研究发现 G7 集团存在流动性过剩的跨国溢出效应,并且有“拉力”和“推力”两种传导机制。但是,Gouteron and Szpiro(2005)采用 VAR 和 VECM 模型对 1980—2004 年美英日法四国进行实证检验,Adalid and Detken(2006)对 18 个 OECD 国家 1997—2004 年进行实证检验,都没有发现流动性过剩与股票价格波动存在显著相关关系。Machado and Sousa(2006)运用非参数估计方法对资产价格波动做识别,研究发现信贷总量的快速增长与资产价格的快速膨胀显著正相关,但货币增长量与资产价格之间仅有微弱相关性。

五、资产价格对金融脆弱性的影响

资产价格过度高涨和资产价格波动过大会带来金融系统的不稳定(Fisher,1933;Minsky,1971;Kindleberger,1978;Borio and Lowe,2002;Michael and Jeanne,2002)。Minsky(1971;1982;1986;1992)、Kindleberger(1978)、Eichengreen and Portes(1987)等研究围绕银行信贷过度扩张与资产价格高涨提出了

① Illing(2001)认为当中央银行在某个紧急时刻向银行和市场注入流动性时,即便不存在委托—代理问题和投资者非理性,资产价格泡沫也很可能出现,因为中央银行通常不会在事件之后立刻撤出。

"金融脆弱性假说"(the Financial Instability Hypothesis)。金融脆弱性假说主要有两个内容:一是金融体系的脆弱性是内在的,在金融繁荣时期就已经埋下了种子;二是金融脆弱性的原因有代际遗忘解释(Generational Ignorance Argument)和竞争压力解释(Rivalry Pressure Argument)。具体来说,在金融危机过后,经济增长逐渐恢复、金融业再次繁荣,贷款人由于贪恋当前利益而驱赶了对危机的记忆和恐惧,以为当前资产价格的上涨还将持续下去,于是推动了更多的购买和实体投资,况且银行的代际遗忘时间往往因道德风险问题而大大缩短。同时,当经济增长持续高涨时,企业借款需求相当大,在这种情况下,银行如果不能提供充足贷款就会失去客户,所以银行很可能在竞争压力下向贷款人进行更大规模的放贷,于是带来银行信贷的过度扩张,金融体系的危机也将再次来临。

六、资产价格波动的经济学效应

经济学家就资产价格对经济发展的影响进行了大量研究,主要有金融加速器效应、托宾Q理论效应和家庭部门财富效应等内容。

1. 金融加速器效应

金融加速器效应,也称为资产负债表效应或者信贷观。Bernanke and Gertler(1987)依据资产负债表发展了金融—投资(Finance-Investment)模型,在微观层面解释了经济领域的投资不足和经济增长问题。Bernanke and Gertler(1987)通过资产负债表描述了金融脆弱性高涨时实体经济的表现特征:企业层面的投资不足非常严重,资源配置明显不当,项目投资很可能坍塌;建议政府在极端金融脆弱性时对破产债务人进行紧急救助以解救金融危机。Bernanke and Gertler(1987)认为较高的资产净值和现金流量对投资有直接和间接的正面影响,直接影响是增加了内部融资的来源,间接影响是提供了更多的抵押品和减少了外部融资成本。Bernanke and Gertler(1999)和Bernanke et al.(1999)提出信贷市场条件以及资产负债表的质量对经济周期有乘数效应。这种信贷周期的放大效应也称为金融加速器(Financial Accelerator)。

2. 托宾Q理论

托宾Q理论是诺贝尔经济学奖获得者詹姆斯·托宾(James Tobin)于1969

年提出的,解释了投资与市值之间的内在联系,常用于货币政策制定。按照托宾Q理论,股票的市场价格应等于未来现金流量的贴现值,因此市场价值(MV)除以企业重置成本(RC)等于Q值。Q值提供了一个通过分析股票价格以进行投融资决策的测度指标。当Q值大于1时,公司市值高于重置成本,企业可以通过发行股票进行低成本融资,以此购置生产设备和厂房。随着股票价格的高涨,Q值会不断增大,此时增加股票发行量可以从资本市场获得更多的外源性资金,用于购买设备、厂房和扩大投资规模,在宏观经济层面还有利于拉动社会总需求和刺激产出增加,并且国民收入也将显著提高。

3. 家庭部门财富效应

财富效应最先由著名经济学家哈伯勒提出,之后可见于庇古和帕廷金的研究。① 财富效应的基本解释是:如果私人持有股票等金融资产,当证券资产价格上涨时,持有人将会意识到家庭财富正在增长,从而增加消费;并且,即便消费的有效增加还受工资收入预期等其他因素的影响,证券资产价格的上涨也仍会增加持有人的消费意愿;即使是那些没有股票的家庭,也会受周边人群的情绪影响而增加消费意愿。按照财富效应的解释,当证券资产价格上涨时,投资者财富增长将带来消费增加和储蓄减少,因此短期边际消费倾向(MPC)增加,有利于国民经济增长;但是,当证券资产价格长期下跌时,投资者的财富损失较大,当前消费被迫减少,这时会出现负财富效应(Negative Wealth Effect),很可能助推股市萧条,于是企业很难从资本市场筹集资金和扩大再生产,这时企业的盈利水平下降,员工的工资收入减少,不利于国民经济的发展。

第二节　现有研究概述

本节进行现状分析和文献述评,更多的文献内容见本书第三章至第八章。

一、公允价值会计的研究现状

(一) 国外研究现状

国外对公允价值会计的研究以价值相关性为主,主要研究成果见表2-1。其

① 相关文献见 Haberler(1939)、Pigou(1943)和 Patinkin(1956)。

中,以 Bernard and Ruland(1987)、Barth(1994)、Nelson(1996)和 Hung(2004)等为代表的大量文献支持公允价值信息有增量的价值相关性;以 Khurana and Kim(2003)为代表的部分文献发现公允价值信息没有提供增量信息,且降低了会计信息质量。同时,不少学者对公允价值会计持怀疑态度:Penman(2007)认为公允价值会计的应用问题没有得到很好解决,当公允价值会计被定义为现行市价时,加剧了财务报告质量的下降。尽管公允价值会计在概念上能增加财务报告质量,但人们更应该讨论什么时候采用公允价值,而不是讨论如何测量公允价值(Penman,2007)。Landsman(2007)回顾了公允价值会计准则在美国、英国以及欧盟的应用,建议关注测定误差和估计来源对会计信息质量的影响。

表 2-1　公允价值会计国外主要研究成果

研究内容	研究者	主要研究结论
价值相关性	Barth et al. (1990);Ahmedand and Takeda(1995);Bernard et al. (1995);Venkatachalam(1996);Richard et al. (2000);Hung(2004);Ahmed and Takea(1995);Barth(1994);Barth et al. (1996)	公允价值信息披露和确认提高了银行业上市公司会计信息的价值相关性
	Khurana and Kim(2003)	与成本计量法在价值相关性方面不存在显著差异
	Plantin et al. (2008)	降低了会计信息质量
其他内容	Barth et al. (1995);Burkhardt and Strausz(2004);Hann et al. (2007)	增加了银行资产的自有资本违逆概率、资产流动性或契约有用性
	Carey(1995)	不会对银行经营失败产生影响
	Beatty(1995)	使银行业证券投资组合发生改变
	Nissin(2003);Beatty and Weber(2006);Ramanna and Watts (2008);Benston(2006);Hilton and Obrien(2009)	利用估值技术进行盈余管理和人为操作
市场反应	Cornett et al. (1996);Robinson and Burton(2004)	与市场超额报酬率负相关
	Ahmed and Takea(1995)	已实现损益和未实现公允价值损益都与市场回报显著正相关
	Lourenco and Curto(2008)	投资者能够对实际成本和公允价值变动做出区分

（续表）

研究内容	研究者	主要研究结论
学术评论	Barth(2004;2006)	扩大公允价值使用范围可以减少混合计量模式对报表波动性的影响
	Ryan(2008a;2008b)	导致公允价值顺周期效应的原因更多地在于次贷产品的复杂性,而不在于公允价值会计
	Penman(2007);Landsman(2007)	公允价值会计存在一些亟待解决的问题,降低了财务报告的质量

综合来看,国外文献在三个方面鲜有研究:(1) 重视对公允价值信息披露的研究,但不重视公允价值计量准则对上市公司投资决策的影响;(2) 重视银行业公允价值信息披露的价值相关性,但不重视银行业以外其他上市公司对公允价值会计的应用;(3) 很少研究公允价值会计的适用范围和边界条件。

(二) 国内研究现状

国内对公允价值会计进行了大量研究。2007 年以前的文献分布可以参考王建成、胡振国(2007),主要内容有:(1) 在中国期刊全文数据库(CNKI)发表的相关论文是 218 篇,其中 CSSCI 来源刊为 28 篇;(2) 规范性研究主要集中在公允价值定义等基本问题,但对公允价值估值方法的研究非常少;(3) 应用研究主要集中在资产减值、债务重组、非货币性交易,但对金融工具公允价值会计的研究非常少。2007 年以后的研究现状见表 2-2 和表 2-3,在 CNKI 共检索到关于公允价值会计的论文 3 744 篇,其中 CSSCI 来源刊 169 篇,虽然文献数量正在快速增加,但现有文献仍然是以定性分析为主,实证研究只有 5 篇。在 CSSCI 来源刊中,有 30 篇文献从金融风险视角关注了公允价值会计,但都没有开展实证研究。

表 2-2　公允价值会计的国内研究现状

研究分类	规范研究		实证研究	
文献分布	163 篇	97%	5 篇	3%
金融视角	30 篇	18%	0 篇	0%

注:本表的分析内容是 2006—2010 年发表在核心期刊的以“公允价值”为标题或者关键词的国内文献。

表 2-3　公允价值会计国内主要研究成果

研究视角	研究者	主要分析意见
理论基础	葛家澍(2007);陈美华(2006);郝振平、赵小鹿(2010)	公允价值计量以会计目标论为理论基础
	孙铮、刘浩(2008);曹越、伍中信(2009)	公允价值计量以契约有用性为理论基础
	周华、刘俊海(2009)	公允价值计量没有理论基础和科学依据
会计信息质量	葛家澍、杜兴强(2003);葛家澍(2007)	公允价值计量可以提高会计信息质量
	徐经长、曾雪云(2010)	公允价值计量降低了财务报告的质量
价值相关性	卢永华、杨晓军(2000);邓传洲(2005)	公允价值计量提高了信息相关性水平
信息可靠性	周明春、刘西红(2009)	公允价值计量会降低会计信息的可靠性
金融视角	陈旭东、逯东(2009)	公允价值计量会造成报表项目的波动
	黄世忠(2009);王守海等(2009);郑鸣等(2009)	公允价值计量具有顺周期效应
其他视角	徐晟(2009);支晓强、童盼(2010)薛爽等(2009);刘志远、白默(2010)	公允价值计量的优化方案;公允价值计量的逻辑基础;公允价值计量与经济收益;公允价值计量与盈余管理

其中,葛家澍(2007)和黄世忠(1997)认为公允价值会计是财务会计的发展趋势,葛家澍(2007)认为如果公允价值会计得以全面应用,将有可能反映企业的真实价值。就理论基础来说,葛家澍(2007)、陈美华(2006)以及郝振平、赵小鹿(2010)认为公允价值会计的理论基础是会计目标论,孙铮、刘浩(2008)认为公允价值会计的理论基础是契约有用性,曹越、伍中信(2009)认为公允价会计的理论基础是产权观,周华、刘俊海(2009)认为公允价值会计没有理论基础,只是“几位热衷于金融分析的证券从业人士多年奔走的政治遗产”。

就公允价值会计的实证研究来说,邓传洲(2005)以 B 股上市公司 1997—2004 年为例,发现公允价值信息披露显著增加了价值相关性;徐经长、曾雪云(2010)对 2007—2008 年公允价值变动损益进行检验,发现 A 股上市公司存在着对持有利得非理性激励而对持有损失惩罚乏力的重奖轻罚现象;刘志远、白默(2010)以 2007 年持有证券投资类金融资产的上市公司为例,发现上市公司有利用公允价值会计进行盈余平滑的迹象;薛爽等(2008)以及谭洪涛、蔡春(2009)发现新《企业会计准则》有显著更高的价值相关性。

总的来说,目前国内对公允价值计量的实证研究有几个特点:一是鲜有关注可供出售金融资产的公允价值变动损益,二是未曾考虑公允价值计量下金融资产已实现损益的重要性,三是没有与2007年以前的成本计量法做比较研究,四是没有将2008—2009年熊市行情与2007年牛市行情的市场反应区别开来,这些局限性在一定程度上限制了业界对公允价值计量的解释。

二、资产价格波动的研究现状

国内对资产价格波动的主要研究成果见表2-4。在宏观经济学领域,刘霞辉(2002)分析了日本泡沫经济的形成和日本泡沫经济破裂前后的经济运行特征,发现日本企业过度负债是迫使实体经济与金融体系的平衡关系陷入循环紧缩的重要原因;刘骏民、伍超明(2004)对我国1992—2002年的沪深股市与GDP增长做了相关性分析,发现虚拟经济与实体经济存在明显背离,虚拟经济的资产价格波动远远大于实体经济的波动幅度;赵进文、高辉(2009)对我国1994—2006年季度数据做了实证分析,发现股票指数和房地产价格对货币政策有重要影响;何德旭、饶明(2010)对1996年1月至2009年8月的月度股价波动、城市消费、企业投资、国民收入、政府支出、实际利率、通货膨胀做了时间序列分析,发现股票市场的资产价格波动会对实体经济造成正向冲击和负向冲击。

表2-4　资产价格波动国内主要研究成果

研究内容	研究者	主要研究结论
宏观经济学对资产价格波动的研究	刘霞辉(2002)	以日本泡沫经济为例,资产价格波动影响宏观经济的稳定
	刘骏民、伍超明(2004)	虚拟经济与实体经济背离,前者的波动幅度远远大于后者
	赵进文、高辉(2009)	资产价格是央行货币政策利率反应函数的内生变量
	何德旭、饶明(2010)	资产价格波动会威胁到实体经济的稳定
行为金融学对资产价格波动的研究	陈彦斌(2005)	投资者情绪波动影响资产价格波动
	刘春航、张新(2007)	流动性的变动是影响资产价格波动的重要因素
	徐挺、董永祥(2010)	流动性过剩和投资者行为是影响资产价格波动的重要因素

在行为金融学领域,陈彦斌(2005)基于递归效应函数建立了均衡资产定价模型,分析表明投资者情绪对于理解资产价格波动有重要意义;刘春航、张新

(2007)建议用全部金融资产度量流动性变化与资产价格波动的关系,研究发现投资者"繁华预期"对流动性有显著影响,是导致当期资产价格波动的主要原因;徐挺、董永祥(2010)将流动性过剩引入噪声交易模型,通过对超额货币与股票价格做Johansen协整检验和脉冲响应分析,研究发现流动性过剩和投资主体行为是影响资产价格波动的重要因素。

这个领域的国外重点文献见本章第一节。

三、对两个领域的结合研究

在宏观经济学领域,Eckstein and Sinai(1986)等文献首先强调了资产负债表中的财务指标对宏观经济的重要性。在此基础上,Bernanke and Gertler(1987)基于资产负债表分析了公司财务指标与社会总投资水平的关联性,认为较高的资产净值和现金流量对社会投资有正向促进作用;Bernanke et al.(1999)认为信贷市场条件改变能够基于资产负债表对经济周期产生放大作用,提出金融加速器理论(Financial Accelerator),也称为资产负债表效应。

在会计学领域,不少学者提出公允价值会计具有顺周期效应(Schwarzman,2008;Ryan,2008a;黄世忠,2009;郑鸣等,2009;王守海等,2009)。在经济萧条时期,公允价值会计迫使金融机构确认大量的投资损失和贷款减值损失,于是降低了银行业的资本充足率、信贷和投资能力,导致实体经济进一步恶化;在经济繁荣时期,公允价值会计迫使金融机构确认更多的投资收益和计提较少的贷款减值损失,于是提高了银行业的资本充足率、信贷和投资能力,导致实体经济进一步膨胀(黄世忠,2009)。

第三节　本章总结

本章阐述了本书的理论依据,对重点文献进行了回顾和述评,对研究现状进行了总结和分析,主要内容总结如下:

第一,与本研究相关的主要理论和结论包括:(1) 会计并非单纯的信息处理技术,会计既有技术性也有社会性(杨纪琬、阎达五,1980;杨纪琬、阎达五,1982;阎达五,1983a;阎达五,1983b);(2) 会计具有经济后果(Zeff,1978;Zeff,2005;

Enria et al. ,2004),会计数字具有估值有用性(Ball and Brown,1968;Ou and Penman,1989;Ohlson,1995),公允价值信息能够提供价值相关性(Barth et al.,1990;Barth,1994;Hung,2004);公允价值会计具有顺周期效应(Schwarzman,2008;Ryan,2008a;黄世忠,2009;郑鸣等,2009;王守海等,2009);(2) 资产价格波动会受到股票持有损益(Barberis et al. ,1998,2005)、投资者情绪与噪声交易(DeLong et al. ,1991;Daniel et al. ,1998;Barberis et al. ,1998;Dumas et al. ,2009)、流动性变动(Allen and Gale,2000;Allen,2008;Diamond and Rajan,2001;刘春航、张新,2007;徐挺、董永祥,2010)的影响;(3) 金融体系的脆弱性是内在的(Minsky,1971;Minsky,1986;Minsky,1992)。

第二,就实证研究的现状来说,目前普遍重视对公允价值信息的研究,但不重视公允价值计量准则对上市公司投资决策的影响;重视银行业公允价值信息的价值相关性,但不够重视银行业以外其他上市公司对公允价值会计的应用,并且很少研究公允价值会计的适用范围和边界条件。并且,国内对公允价值会计的研究具有以下特点:一是鲜有关注可供出售金融资产的公允价值变动损益,二是未考虑公允价值计量下金融资产已实现损益的重要性,三是没有与 2007 年以前的成本计量做比较研究,并且没有将 2008—2009 年熊市行情与 2007 年牛市行情的市场反应区别开来,这些问题一定程度上限制了业界对公允价值计量的解释。

第三章　公允价值会计准则的发展历程

依据第二章的文献回顾，会计并非单纯的信息处理技术（杨纪琬、阎达五，1980；杨纪琬、阎达五，1982；阎达五，1983a；阎达五，1983b）。作者的基本观点是：对公允价值会计的研究，不能只看公允价值信息，更重要的是要分析公允价值会计作为一个计量规则对投融资行为有何影响！为了使本书的理论基础更加扎实，本章将深入阐述公允价值会计的发展历程、理论内涵和经济影响，主要内容有：(1) 阐述公允价值会计准则的演进历程和经济影响；(2) 阐述公允价值会计准则在金融危机后的改进过程；(3) 阐述公允价值会计在我国的发展过程。

第一节　公允价值会计准则在欧美的发展

一、金融危机前的准则发展历程

过去30年，FASB一直致力于公允价值会计的理论研究，共发布了168个会计准则和7个概念公告[①]，其中大部分会计准则都包含对公允价值的解释和规定，本书选取了12个对公允价值计量有重要影响的会计准则和概念公告列于表3-1。这12个会计准则集中体现了美国对公允价值会计的早期应用和发展历程。

① 摘自 http://www.fasb.org/home。由于FASB已经全面建立公允价值计量的理论体系，而IASB正处于理论体系的建构进程之中，因此本节以FASB对公允价值会计的建构为主，以IASB对公允价值会计的建构为补充。

表 3-1　公允价值会计在美国的发展历程

时间	编号	会计准则和概念公告	主要内容
1975 年	SFAS 12	《某些可交易证券的会计处理》	要求对证券投资采用公允价值会计处理，流动性投资组合的公允价值变动计入损益表，非流动性投资的公允价值变动计入股东权益表（只确认持有损失，不确认持有利得）
1977 年	SFAS 15	《债权债务人对债务重组的会计处理》	债权人不一定要冲销重组债权。根据该准则，债权人既可以选择按公允价值确认金融债务因市值变动的增大，也可以按历史成本不确认债务变动
1979 年	SFAS 33	《财务报告和物价变动》	要求企业补充披露按照物价指数披露所带来的有形非金融资产的现行成本
1984 年	SFAC 5	《企业财务报表的确认和计量》	详细阐述了可以在财务报表中使用的五种计量属性：历史成本、现行成本、现行市价、可变现净值、未来现金流贴现值
1990 年	SFAS 105	《具有表外风险的金融工具和信用风险集中的金融工具的信息披露》	要求披露金融工具的性质、条件、面值、协议价值、名义价值、信息风险、市场风险、现金要求、会计政策、担保情况以及担保未能兑现时的预期损失
1991 年	SFAS 107	《金融工具公允价值披露》	要求所有企业（不论是金融机构，还是非金融企业）披露金融工具的公允价值、估值方法和重要假设
1993 年	SFAS 115	《对某些债务性及权益性证券投资的会计处理》	要求在利润表中确认全部利得和损失（要求确认持有利得和持有损失）
1995 年	SFAS 121	《长期资产减值、处置的会计处理》	要求企业确认长期资产的减值损失，该准则已于 2001 年被 SFAS 第 144 号准则取代
1998 年	SFAS 135	《衍生金融工具和套期活动的会计处理》	公允价值是金融工具最相关的计量属性，而且是衍生工具唯一相关的计量属性
2000 年	SFAC 7	《在会计计量中应用现金流量信息与现值》	首次在概念框架层面把公允价值作为主要计量属性，是对公允价值计量重要性的提升
2006 年	SFAS 157	《公允价值计量》	论述了公允价值的定义、确认、后续确认、披露、估值技术、公允价值等级等内容
2007 年	SFAS 159	《金融资产和金融负债中的公允价值计量选择权》	赋予企业可以公允价值计量报告金融资产和金融负债的选择权；要求企业提供附加信息以帮助投资者和财务报表的其他使用者更易于理解采用公允价值计量对于企业盈利的影响

（一）FASB 对公允价值会计准则的建构

1975 年 12 月，FASB 发布第 12 号会计准则《某些可交易证券的会计处理》，首次对证券投资采取了公允价值会计处理。根据 SFAS 12，证券投资组合可划分为流动和非流动两类，流动性投资组合的价值减少应确认为收益表的未实现损失，流动性投资组合的价值回升应确认为收益表上的未实现利得，但对未实现利得的确认金额不能超过原始成本；非流动性投资组合的公允价值减少不需要记录在收益表，而是记录在股东权益之中。

1977 年 6 月，FASB 发布第 7 号会计准则《债权债务人对债务重组的会计处理》，声明债权人不一定要冲销重组债权。该准则被认为是延迟和加剧了储贷机构在 20 世纪 80 年代面临的金融危机，因此是最糟糕的会计准则（Zeff，2005）。此前，FASB 在 1976 年 5 月备忘录中，建议债权人在债务人面临财务困境而修改支付条款时对应收款做出重新估值。但是，这个提议将带给银行业利润下降和自营资本减少。因此，银行业递交给 FASB 数百封反对信，迫使 FASB 在第 7 号准则中对于债权历史成本和公允价值做出了折中的选择。

1979 年 9 月，FASB 发布第 33 号会计准则《财务报告和物价变动》，鉴于当时的美国经济正面临相当严重的通货膨胀，要求按照物价指数对资产的账面价格进行重新估值，并在年度报告中补充披露非金融资产的现行成本，这被看作是用公允价值计量对非金融资产进行会计处理的首次尝试（Choy，2006）。

1984 年 12 月，FASB 颁布第 5 号财务会计概念公告《企业财务报表的确认和计量》，列示了五种可以在财务报表中使用的计量属性，分别是：(1) 历史成本，即资产或负债的初始成本；(2) 现行成本，也称重置成本；(3) 现行市场，也称脱手价值；(4) 可变现净值，相当于销售价格减去交易成本；(5) 现金贴现值。其中，历史成本只能用于资产和负债的初始计量、后续摊销和分配，其他四种计量属性用于后续计量。

1990 年 3 月，FASB 发布第 105 号会计准则《具有表外风险的金融工具和信用风险集中的金融工具的信息披露》，要求详细披露金融工具的性质、条件、面值、协议价值、名义价值、信息风险、市场风险、现金要求、会计政策、担保情况以及担保未能兑现时的预期损失。

1991 年，FASB 发布第 107 号会计准则《金融工具公允价值披露》，将 SFAS 105 号的披露要求推广到非金融企业，要求所有企业公开披露金融工具的公允价值、估值方法和重要假设。

1993 年,FASB 发布第 115 号会计准则《对某些债务性及权益性证券投资的会计处理》,要求在利润表中确认全部利得和损失。与 1975 年发布的 SFAS 第 12 号不同,SFAS 第 115 号要求将金融资产的未实现利得也作为收益表项目加以确认,这是 FASB 遵循价值相关性原则偏离历史成本和稳健主义的重要迈进(Schneider and McCarthy,2007)。

1995 年,FASB 发布第 121 号会计准则《长期资产减值、处置的会计处理》,详细规定了长期资产减值损失的确认条件、估值技术和披露要求,是公允价值估值技术在非金融资产项目中的再次推广。

1998 年,FASB 发布第 135 号会计准则《衍生金融工具和套期活动的会计处理》,用于取代 SFAS 第 105 号。根据 SFAS 第 135 号会计准则,对衍生金融工具的公允价值变动信息自此从表外披露改为在收益表确认。SFAS 第 135 号会计准则还规定公允价值是金融工具最相关的计量属性,是衍生工具唯一相关的计量属性。鉴于衍生金融工具比股票、债券等金融资产更难于估值和价格波动更大,SFAS 第 135 号是继第 115 号之后 FASB 对价值相关性原则的再度迈进以及对历史成本和稳健主义的再度偏离。

2000 年,FASB 发布第 7 号财务会计概念公告《在会计计量中应用现金流量信息与现值》,旨在提升公允价值计量的重要性。2006 年,FASB 发布第 157 号会计准则《公允价值计量》,对公允价值计量建立了比较完整的理论框架。2007 年,FASB 发布第 159 号会计准则《金融资产和金融负债中的公允价值计量选择权》,允许企业存在以公允价值计量列报金融资产和金融负债的选择权,并且要求提供附加信息以帮助投资者和财务报表的其他使用者理解公允价值计量对企业盈利的影响。这三个公告表明 FASB 基本完成了对公允价值计量的理论建构。

(二) SFAS 第 157 号《公允价值计量准则》

SFAS 第 157 号《公允价值计量准则》在 2008 年金融危机之后备受质疑,尽管它的主要作用是对公允价值计量的基本概念进行统一。以下是 SFAS 第 157 号的基本内容:(1) 对公允价值进行了定义,即"当市场参与者之间进行有序交易时,在计量日出售一项资产或转移一项负债,所能获得或所需支付的价格"。(2) 定义了公允价值的三个估值技术,即市场法、收益法、成本法;其中,市场法,以活跃市场为前提，有两个获取方法，一是该资产或负债的市场交易价格，二是以相同或相似市场的资产或负债交易信息估计公允价值，例如限售股份就可以用流通股份的市价作为估值基础；收益法，以合理估计未来现金流量为前提，包括净现值法和期权定价模型；成本法，指重置成本或现行成本，需要合理考虑各种价值减损以确定资产公允价值，折旧、摊销、减值都属于成本法。(3) 按照优先次序将公允价值分为三个等级：第一个等级是在活跃市场中相同资产或负债的报价；第二个等级是当第一个等级不可获得时，可以用活跃市场中类似资产或负债的报价，或者非活跃市场中相同资产或负债的报价；第三个等级是当前两个等级难以获得估值信息时，需要将估值信息建立在假设条件之上，并将可获得的最佳估计信息和数学模型相结合，例如衍生金融工具的定价。

二、金融危机中的紧急应对措施

2001—2006 年，美国住房市场持续繁荣，市场利率水平较低，低收入人群向银行抵押贷款的积极性高涨，次级贷款市场（简称"次贷"）相当活跃，于是债务抵押债券（Collateralized Debt Obligation）CDO、CDS 等风险产品在商业银行、投资银行等金融机构之间自由泛滥。到 2006 年春季，大量贷款人相继不能偿付银行债务，此时次贷危机（Subprime Crisis）开始显现。到 2007 年 8 月，次贷危机开始蔓延，席卷了美国、欧盟和日本等世界主要金融市场，贝尔斯登、美林证券、花旗银行和汇丰银行等国际金融机构相继对外宣布数以百亿美元的次贷产品损失。2008 年 7 月，抵押贷款巨头房利美（Fannie Mae）和房地美（Freddie Mac）深陷 700 亿美元亏损，申请破产保护。[①] 至此，美国房地产市场泡沫破裂，市场流动性相当紧缺，并且迅速恶化了全球的金融环境和经济稳定。汇丰银行、瑞银集团、德意志银行、苏格兰皇家银行、富通银行、中国银行等欧亚地区主要国家的商业银行，由于持有大量美国 CDO 金融工具而出现巨额亏损，导致英国、瑞士、德国、荷兰、冰岛、比利时、日本、中国等国家的金融稳定受到严重影响，次贷危机衍变成为波及全球的金融危机。

在金融危机背景下，银行、保险等金融机构开始抱怨公允价值会计对银行业

---

① 美国政府在 9 月 7 日宣布将"两房"收归国有，这是美国历史上规模最大的金融援助。此时，"两房"拥有或担保的美国房屋抵押贷款债务高达 12 万亿美元。

经营业绩的影响,质疑 SFAS 157 和 SFAS 159 以及 IAS 39 在金融危机中扮演了推波助澜的角色。美国银行业协会主席,首席执行官 Edward Yingling 认为“若不是公允价值会计,房地美和房利美就不至于出现巨额账面亏损”,认为“公允价值会计已经成为一个有争议的问题,SFAS 157 犯了方向性错误”。① 黑石集团(Blackstone Group)创始人 Stephen A. Schwarzman 接受《纽约时报》采访时称:“SFAS 157 的目的是使市场更加透明和有效,但在金融危机时期却很有问题……SFAS 157 夸大了银行业的损失数额,恶化了次级信贷危机。”②联邦储蓄保险公司(Federal Deposit Insurance Corporation,FDIC)前任主席 William Isaac 接受访谈时表明:“按照 SEC 和 FASB 的要求,在没有市场的情况下,银行业仍然需要对房产抵押证券(Mortgage-Backed Securities,MBS)采用市值计价法,这带来了大约 5 000 亿美元的账面亏损。”③

美国国会也质疑公允价值会计在导致和加重金融危机方面负有重要责任。2008 年 10 月,美国总统乔治 · W. 布什签署了 2008 紧急经济稳定法案(Emergency Economic Stabilization Act,EESA),被称为救市计划(Bailout Bill)。救市计划第 132 部分授权美国证券交易委员会:在与投资者利益保护目标一致的情况下,如果认为从公众利益来说是必要的或恰当的,则可以通过法规、监管或命令等方式暂停、延缓 SFAS 157 在任何类别、任何交易中的使用。救市计划的第 133 部分责成 SEC 对公允价值会计展开调查以求证 SFAS 157 的合理性,主要内容包括:(1) 对金融机构的资产负债表可能的影响;(2) 对 2008 年银行业大量倒闭的影响;(3) 对投资者可获取的会计信息质量的影响;(4) FASB 制定会计准则的程序和过程;(5) 对这类准则提出合理可行的修订建议;(6) SFAS 157 号《公允价值计量》的替代准则。

针对美国国会的要求,SEC 在组织取证和充分调研后,递交了《应 2008 紧急经济稳定法案第 133 部分的工作报告与建议:对盯市会计的研究》,就市值会计(Mark-to-Market Accounting)的发展背景、对财务报告重要项目的影响、在金融危机中扮演的角色、开发和制定程序等多项内容进行了全面阐述。该调研报告在

① http://www.cfv.com/article.cfm/11088475,11039958.

② Andrew R. Sorkin, 2008, “Did an Accounting Rule Fuel a Financial Crisis?”, *New York Times*, July 1.

③ Chris Isidore, 2008, “The accounting rule you should care about”, http://money.cnn.com.

基本肯定公允价值会计的前提下，对公允价值会计的未来发展和改进提出了建议。

面对银行业和政府的质疑，FASB 对公允价值会计进行了紧急修订。2008 年 10 月，FASB 发布 SFAS 157-3《市场不活跃条件下金融资产公允价值的确定》；并且与 IASB 联合设立全球咨询小组，以确保在全球范围内按照协调一致的方式解决因金融危机所引发的财务报告问题。2009 年 4 月，FASB 发布 SFAS 157-4《当资产或负债的活跃水平显著下降和处于非有序交易条件下的公允价值确定》，对金融危机背景下公允价值会计的采用做了进一步的特别规定。

三、金融危机后的准则改进过程

为了应对 2008 年金融危机，二十国集团（G20）峰会的内设机构金融稳定理事会（FSB）积极倡议建立全球统一的高质量会计准则，致力于提升会计信息透明度，将会计准则的重要性提到了前所未有的高度。[①] 在 FSB 的关注下，IASB[②] 与 FASB 联合设立全球咨询小组，以确保在全球范围内按照协调一致的方式解决因金融危机所引发的财务报告问题。

2008 年 10 月，IASB 宣布对 IAS 39《金融工具：确认与计量》和 IFRS 7《金融工具：披露》做出修改。2009 年 5 月，IASB 颁布《公允价值计量准则征求意见稿》。紧急修订方案主要针对金融危机影响下非理性市场和非活跃市场的特殊情况，基本内容包括：允许某些以公允价值计量且其变动计入当期损益的非衍生金融资产在极其特殊的情况下重新分类，重分类资产以重分类当天的公允价值作为新的计量基础。根据这个规定，上市公司可以将非衍生金融工具的交易性金融资产重分类为可供出售金融资产；也可以将可供出售金融资产重分类为贷款、应收款或者持有至到期投资，允许按成本入账和持有到期。这项修订对上市公司损益有两个直接影响：一是重分类为可供出售金融资产之后，公允价值变动损失可以不体现在利润表之中；二是重分类为应收款项和持有至到期投资之后，

---

① 本段参考了财政部 2010 年《中国企业会计准则与国际财务报告准则持续趋同路线图》。

② 在 1988—2010 年，IASB 及其前身国际会计准则委员会（International Accounting Standards Committee，IASC）共颁布了 41 项会计准则，在金融工具、无形资产、投资性房地产、农业等近 20 个会计准则中不同程度地采用了公允价值会计。

公允价值变动损失可以不体现在财务报告之中。因此,欧洲以及其他执行国际会计准则的银行和保险公司2008年第三季度的业绩报告显著好于市场预期。例如,德意志银行2008年第三季度净利润,在金融资产重分类之后由亏损4.31亿欧元变为盈利4.41亿欧元。对于以上紧急修改,IASB理事会主席Sir David Tweedie的解释是,在应对当前金融危机这类极少数情况时,IASB应当确保金融市场的信息透明度和投资者信心恢复。

2009年11月12日,IASB正式发布IFRS 9《国际财务报告准则第9号金融工具》。IFRS 9有两个新内容:(1)将金融资产由目前的四分类法变成以摊余成本和以公允价值计量两大类,以摊余成本计量需要同时具备两个条件,即为取得合同现金流量而持有并且合同条款的支付额仅为本金和利息的金融资产,没有同时具备这两个条件的金融资产归类为以公允价值计量;(2)要求采用预期损失模型计算金融资产减值准备,金融资产减值准备允许在未来五年内摊销。IFRS 9的新规定对利润波动的影响很可能小于FAS 159和IAS 9。但是,各国普遍持观望态度,SEC表示预计在2011年决定是否采用,我国目前也没有执行IFRS 9。[①] 业内认为,IFRS 9对金融资产的两分类建议,是一种允许按市价计量和按成本计量的混合计量模式。

2010年5月,FASB提出了更为激进的改革建议,要求对贷款和应收款项也参照市价估值。FASB的改革建议朝着与IASB相反的方向,因此很可能全面扩大美国银行业与非美国银行业在会计准则上的差别。围绕IASB与FASB对金融工具准则的分歧,普华永道会计师事务所对全球62位投资者和分析师展开调查,大量受访者表示混合计量模式更有利于反映报告主体自身的经营状况以及持有一项金融工具的内在经济动因。该项调查显示实务界的态度是:公允价值信息对于金融工具的核算至关重要,但对某一实体而言并不是关键因素。根据分析师和投资者的意见,对公允价值会计的采用应当根据报告主体资产流动性、资本充足率和企业价值等的不同而有所区别。[②]

5月11日,IASB发布《应用公允价值选择权的金融负债》征求意见稿,预计自2013年起生效。该意见稿是IFRS 9第三阶段目标《套期会计准则》的项目内

① 邢莉云,"IASB推预期损失模型 亏损可分五年摊销",《21世纪经济报道》,2010年1月29日。

② 戴正宗,"混合计量模式或将好于公允价值",《中国会计报》,2010年6月25日。

容,也是IAS 39《国际会计准则第39号》替代项目的组成部分,建议:将以公允价值计量的金融负债的公允价值变动全部计入损益表,其中受报告主体自身信用风险影响的部分必须转入其他综合收益和单独列示,并且该自身信用风险变动在金融工具终止确认时不允许转回损益表。这份征求意见稿的相关背景是IASB在对《负债计量中的信用风险》讨论阶段所收到的反馈意见:(1)报告主体自身信用风险导致的公允价值变动信息有一定用处;(2)自身信用风险导致的金融负债公允价值变动计入损益后容易导致误解,有可能形成"错配";(3)建议不要彻底推翻目前的金融负债计量方法。[①]

6月24日,IASB和FASB共同发布《关于承诺会计准则趋同和建立全球统一高质量会计准则的进展报告》,修改了双方重要项目议程,以减少IFRS与GAAP的差异性和推进会计准则国际协调。并且,IASB与FASB就信贷损失会计达成共识,规定了不良贷款在摊余成本计量法下的减值确认原则,表示最新减值损失模型将以预期损失为基础。[②] 此前,对贷款减值损失的确认前提是"已发生原则",只有在发生了准则规定或特定的减值迹象的才能确认资产减值。IASB与FASB认为这项改变将保护实体免受金融危机等条件下预期损失的打击。

2011年1月,FASB决定取消此前备受争议的工作计划,暂时允许以摊余成本计量最基本的和不附带任何特殊条件的标准型金融工具。FASB新任主席Leslie Seidman表示,可以适用成本计量的标准型资产是指那些用以证明实体与借款人之间存在借贷关系并且持有目的是还本付息的金融工具。根据FASB委员会会议简报,美国对金融资产的计量可以分为以下三种情况:(1)如果实体的经营战略是以借贷或消费者融资活动来获得合同性现金流量的方式管理金融资产,则这些金融资产应以摊余成本计量;(2)如果实体的经营活动是金融资产交易或为出售而持有金融资产,则这些金融资产应归入"公允价值——净收益"类别;(3)如果实体的经营活动是致力于管理风险敞口、收益总额最大化的投资,则该实体的金融资产应归为"公允价值——其他综合收益"类别。[③]

---

① 财政部会计司,"国际会计准则理事会发布征求意见稿《应用公允价值选择权的金融负债》",《中国会计报》,2010年6月17日。

② 戴正宗,"IASB与FASB旧信贷损失会计新规制定达成共识",《中国会计报》,2011年1月24日。

③ 兰秀娟,"FASB收回以'公允价值'估值提议",2011年1月26日,http://cn.reuters.com。

FASB 的这项建议与 IFRS 9 提议的“混合计量模式”是接近的,此举受到了银行业的欢迎。根据 FASB 的新提议,美国银行业将可以继续采用历史成本对贷款进行估值,而不是必须根据市场变动进行估值。美国银行家协会(The American Bankers Association,ABA)主席 Frank Keating 对这个转变持支持态度。Frank Keating 表示:“此前 FASB 要求在包括贷款在内的所有金融工具中推广市值会计,这将会带来毁灭性后果,现在 FASB 终于回到正确的道路上,能够一致同意推翻先前确定的以公允价值计量所有金融工具的提议,并意识到投资者所关心的问题,即企业的商业模式应当是计量金融工具的关键因素。”①

第二节　公允价值会计准则在中国的发展

本节包括三个内容:(1) 1998—2005 年,财政部对公允价值会计的制度性规定;(2) 2006—2010 年,财政部对公允价值会计的制度性规定;(3) 新《企业会计准则》下,与公允价值计量有关的制度性规定。

一、1998—2005 年

1998—2005 年,除资产减值会计外②,我国共发布了三项与公允价值相关的会计准则。1998 年 6 月,发布了《企业会计准则——债务重组》和《企业会计准则——投资》;1999 年 6 月,发布了《企业会计准则——非货币性交易》。这三个会计准则通常被认为是公允价值会计在国内的早期应用。2001 年,财政部停止了对这三项准则的应用,要求按照账面成本计量债务重组和非货币性交易,主要原因是当时的产权和要素市场还不够活跃,致使公允价值会计给上市公司留下了盈余操纵空间。

除以上准则外,还有两项关于金融资产公允价值会计的制度性规定。2001 年 11 月,财政部发布《金融企业会计制度》,要求基金公司按照公允价值对基金资产进行估值。2004 年 7 月,财政部发布《金融机构衍生金融工具交易和套期

---

① 张晓泉,“FASB 放缓实施公允价值新规”,《中国会计视野》,2011 年 2 月 11 日。

② 中国财政部在 1998 年 12 月要求上市公司自 1999 年开始计提存货等四项资产的减值准备,这些规定主要是针对非金融资产和非活跃市场的。

业务会计处理暂行规定(征求意见稿)》,要求以公允价值对衍生金融工具进行会计处理。但当时的基金产品和衍生金融工具比较单一,因此这两项制度的作用相当有限。

二、2006—2010 年

在全球经济一体化背景下,资本作为经济驱动的核心要素率先实现了跨国流动。由于资本的跨境流动必须以全球共通的商业语言——会计信息作为前提条件,因此伴随资本流动的全球化,会计准则国际协调在经济全球化进程中发挥了不可忽略的作用,为中国企业在其他国家和地区进行资金融通、资本运作和经营扩展提供了现实可能性。在这个经济背景下,会计准则国际趋同是国家经济发展和适应经济全球化的必然选择,也是资本全球化的必然结果。

2005 年 11 月 8 日,我国会计准则委员会(CASC)秘书长王军与 IASB 主席戴维·泰迪爵士签署联合声明,确认中国会计准则与国际财务报告准则实现了实质性趋同。同时,IASB 认可了两项基于中国特定情况的会计处理,关联方交易的披露和同一控制下的企业合并,认为中国在这些问题的处理上为 IASB 寻求高质量的国际财务报告准则的解决方案提供了有用帮助。①

2006 年 2 月 15 日,中国财政部颁布新修订的《企业会计准则》,包含《企业会计准则——基本准则》和 38 项具体会计准则,要求上市公司自 2007 年 1 月 1 日起正式采用,鼓励其他企业执行。自此,我国上市公司不再执行原《企业会计制度》、原《金融企业会计制度》和原行业会计核算制度。②

2007 年 12 月,中国内地与中国香港签署会计准则等效的联合声明,确认两地会计准则等效互认。2008 年 5 月,IASB 确认中国企业会计准则与欧盟所采用的国际财务报告准则等效,决定以 2009—2011 年为过渡期,允许中国企业进入

① 摘自财政部 2010 年《中国企业会计准则与国际财务报告准则持续趋同路线图》。而且,IASB 借鉴中国的《企业会计准则》,在 2009 年 11 月 4 日发布了新修订的《国际会计准则第 24 号——关联方披露》,基本消除了与中国关联方准则的差异。

② 2006 年颁布的《企业会计准则》体系中,新颁布的有 22 项,修订的有 16 项;并且,《企业会计准则——基本准则》的首次生效时间实际是 1993 年 7 月 1 日(财政部令第 5 号),本次属于修订(财政部令第 33 号),本次生效时间是 2007 年 1 月 1 日。

欧盟资本市场时直接采用按中国企业会计准则编制的财务报告。[①]

2010年12月,新《企业会计准则》已经在国内上市公司和非上市大中型企业中全面、平稳、有效地实施,得到了国内外的广泛认可。[②] 新《企业会计准则》的实施,对于规范企业会计行为、提升会计信息质量、促进资本市场完善、促进中国企业的国际化发挥了十分重要的作用。按照中国财政部2010年发布的《中国企业会计准则与国际财务报告准则持续趋同路线图》,中国作为全球最大的新兴市场经济国家,将与IASB的进度保持同步,积极推进中国会计准则持续国际趋同,倾力支持全球统一的高质量会计准则体系的建立和完善。

三、谨慎适度原则

虽然现行《企业会计准则》对公允价值的规定相当广泛,共有18个具体会计准则涉及公允价值,但是与IASB和FASB相比,中国会计准则委员会(CASC)强调"谨慎适度地选用公允价值"。[③] 在《企业会计准则》、《应用指南》以及配套解释中,中国会计准则委员会对公允价值在投资性房地产、生物资产、非货币性资产交换、债务重组中的应用有严格限定,规定只有存在活跃市场、公允价值能够可靠计量的情况下才能采用公允价值计量模式。

---

① 摘自财政部2010年《中国企业会计准则与国际财务报告准则持续趋同路线图》。

② 财政部对《企业会计准则》的推广计划是在2009年年底以前在全国大中型企业中全面实施,各地市财政部门已经于2010年对《企业会计准则》在大中型企业中的实施情况进行调查。国资委对《企业会计准则》的推广,根据《关于做好中央企业2006年度财务决算和2007年度财务监管工作的通知》,所属上市公司资产或收入占集团比重较大的中央企业应在2007年率先执行,所有中央企业在2008年年底之前应全面执行。

③ CAS与IFAS主要有两个差异:(1)关联方关系及其交易的披露。《企业会计准则》规定,仅同受国家控制但不存在控制、共同控制和重大影响的企业,不认定为关联企业,从而限定了国家控制企业关联方的范围,大大降低了企业的披露成本;IASB认同了中国的做法,并借鉴CAS修改了《国际会计准则第24号——关联方披露》;这项差异,现已消除。(2)长期资产减值准备的转回。《企业会计准则》规定,非流动资产发生减值损失后,价值恢复的可能极小或不存在,发生的资产减值应当视为永久性减值,一经确认不得转回。除这两个差异之外,CAS与IFAS还存在以下方面的不同:(1)CAS规定了同一控制下企业合并和非同一控制下企业合并的会计处理,而IFAS只明确了非同一控制下企业合并的处理;(2)CAS对公允价值计量采取谨慎适度引入的态度,而IFAS要求对公允价值采取广泛应用;(3)对于IFAS 5《持有待售的非流动资产和终止经营》、IFAS 19《雇员福利》、IFAS 26《退休福利计划的会计和报告》、IFAS 29《恶性通货膨胀经济的财务报告》,其适用条件在我国受到限制,所以CAS系列没有制定单独的具体准则,而是选择在有关准则中作出规定。

中国财政部、证监会、国资委等政府管理机构对公允价值会计相当重视，印发了一系列与公允价值信息披露、确认和报告有关的重要文件，见表3-2。依据证监会《关于做好与新会计准则相关信息披露工作的通知》（证监发[2006]136号），新旧会计准则的衔接有十二条具体要求，前七条与公允价值计量密切相关，分别是：① 谨慎适度选用公允价值计量模式；② 根据实际情况合理制定会计政策，做出恰当的会计估计；③ 合理确认债务重组和非货币性资产交换损益；④ 严格划分投资性房地产的范围，谨慎选择后续计量方法；⑤ 严格履行资产减值准备计提和转回的决策程序；⑥ 严格履行决策程序，合理划分各项金融工具；⑦ 充分披露企业合并及合并财务报表的相关信息。

表3-2　与公允价值会计有关的法律法规

时间	部委	法律法规	文号
2006-02-15	财政部	《企业会计准则——基本准则》	财政部令第33号
2006-02-15	财政部	《财政部关于印发〈企业会计准则第1号——存货〉等38项具体准则的通知》	财会[2006]3号
2006-10-30	财政部	《财政部关于印发〈企业会计准则——应用指南〉的通知》	财会[2006]18号
2006-11-27	证监会	《关于做好与新会计准则相关信息披露工作的通知》	证监发[2006]136号
2007-03-06	国资委	《关于中央企业执行〈企业会计准则〉有关事项的通知》	国资发评价[2007]38号
2007-03-21	国资委	《关于执行〈企业会计准则〉有关问题的复函》	国资发评价[2007]9号
2007-07-10	国资委	《关于中央企业执行〈企业会计准则〉有关事项的补充通知》	国资发评价[2007]60号
2007-11-16	财政部	《关于印发〈企业会计准则解释第1号〉的通知》	财会[2007]14号
2008-08-07	财政部	《财政部关于印发〈企业会计准则解释第2号〉的通知》	财会[2008]11号
2009-06-11	财政部	《财政部关于印发〈企业会计准则解释第3号〉的通知》	财会[2009]8号

（续表）

时间	部委	法律法规	文号
2009-12-31	财政部	《关于执行会计准则的上市公司和非上市企业做好 2009 年年报工作的通知》	财会[2009]16 号
2010-04-01	财政部	《关于印发中国企业会计准则与国际财务报告准则持续趋同路线图的通知》	财会[2010]10 号
2010-07-14	财政部	《财政部关于印发〈企业会计准则解释第 4 号〉的通知》	财会[2010]15 号

依据证监发[2006]136 号文，对“谨慎适度选用公允价值计量模式”的解释是：“上市公司应建立、健全同公允价值计量相关的决策体系，谨慎适度选用公允价值计量模式，在依据新会计准则采用公允价值模式对财务报表的重要资产、负债项目进行计量时，公司管理层应综合考虑包括活跃市场交易在内的各项影响因素，对能否持续可靠地取得公允价值做出科学合理的评价，董事会应在充分讨论的基础上形成决议。公司应在此基础上充分披露确定公允价值的方法、相关估值假设以及主要参数的选取原则。”

依据国资委《关于中央企业执行〈企业会计准则〉有关事项的通知》（国资发评价[2007]38 号）等法规，就国有企业对公允价值计量模式的应用有进一步的限定，分别是：①“合理确定公允价值计量模式的选用范围，选用公允价值计量模式的业务范围和资产负债项目要与企业主要业务或资产市场交易特点、行业发展特征、资产质量状况相符合，对于尚不存在活跃市场条件或不能持续可靠地取得可比市场价格的业务和资产负债项目，不得采用公允价值模式计量”；②“要审慎选择公允价值计量的主要业务范围和资产负债项目，一经确定不得随意变更”。

第三节　本章总结

公允价值会计准则的发展历程表明，会计本身是经济活动的组成部分，而不只是对经济活动的反映，会计是有经济后果的。相关要点总结如下：

（1）FASB 在过去 30 年中对公允价值会计准则的建构和推广是一个渐进的过程，经历了由表外披露逐步拓展到表内确认、由金融资产逐步拓展到非金融资产、由遵循稳健性原则逐步发展到偏离稳健主义的历史性转变。

（2）SFAS 第 157 号和 IAS 第 9 号的缺陷在于没有考虑金融危机下市值会计的终止问题，当金融危机发生时，市场流动性紧缺，市场定价机制扭曲，有序交易的假设前提不复存在，此时的市场价格很难代表资产或负债的公允价值。

（3）欧美国家会计准则的演进历程表明公允价值会计并非仅有反映职能。以下文献和资料可以支持这个观点：① SFAS 第 7 号《债权债务人对债务重组的会计处理》被认为是延迟和加剧了储贷机构在 20 世纪 80 年代面临的金融危机（Zeff，2005）；② SFAS 第 33 号《财务报告和物价变动》被认为是美国经济面临严重通货膨胀时的紧急应对措施（Choy，2006）；③ SFAS 第 157 号《公允价值计量准则》被认为夸大了银行业的损失数额和恶化了信贷危机；④ 对 IAS 第 39 号和 IFRS 第 7 号进行修订并允许对非衍生金融资产做重分类后，欧盟成员国以及其他执行国际会计准则的金融业上市公司在 2008 年第三季度的业绩报告显著好于市场预期。

（4）虽然新《企业会计准则》对公允价值的应用范围相当广泛，但中国证监会、财政部、国资委等政府主管部门仍然要求谨慎适度地选用公允价值计量模式。中国会计准则在 2005 年与国际财务报告准则实现了实质性趋同，在 2007 年与香港会计准则等效，在 2008 年与欧盟财务报告准则等效，对于提升会计信息质量和促进中国企业“走出去”战略发挥了重要作用。

第四章　公允价值计量模式的应用情况

第二、三章为研究公允价值会计对金融风险的影响提供了理论依据和现实基础。本章将重点阐述以下内容:(1) 对公允价值会计进行定义并分类,对公允价值计量这个核心概念进行界定;(2) 深入分析公允价值计量的计量特征和理论内涵;(3) 分析公允价值计量的核算内容,确定用于实证研究的代理变量;(4) 对主要度量指标的优劣性进行比较,对公允价值计量、公允价值信息和金融资产风险等概念进行度量;(5) 用主要度量指标对公允价值计量模式在我国上市公司的应用情况进行分析。

第一节　概念界定

一、何为公允价值

公允价值(Fair Value)作为会计学名词最早见于 Paton(1946)。Paton(1946)认为成本应当大致等于购买日的公允价值,若以非现金资产交易为例,则购入资产的成本应当按照转出资产的市场公允价格来确定。此后,FASB 和 IASB 等学术机构先后就公允价值进行了多次定义,综述如下:

1970 年,原美国会计原则委员会(Accounting Principles Board, APB)第 4 号公告对公允价值给出了首个定义,即"在以货币计量的资产交易中所支付的货币金额或者资产转让中交换价格的近似值"。

2007 年,FASB 在 SFAS 第 157 号公告中对公允价值的定义是:"在计量日的有序交易中,市场参与者出售某项资产所能获得的价格或转移负债所愿意支付的价格。"SFAS 第 157 号强调了公允价值的四个关键术语:(1) 市场是指"主市场"或"最有利市场";(2) 参与者是指"不存在关联关系"的双方或多方;(3) 有序交易是指"司空见惯"的交易;(4) 价格是指"脱手价格"(Exit Price),不是报告主体为取得资产或承担负债所需支付或接受的入手价格（Entry Price）。[1] SFAS 第 157 号还规定了公允价值的三个估值技术，即市场法、收益法、成本法。市场法以活跃市场为前提；收益法以合理估计未来现金流量为前提；成本法指重置成本或现行成本，需要合理考虑各种价值减损以确定资产公允价值，折旧、摊销、减值都属于成本法。

IASB 在 IAS 第 32 号《金融工具：披露和列报》中，对公允价值的定义是："在公平交易中，熟悉情况的交易双方自愿进行资产交换或负债清偿的金额。"这个定义与 SFAS 第 157 号公告有所不同，并未指明市场价格是退出价格还是进入价格，也没有明确定义市场参与者，强调的是债务清偿而非债务转移。

综上所述，公允价值的概念比较宽泛，包含了按市值法、收益法和成本法确定的各种类的公允价值信息，所以不适合直接作为实证研究的分析对象。

二、何为"公允价值计量"

究竟以哪个概念作为实证研究的分析对象？这个核心概念要能代表公允价值会计处理方法的计量特征和理论含义，并且能捕捉到公允价值作为一个计量问题与金融风险的关联性。一方面，公允价值会计在概念上比较宽泛，没有体现市值会计最重要的计量特征；另一方面，公允价值信息在性质上很难区别于金融资产的波动性风险，并且不能体现管理层在决定持有或处置一项资产和负债时的意图。所以，无论是公允价值会计还是公允价值信息，都很难直接适用于本书的研究问题。

为了以科学的方法寻求这个核心概念，本书对新《企业会计准则》中涉及公允价值的具体会计准则进行了清理和归类。在新《企业会计准则》中，共有 18 项具体会计准则与"公允价值"密切相关，列于表 4-1。

---

① 1998 年，SFAS 133 定义公允价值是："自愿双方在当前交易（非强制非清算）中购买或出售一项资产的金额。"2000 年，SFAC 7 定义公允价值是："在非强制非清算情况下，不存在关联关系的交易各方，在购买或出售一项资产（负债）时，自愿支付的货币金额。"

表 4-1 涉及公允价值计量的具体会计准则

CAS 1《存货》	CAS 8《资产减值》	CAS 21《租赁》
CAS 2《长期股权投资》	CAS 10《企业年金基金》	CAS 22《金融工具确认和计量》
CAS 3《投资性房地产》	CAS 11《股份支付》	CAS 23《金融资产转移》
CAS 4《固定资产》	CAS 12《债务重组》	CAS 24《套期保值》
CAS 5《生物资产》	CAS 14《收入》	
CAS 6《无形资产》	CAS 16《政府补助》	
CAS 7《非货币性资产交换》	CAS 20《企业合并》	

我们利用时间和成本这两个通用维度对这 18 项具体会计准则进行划分。在时间维度上，划分为初始计量和后续计量两个区间；在成本维度上，划分为以成本为参照和不以成本为参照两个区间。这四个区间组合出三种计量方式，分别是：成本计量模式、公允价值计量模式和协议价格模式，见图 4-1。

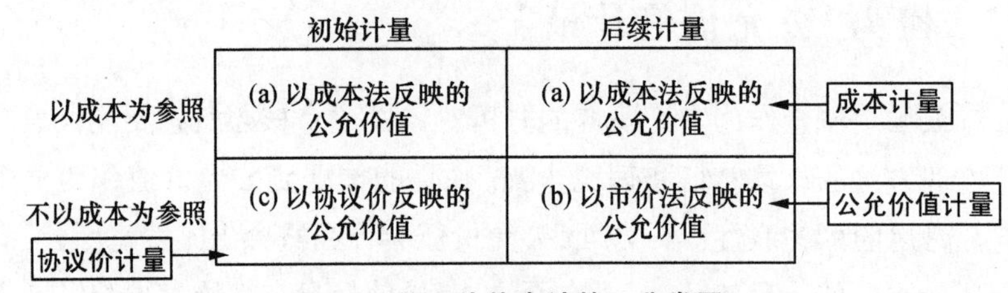

图 4-1 公允价值会计的三分类图

第一种计量模式以(a)做标识，是以成本法反映的公允价值，可以称为成本计量。这种计量模式对资产的后续计量需要采用折旧、摊销的方式，或者需要以剩余成本结转损益，当资产减值损失发生时要以公允价值对账面价值进行调整。它最重要的计量特征是只确认资产的市价变动损失，不确认资产的市价变动收益，体现的是谨慎性原则。CAS 1《存货》、CAS 2《长期股权投资》、CAS 4《固定资产》、CAS 6《无形资产》和 CAS 8《资产减值》对公允价值的规定都属于成本计量模式。

第二种计量模式以(b)做标识，是以市价法反映的公允价值，可以称为公允价值计量。这种计量模式完全摒弃了成本的观念，资产或负债的后续计量不再以折旧、摊销或剩余成本结转损益，而是直接以市场价格作为资产或负债的计价基础。它最重要的计量特征是既需要确认市价变动损失，也需要确认市价变动收益。CAS 22《金融工具确认和计量》对交易性金融资产、交易性金融负债、衍生金融工具和可供出售金融资产的后续计量规定均适用于公允价值计量模式。依据 CAS 3《投资性房地产》和 CAS 5《生物资产》,投资性房地产和生物资产只在有活跃市场并且公允价值能够可靠计量的情况下才采用公允价值计量模式,否则采用成本计量模式。

第三种计量模式以(c)做标识,是以协议价反映的公允价值,可称为协议价格。这种计量模式适用于资产或负债的初始计量,最重要的计量特征是需要由交易人以市场价格为基础进行谈判和磋商,以确定一项资产或负债的计量基础。CAS 10《企业年金基金》、CAS 11《股份支付》、CAS 20《企业合并》、CAS 21《租赁》都属于协议价格模式。

总结以上,虽然这三种计量模式都反映了资产或负债的公允价值,但它们的计量特征和理论含义不同。其中,公允价值计量模式是以市场价格作为期末计价基础并且需要确认公允价值变动损益的会计方法,它对公允价值信息的采集来自第一个技术等级,具有活跃市场报价,可以直接在公开市场获得该项资产或负债的市场价格。由于公允价值计量的核算对象通常是有活跃市场的证券投资类金融资产,而这些金融资产又是虚拟经济的重要组成,包含了资产价格风险和金融脆弱性问题,因此公允价值计量模式与金融市场风险是紧密联系的,最能捕捉到公允价值作为一个计量方法与金融风险的关联性。

第二节 理论解释

一、公允价值计量的计量特征

相对于成本计量,公允价值计量模式的计量特征主要有三个:(1) 在公允价值计量下,既需要确认持有损失,也需要确认持有利得;在成本计量下,并不必然确认持有损失,而且不允许确认持有利得。(2) 公允价值计量的核算对象通常是有活跃市场并且可以即时成交的证券投资类金融资产,例如股票、债券、衍生金融工具;而成本计量的核算对象通常是缺少活跃市场和难以即时成交的金融资产和非金融资产,例如长期股权投资、持有至到期投资、固定资产、投资性房地产等。(3) 在公允价值计量下,资产的期末计价通常不受管理层意图的控制,例如股票价格是管理层很难操纵的(有意违规炒作和操纵股价者除外);而成本计量通常存在管理层自由裁量权和各种计量误差,例如资产减值会计。

二、公允价值计量的理论含义

在理论上,相对于成本计量,公允价值计量模式把持有利得也包括在损益表和综合收益表之中[①],是对会计计量理论的重要突破。具体来说,有以下三个方面的文献支持:

首先,最初构思公允价值计量模式的是一位事务所合伙人 MacNeal。1929年,MacNeal 撰写 *Truth in Accounting* 一书时,提出了三个重要建议:(1) 提议把资产经济价值的所有变动都包含在利润表中,而无论该变动是已实现还是未实现;(2) 提议以市价记录可销售的流动资产,并把资产市价与账面价值之差确认为损益;(3) 提议把非销售用途的资产持有损益转入资本盈余(相当于资本公积账户)。

其次,Edwards 和 Bell 在 1961 年合著 *The Theory and Measurement of Business Income* 一书时对会计计量理论的发展有重要影响,一是建议采用现行成本计量模式(Current Cost Accounting),二是建议引入全面收益观和把可实现的持有利得(Realized Holding Gains)记录在账簿中。Edwards and Bell(1961)的提议是对收益实现和资产计价的两个重要理论贡献(葛家澍,2006)。

最后,是否确认持有利得是公允价值计量模式与成本计量模式等其他公允价值会计处理方法的基本区别。1975 年,FASB 发布 SFAS 第 12 号《某些可交易证券的会计处理》,首次对证券投资采取公允价值会计处理,且只要求确认流动性投资组合的市价损失(即持有损失),当证券价值回升时对持有损失的转回不得超过初始成本,这与现在成本计量下资产减值会计的处理是一致的。1990年,FASB 发布 SFAS 第 105 号《具有表外风险的金融工具和信用风险集中的金融工具的信息披露》,只要求对预期收益(即持有利得)做表外披露。1991 年,FASB 发布 SFAS 第 107 号,要求将金融工具公允价值变动信息披露规则扩大到

---

① 作为本书的关键名词,持有利得不能以未实现损益替代。未实现损益包括了持有利得和持有损失两部分内容。持有利得在 1993 年 FASB 发布 SFAS 115 号之前都不能作为利润表项目,而持有损失在 1975 年就允许作为利润表项目。因此,公允价值计量模式与其他计量模式的基本区别是对持有利得的会计处理,而不是对未实现损益的会计处理。

非金融企业。1993年,FASB发布SFAS第115号《对某些债务性及权益性证券投资的会计处理》,才首次要求在利润表中确认金融工具的持有利得。这个转变被Schneider and McCarthy(2007)界定为FASB偏离历史成本和稳健主义与遵循价值相关性原则的重要迈进!

第三节　数据筛选

虽然新《企业会计准则》规定公允价值计量可广泛适用于交易性金融资产、交易性金融负债、衍生金融工具、可供出售金融资产、投资性房地产和生物资产,但事实上中国财政部、证监会和国资委等主管部门对公允价值计量模式采取谨慎适度原则。在这个政策导向下,我国上市公司2007—2009年对公允价值计量的实际应用情况是:在证券投资类金融资产中得到了大量应用,在投资性房地产中仅有2.57%的公司采用,在生物资产中无一采用。结合到这个实际情况,本书以公允价值计量模式在证券投资类金融资产中的应用作为研究范围,不包含投资性房地产和生物资产。

一、公允价值计量的核算要求

(一)公允价值计量在证券投资类金融资产中的应用

按照新《企业会计准则》的规定,以公允价值计量模式核算的金融资产是交易性金融资产、交易性金融负债、衍生金融工具和可供出售金融资产,以成本计量模式核算的金融资产是持有至到期投资和应收应付款项。因此,本研究对公允价值计量的分析范围是证券投资类金融资产,不包括持有至到期投资和应收应付款项。为了便于表达,对证券投资类金融资产在后文简称金融资产。以下是以公允价值计量的金融资产的核算原则和应用情况:

第一,交易性金融资产、交易性金融负债和衍生金融工具的期末资产余额应当在资产负债表上分项列示,它们的公允价值变动损益应当在损益表合并列示。这三个项目的公允价值变动损益等于公允价值变动减去递延所得税后的净影响额。就2007—2009年上市公司对公允价值计量的应用情况来看,持有交易性金融资产以及公允价值变动损益的观测值是1 345个公司-年,占A股上市公司总数(4 912 个公司-年)的 27.38%,持有交易性金融负债以及公允价值变动损益的观测值是 140 个公司-年,占 2.85%,持有衍生金融工具以及公允价值变动损益的观测值是 42 个公司-年,占 0.86%。

第二,可供出售金融资产的公允价值变动损益应当在股东权益变动表列示,2009 年及以后还需要在综合收益表的“其他综合收益”中列报。可供出售金融资产的公允价值变动损益等于可供出售金融资产的公允价值变动减去递延所得税后的净影响额。当可供出售金融资产对外处置时,计入“其他综合收益”的“可供出售金融资产的公允价值变动损益”应当转入损益表的“投资收益”项目。就 2007—2009 年上市公司对公允价值计量的应用情况来看,持有可供出售金融资产以及公允价值变动损益的观测值是 1 193 个公司-年,占 A 股上市公司总数(4 912 个公司-年)的 24.29%。

(二) 公允价值计量在其他资产项目中的应用

按照新《企业会计准则》的规定,投资性房地产和生物资产可以选择以公允价值计量或者成本计量模式核算。但是,其他制度和补充规定限制了公允价值计量在投资性房地产和生物资产中的实际应用。在我国财政部印发的《应用指南》和相应解释中规定,只有存在活跃市场、公允价值能够获得并可靠计量的情况下,才可以采用公允价值计量。证监会《关于做好与新会计准则相关信息披露工作的通知》(证监发[2006]136 号),要求“严格划分投资性房地产的范围,谨慎选择后续计量方法”,要求“上市公司应建立健全同公允价值计量相关的决策体系,谨慎适度选用公允价值计量模式,在依据新会计准则采用公允价值模式对财务报表的重要资产、负债项目进行计量时,公司管理层应综合考虑包括活跃市场交易在内的各项影响因素,对能否持续可靠地取得公允价值做出科学合理的评价,董事会应在充分讨论的基础上形成决议。公司应在此基础上充分披露确定公允价值的方法、相关估值假设以及主要参数的选取原则”。国资委《关于中央企业执行〈企业会计准则〉有关事项的通知》(国资发评价[2007]38 号)文件,规定“对于尚不存在活跃市场条件或不能持续可靠地取得可比市场价格的业务和资产负债项目,不得采用公允价值模式计量”,并且“要审慎选择公允价值计量的主要业务范围和资产负债项目,一经确定不得随意变更”。

在这些制度性规定的限定下,加之投资性房地产的市场报价不如证券投资类金融资产活跃,所以我国上市公司在 2007—2009 年仅有 52 个公司-年以公允价值计量核算投资性房地产,约占持有投资性房地产总样本数(1184)的4.39%。所以,目前公允价值计量对投资性房地产还不具有重要性。至于生物资产,由于活跃市场很难形成,目前还没有上市公司采用公允价值计量进行核算。

二、公允价值计量的研究范围

第一,由于公允价值计量在投资性房地产中仅有2.57%的公司采用,在生物资产中无一采用,因此考虑重要性原则,本书对公允价值计量的研究范围是证券投资类金融资产。

第二,公允价值计量在证券投资类金融资产中的应用,虽然有交易性金融资产、交易性金融负债、衍生金融工具和可供出售金融资产这四个项目,但重点的核算项目只有交易性金融资产和可供出售金融资产(分别占A股上市公司的27.38%和24.29%),交易性金融负债和衍生金融工具的占比非常低(分别占A股上市公司的2.86%和0.86%)。考虑到交易性金融负债和衍生金融工具的重要性相对较低,并且这两个项目的公允价值变动损益是与交易性金融资产在同一项目核算,所以本书为简便起见将这两个项目与交易性金融资产合并,统称为具有交易性质的金融资产(TFA)。

综上,本书对公允价值计量的研究范围是:可供出售金融资产和具有交易性质的金融资产(即交易性金融资产、交易性金融负债和衍生金融工具)。

三、公允价值计量的数据采集

新《企业会计准则》实施以后,虽然证券投资类金融资产以及公允价值变动损益可以从国泰君安经济金融研究库(CSMAR)下载,但仍有很多数据没有被CSMAR和CCER等数据库收录,需要从上市公司年度报告中做手工摘取。这些需要手工摘取的数据项目是:(1)可供出售金融资产的公允价值变动对股东权益的净影响数;(2)以公允价值计量的金融资产的已实现收益;(3)持有其他上市公司的股票家数和持股比例;(4)交易性金融资产公允价值变动对股东权益的净影响数、交易性金融负债公允价值变动对股东权益的净影响数、衍生金融工具公允价值变动对股东权益的净影响数以及投资性房地产的公允价值变动损益[①];(5) 2004—2006 年 413 家持续持有证券投资类金融资产的上市公司的短期投资收益。这些重要数据的采集,需要查阅 2007—2009 年 1 889 家上市公司的年度报告并从“会计报表附注”中做逐条摘取,虽然数据采集的工作量相当大,但却是实证研究所必备的基础条件。

第四节　度 量 方 法

公允价值计量是会计处理方法,证券投资类金融资产是公允价值计量的核算对象,两者紧密联系。围绕这个问题,本节将就度量指标的选择展开分析讨论。

一、对金融资产风险的度量——金融资产规模

本书选用金融资产规模代表金融资产的风险。金融资产规模越大,金融资产价格风险对上市公司财务业绩的影响就越大;金融资产规模越小,金融资产价格风险对上市公司财务业绩的影响就越小;当金融资产规模等于零时,金融资产的价格风险等于零。同时,金融资产规模也能代表管理层的金融投资决策,当金融资产规模增加时,公允价值计量的影响可能更大;当金融资产规模很小时,公允价值计量的影响很可能趋于零。鉴于此,本书选用金融资产规模代表金融资产风险,部分章节也代表管理层在公允价值计量下的金融投资决策。本书对金融资产规模的度量如下[②]:

建立分析指标 lnFA,用于衡量以公允价值计量的金融资产的风险水平。如 Eq(4-1)所示,FA 等于第 t 期具有交易性质的金融资产(TFA)和可供出售金融资产(FTFA)的总体。lnFA 是 FA 的对数形式,以降低异方差。如 Eq(4-2)所

① 损益表的“公允价值变动损益”项目也包含了投资性房地产的公允价值变动,但本书的研究范围不包括投资性房地产,因此需要将投资性房地产公允价值变动损益数据予以剔除,并且需要将交易性金融资产、交易性金融负债和衍生金融工具这三个项目的公允价值变动损益区别开来。

② 虽然金融资产的风险与金融资产的种类也有关,并且衍生金融工具的波动性风险大于非衍生金融工具,但是截至 2009 年年末仅有 18 家公司持有衍生金融工具,所以金融资产种类对金融资产波动性风险的影响非常有限。因此,本书没有以金融资产种类衡量金融资产的风险。

示,具有交易性质的金融资产等于交易性金融资产、交易性金融负债和衍生金融工具三项之和。

$$FA_t = TFA_t + FTFA_t \qquad Eq(4\text{-}1)$$

$$TFA_t = 交易性金融资产_t - 交易性金融负债_t + 衍生金融工具_t \qquad Eq(4\text{-}2)$$

建立分析指标 RFT,表示以公允价值计量的金融资产占总资产的比例。如 Eq(4-3)所示,RFT 等于第 t 期以公允价值计量的金融资产(FA)除以期末总资产(TA)。RFT 越接近于 1,金融资产的比重越大,代表金融投资行为越活跃,此时公允价值计量对会计盈余的影响也越大。

$$RFT_t = FA_t/TA_t \qquad Eq(4\text{-}3)$$

建立分析指标 RFP,表示金融投资相对于生产性投资的比率大小,以衡量公允价值计量下金融投资相对于生产性投资的规模。相比于 RFT 指标,RFP 指标可以剔除现金、存货、应收款等流动性指标的干扰以及递延税、待摊费用等非常项目的影响,能够直接比较两种不同投资行为的比重,因此有更深入和更干净的分析。如 Eq(4-4)所示,RFP 等于第 t 期以公允价值计量的金融资产(FA)除以生产性投资(PA)。生产性投资(PA)等于在建和已建的厂房和设备投资的期末净额。如果 RFP 大于 1,则说明金融投资行为相当活跃,金融资产的资金占用超过生产性投资。

$$RFP_t = FA_t/PA_t \qquad Eq(4\text{-}4)$$

二、对公允价值信息的度量——未实现损益

公允价值信息是指未实现损益,也称为公允价值变动损益,是价值相关性研究的常用代理变量。公允价值信息既能代表公允价值计量的计量特征,也能代表金融资产的波动性风险。当未实现损益的变动幅度越大时,波动性风险就越大。未实现损益占利润的比例越大,波动性风险也越大。本书对公允价值信息的度量如下:

建立分析指标 RUE,表示交易性质的金融资产(含交易性金融资产、交易性金融负债和衍生金融工具)的未实现损益对会计盈余的贡献程度,即公允价值信息对会计盈余的影响数,同时也表示金融资产的波动性风险。如 Eq(4-

5)所示,RUE 等于第 t 期损益表中的公允价值变动损益(UE)除以净盈余(NI)。其中,公允价值变动损益(UE)等于交易性金融资产、交易性金融负债和衍生金融工具的公允价值变动减去递延所得税后的净影响数。如 Eq(4-6)所示,已实现盈余(RE)等于净盈余(NI)减去 UE。如 Eq(4-7)所示,每股未实现盈余(UEPS)等于 RUE 乘以每股盈余(EPS)。如 Eq(4-8)所示,每股已实现盈余(REPS)等于每股盈余(EPS)减去每股未实现盈余(UEPS)。

$$RUE_t = UE_t / NI_t \qquad Eq(4\text{-}5)$$

$$RE_t = NI_t - UE_t \qquad Eq(4\text{-}6)$$

$$UEPS_t = RUE_t \times EPS_t \qquad Eq(4\text{-}7)$$

$$REPS_t = (1 - RUE_t) \times EPS_t \qquad Eq(4\text{-}8)$$

建立分析指标 RUC,表示以公允价值计量的金融资产(FA)的未实现损益对综合收益的贡献程度。与净盈余(NI)不同,综合收益(CI)以全面收益观为理论基础,包括所有资产和负债项目对股东权益的影响数。如 Eq(4-9)所示,RUC 等于第 t 期末金融资产未实现综合损益(UC)除以综合收益(CI)。如 Eq(4-10)所示,综合收益(CI)等于第 t 期末净盈余(NI)加上可供出售金融资产的未实现损益(UOI),可供出售金融资产的未实现损益(UOI)等于公允价值变动减去递延所得税后的净影响数,其信息披露方式是记入“资本公积——其他资本公积”,同时在综合收益表的“其他综合收益”(OI)中列报。如 Eq(4-11)所示,金融资产未实现综合损益(UC)等于具有交易性质的金融资产的公允价值变动损益(UE)加上可供出售金融资产的未实现损益(UOI)。如 Eq(4-12)所示,已实现综合收益(RC)等于综合收益(CI)减去金融资产未实现综合损益(UC)。如 Eq(4-13)所示,每股综合收益(cEPS)等于综合收益(CI)除以总股本(Shares),可供出售金融资产每股综合收益(PIPS)等于可供出售金融资产的未实现损益(UOI)除以总股本(Shares)。如 Eq(4-14)所示,每股未实现综合收益(cUEPS)等于 RUC 乘以每股综合收益(cEPS)。如 Eq(4-15)所示,每股已实现综合收益(cREPS)等于每股综合收益(cEPS)减去每股未实现综合收益(cUEPS)。

$$RUC_t = UC_t / CI_t \qquad Eq(4\text{-}9)$$

$$CI_t = NI_t + UOI_t \qquad Eq(4\text{-}10)$$

$$UC_t = UE_t + UOI_t \qquad Eq(4\text{-}11)$$

$$RC_t = CI_t - UC_t \qquad Eq(4\text{-}12)$$

$$\left.\begin{array}{l} cEPS_t = CI_t \div Shares_t \\ PIPS_t = UOI_t \div Shares_t \end{array}\right\} \quad Eq(4\text{-}13)$$

$$cUEPS_t = RUC_t \times cEPS_t \quad Eq(4\text{-}14)$$

$$cREPS_t = (1 - RUC_t) \times cEPS_t \quad Eq(4\text{-}15)$$

公允价值信息虽然也可用于指代公允价值计量,但它不适于作为研究公允价值计量金融风险时的代理变量。原因有两个:第一,如果以公允价值变动损益作为代理指标,很难说与此相关的股票价格波动不是金融资产的内在波动性风险所致。这是因为公允价值变动损益既能代表金融资产的波动性风险,也能代表公允价值计量这个会计处理方法。所以,既往文献从公允价值变动损益质疑公允价值计量对金融危机有不利影响时,往往很难能被持有相反观点的学者接受。因为,人们也可以说公允价值变动损益是金融资产的波动性风险所致,而公允价值计量只是如实、充分地将这种波动性风险传递给投资者。如果陷入这个理论争议之中,则很难在公允价值计量与金融风险问题上得到有价值的研究进展。第二,如果以公允价值变动损益代表公允价值计量,假设前提将存在较大局限,相当于从信息有用性角度衡量公允价值计量的影响。第二、三章已经分析,依据"会计管理活动论",只把会计看成一个信息处理系统是不科学的,没有正确定义会计的本质和属性!在美国,也有不少学者认识到会计和会计准则在经济体系中的作用。美国知名会计学者 Steph A. Zeff,曾担任 *The Accounting Review* 编辑和美国会计学会会长,对 GAAP 在美国经济体系中的作用有精深见解[①],在 20 世纪 70 年代就提出"会计经济后果假说",认为会计具有经济后果,这个观点与"会计管理活动论"的基本思想接近。综上所述,公允价值变动损益虽然也能代表公允价值计量,但很难将金融资产的波动性风险和公允价值计量区别开来,并且它的假设前提存在较大局限,因此不适合表示公允价值计量作为会计处理方法的经济后果。

---

① Zeff 于 1978—1983 年担任 *The Accounting Review* 编辑,1985—1986 年担任美国会计学会会长,2002 年入选"会计名人堂",2004 年应中国财政部邀请出席中国会计准则国际研讨会。2005 年,财政部会计司精选 Zeff 的 11 篇论文翻译出版,译著书名《会计准则制定:理论与实践》(中国财政经济出版社出版)。

三、对公允价值计量的度量——金融资产收益

就公允价值计量来说,高质量的度量指标应当具备两个条件:一是能将金融资产风险和公允价值计量区别开来,二是能捕捉到公允价值计量作为会计规则的经济影响。就这两个条件来说,金融资产收益既能代表公允价值计量的经济影响,也能区别于金融资产的波动性风险,是更为合适的代理指标。金融资产收益包括金融资产已实现损益和未实现损益两个部分。其中,已实现损益代表管理层的处置决策,未实现损益代表管理层的持有决策。当管理层决定持有一项金融资产时资产价格波动计入未实现损益,当管理层决定处置一项金融资产时资产处置收益计入已实现损益。综上所述,由于包含了已实现损益,因此金融资产收益对管理层决策和意图的衡量比较全面、真实,以金融资产收益代表公允价值计量是比较合适的。

建立分析指标 RFE,表示以公允价值计量的金融资产的净收益(FE)对净利润(NI)的贡献程度,用以衡量以公允价值计量的金融资产对会计盈余的影响数。如 Eq(4-16)所示,RFE 等于以公允价值计量的金融资产的净收益(FE)除以净利润(NI)。如 Eq(4-17)所示,以公允价值计量的金融资产的净收益(FE)包含了三个部分:具有交易性质的金融资产的未实现损益(UE_{TFA})、具有交易性质的金融资产的已实现收益(RE_{TFA})和可供出售金融资产的已实现收益(RE_{FTFA})。如 Eq(4-18)所示,每股金融资产净盈余(FEPS)等于 RFE 乘以每股收益(EPS),每股其他资产净盈余(OEPS)等于每股收益(EPS)减去每股金融资产净盈余(FEPS)。

$$RFE_t = FE_t/NI_t \qquad Eq(4\text{-}16)$$

$$FE_t = UE_{TFA_t} + RE_{TFA_t} + RE_{FTFA_t} \qquad Eq(4\text{-}17)$$

$$FEPS_t = RFE_t \times EPS_t, \quad OEPS_t = (1 - RFE_t) \times EPS_t \qquad Eq(4\text{-}18)$$

建立分析指标 RFC,表示以公允价值计量的金融资产的综合收益(FC)对综合收益(CI)的贡献程度。如 Eq(4-19)所示,RFC 等于以公允价值计量的金融资产的综合收益(FC)除以综合收益(CI)。如 Eq(4-20)所示,以公允价值计量的金融资产的综合收益(FC)包含了四个部分:具有交易性质的金融资产的未实现损益(UE_{TFA})、具有交易性质的金融资产的已实现收益(RE_{TFA})、可供出售金融

资产的未实现损益(UE_{FTFA})和可供出售金融资产的已实现收益(RE_{FTFA})。如Eq(4-21)所示,每股金融资产综合收益(cFEPS)等于 RFC 乘以每股综合收益(cEPS)。

$$RFC_t = FC_t / CI_t \qquad Eq(4\text{-}19)$$

$$FC_t = UE_{TFA_t} + UE_{FTFA_t} + RE_{TFA_t} + RE_{FTFA_t} \qquad Eq(4\text{-}20)$$

$$cFEPS_t = RFC_t \times cEPS_t \qquad Eq(4\text{-}21)$$

第五节　应用分析

新《企业会计准则》实施以来,公允价值计量在我国上市公司的应用概况是:剔除年报审计为拒绝发表意见和无法发表意见的 9 个公司-年、净资产小于零的 28 家公司以及缺失值,得到 1 797 个有效观测值,其中 2007 年 562 个、2008 年 613 个、2009 年 622 个。

一、公允价值计量对资产结构的影响

依据证监会 1999 年 9 月《关于法人配售股票有关问题的通知》,我国上市公司和国有企业从 2000 年开始可以从事股票类证券投资。因此,剔除 2000 年这个起始年份,以 2001—2009 年作为分析样本,对新《企业会计准则》实施前后资产结构的变动进行对比。[①] 通过图 4-2 对 2001—2009 年的 RFT 和 RFP 指标做比较,分析结果显示金融资产规模在 2007 年"大牛市"行情下达到了历史最高

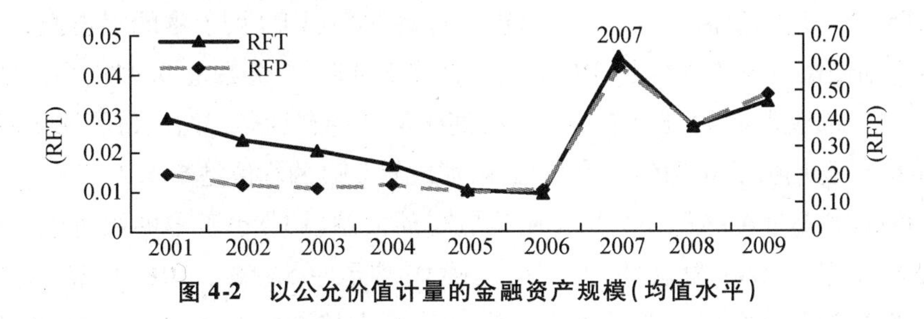

图 4-2　以公允价值计量的金融资产规模(均值水平)

① 扣除审计报告为拒绝发表意见和无法发表意见的 141 个公司-年,得到 9 303 个观测值。其中,对 2001—2006 年,用短期投资代表证券投资类金融资产,表示成本法下的金融资产规模。

点(RFT为4.5%,RFP为58.6%),并且在2008—2009年证券市场低迷期间没有低于2001年这个成本计量模式下的历史高点。

图4-2还显示,就2007—2009年的平均值来说,以公允价值计量的金融资产占总资产的比例(RFT)是3.5%,与生产性投资的比率(RFP)是48.2%;就2001—2006年的平均值来说,在成本计量下,具有交易性质的金融资产占总资产的比例(RFT)仅1.8%,与生产性投资的比率(RFP)仅16.3%。这个分析结果表明金融资产规模在公允价值计量下有显著增加。

根据证监会CSRC(2001)行业编码,将上市公司分成13类,以分析不同行业对公允价值计量模式的应用情况,分析结果显示各个行业都普遍持有股票类证券投资,见表4-2。就金融行业来说,RFT均值是12.1%,RFP均值是4.37%。就非金融行业来说,有37.3%的公司持有金融资产,持有金融资产的上市公司的RFT和RFP均值分别是3.06%和30.7%。其中,"金融资产规模"最低的是石油业(RFT均值是0.8%,RFP均值是30.7%)。

二、公允价值计量对盈余结构的影响

(一)公允价值变动损益对盈余结构的影响

按照是否为金融行业以及公允价值变动损益(UE)是否大于零分组,表4-3报告了Winsorize($p=0.01$)后的结果。本研究需要按公允价值变动损益(UE)的正、负进行分组,是因为持有利得和持有损失对净利润的影响方向不同,分组才能显示差异性;如果不分组则均值趋于零,统计数据缺乏意义。

Panel A是非金融行业并且公允价值变动损益(UE)大于零的报告组,公允价值变动损益占净盈余的比(RUE)的均值是5.4%,中位数是0.9%,中位数显著低于均值,说明有大量上市公司持有高比例的持有利得;并且,每股未实现盈余(UEPS)的均值是0.016,公允价值变动损益(UE)的均值是664.7万元。

Panel B是非金融行业并且公允价值变动损益(UE)小于零的报告组,公允价值变动损益占净盈余的比(RUE)的均值是-5.9%,RUE的最小值是-28.834,说明具有交易性质的金融资产的最大持有损失是净盈余的28.834倍;每股未实现盈余(UEPS)的均值是0.014,说明Panel B之中上市公司平均净利润小于零;并且,公允价值变动损益(UE)的平均值是-708万元。

表 4-2　公允价值计量下金融资产规模的分布特征

行业分类	上市公司总体		持有证券投资的上市公司							
			数量与占比		RFT			RFP		
	数量	占总体的比	数量	占同行业的比	均值	中位数	标准差	均值	中位数	标准差
农林畜牧渔业	97	2.00%	36	37.11%	0.023	0.001	0.046	0.107	0.004	0.228
石油天然气	121	2.49%	45	37.19%	0.008	0.002	0.019	0.032	0.003	0.128
制造业	2 734	56.34%	922	33.72%	0.031	0.005	0.056	0.205	0.017	0.584
电力业	195	4.02%	77	39.49%	0.037	0.011	0.060	0.175	0.021	0.561
建筑业	104	2.14%	46	44.23%	0.027	0.004	0.048	0.513	0.033	1.186
运输业	197	4.06%	87	44.16%	0.039	0.005	0.064	0.243	0.014	0.591
通信业	314	6.47%	109	34.71%	0.026	0.006	0.050	0.302	0.042	0.688
食品行业	299	6.16%	161	53.85%	0.039	0.012	0.059	0.460	0.068	1.041
金融业	89	1.83%	81	91.01%	0.121	0.117	0.067	4.374	4.683	0.855
房地产	308	6.35%	133	43.18%	0.023	0.004	0.045	0.872	0.115	1.445
餐饮旅游业	148	3.05%	52	35.14%	0.037	0.010	0.060	0.350	0.041	1.014
出版业	43	0.89%	23	53.49%	0.020	0.012	0.026	0.089	0.065	0.100
综合业	204	4.20%	117	57.35%	0.031	0.009	0.047	0.493	0.058	1.013
总体	4 853	100%	1 889	38.92%	0.035	0.006	0.058	0.482	0.030	1.153

表 4-3 未实现损益对盈余结构的影响

UE 的金额单位:百万元

Panel A:非金融行业并且公允价值变动损益大于零

年度	观测值	RUE					UEPS			UE		
		均值	中位数	标准差	最小值	最大值	均值	中位数	标准差	均值	中位数	标准差
2007	244	0.051	0.014	0.103	-2.669	7.256	0.019	0.004	0.035	7.108	1.766	9.821
2008	71	0.052	0.003	0.144	-0.354	8.729	0.018	0.001	0.039	7.184	0.795	10.300
2009	288	0.058	0.008	0.120	-0.515	8.596	0.013	0.002	0.028	6.123	1.314	8.957
总体	603	0.054	0.009	0.116	-2.669	8.729	0.016	0.002	0.032	6.647	1.493	9.469

Panel B:非金融行业并且公允价值变动损益小于零

年度	观测值	RUE					UEPS			UE		
		均值	中位数	标准差	最小值	最大值	均值	中位数	标准差	均值	中位数	标准差
2007	80	-0.025	-0.007	0.086	-1.281	0.246	0.008	0.002	0.020	-5.161	-0.691	7.664
2008	300	-0.073	-0.023	0.159	-28.834	0.405	0.016	0.003	0.031	-7.485	-3.149	8.597
2009	68	-0.037	-0.006	0.089	-0.664	0.193	0.014	0.002	0.029	-7.548	-2.622	9.206
总体	448	-0.059	-0.012	0.141	-28.834	0.405	0.014	0.002	0.029	-7.080	-2.616	8.563

（续表）

Panel C：金融行业并且公允价值变动损益大于零

年度	观测值	RUE					UEPS			UE		
		均值	中位数	标准差	最小值	最大值	均值	中位数	标准差	均值	中位数	标准差
2007	15	0.122	0.077	0.125	0.007	0.442	0.082	0.113	0.058	946.0	235.0	1 850.0
2008	10	0.056	0.038	0.045	0.012	0.146	0.036	0.019	0.035	434.0	255.0	572.0
2009	18	0.060	0.025	0.098	0.001	0.833	0.040	0.020	0.050	350.0	123.0	549.0
总体	43	0.081	0.033	0.102	0.001	0.833	0.054	0.024	0.053	578.0	182.0	1 190.0

Panel D：金融行业并且公允价值变动损益小于零

年度	观测值	RUE					UEPS			UE		
		均值	中位数	标准差	最小值	最大值	均值	中位数	标准差	均值	中位数	标准差
2007	10	−0.058	−0.031	0.073	−0.226	−0.002	0.034	0.014	0.045	−858.0	−125.0	1 970.0
2008	16	−0.198	−0.279	0.246	−20.238	0.589	0.081	0.108	0.063	−2 120.0	−407.0	4 640.0
2009	11	−0.035	−0.030	0.037	−0.108	0.000	0.021	0.014	0.023	−969.0	−101.0	2 750.0
总体	37	−0.112	−0.038	0.181	−20.238	0.589	0.051	0.023	0.055	−1 440.0	−132.0	3 520.0

Panel C 是金融行业并且公允价值变动损益(UE)大于零的报告组,公允价值变动损益占净盈余的比(RUE)的均值是 8.1%,中位数是 3.3%,中位数显著低于均值,说明有大量上市公司持有高比例的持有利得;每股未实现盈余(UEPS)的均值是 0.054,公允价值变动损益(UE)的平均值是 5.78 亿元。

Panel D 是金融行业并且公允价值变动损益(UE)小于零的报告组,公允价值变动损益占净盈余的比(RUE)的均值是 -11.2%,中位数的绝对值小于均值,说明 Panel D 中 50% 以上公司在 2008 年金融危机和股市低迷期间有大额持有损失;每股未实现盈余(UEPS)的均值是 0.051,说明 Panel D 之中上市公司的平均净利润小于零;公允价值变动损益(UE)的均值是 -14.4 亿元。

(二) 公允价值变动损益对综合收益的影响

表 4-4 按是否为金融行业以及金融资产未实现综合损益(UC)是否大于零分组,报告了 Winsorize($p=0.01$)后公允价值信息对综合收益的影响(RUC)。之所以按公允价值变动损益(UE)分为正、负两组,是因为持有利得和持有损失对净利润的影响方向不同,分组才能显示差异性。

Panel A 是非金融行业并且金融资产未实现综合损益(UC)大于零的报告组,公允价值信息对综合收益的影响(RUC)的均值是 29%,是表 4-3 Panel A 中 RUE 均值(5.4%)的 5.4 倍,表明加入可供出售金融资产之后未实现综合收益占综合收益的比率显著大于利润表的公允价值损益;每股未实现综合收益(cUEPS)的均值是 0.066,是每股未实现盈余(UEPS)均值(0.016)的 4.1 倍;并且,每股综合收益(cEPS)的均值是 0.36 元/股。

Panel B 是非金融行业并且金融资产未实现综合损益(UC)小于零的报告组,公允价值信息对综合收益的影响(RUC)的均值是 -10.4%,是表 4-3 Panel A 中 RUE 均值(-5.9%)的 1.8 倍,表明可供出售金融资产的未实现综合收益显著大于利润表的公允价值损益;每股未实现综合收益(cUEPS)的均值是 -0.016,与表 4-2 Panel B 中每股未实现盈余(UEPS)的均值(0.014)异号;并且,每股综合收益(cEPS)的均值是 0.257 元/股。

表 4-4　未实现损益对综合收益的影响

Panel A：非金融行业并且未实现综合收益大于零

年度	观测值	RUC					cUEPS			cEPS		
		均值	中位数	标准差	最小值	最大值	均值	中位数	标准差	均值	中位数	标准差
2007	490	0.268	0.107	0.316	0.000	1.012	0.122	0.028	0.170	0.593	0.411	0.552
2008	250	0.511	0.453	0.458	0.000	1.012	-0.080	-0.030	0.130	-0.292	-0.181	0.652
2009	519	0.205	0.056	0.290	0.000	1.012	0.083	0.012	0.141	0.454	0.303	0.481
总体	1 259	0.290	0.096	0.358	0.000	1.012	0.066	0.009	0.169	0.360	0.279	0.639

Panel B：非金融行业并且未实现综合收益小于零

年度	观测值	RUC					cUEPS			cEPS		
		均值	中位数	标准差	最小值	最大值	均值	中位数	标准差	均值	中位数	标准差
2007	114	-0.065	-0.013	0.100	-0.322	0.000	-0.003	-0.001	0.041	0.166	0.132	0.495
2008	397	-0.128	-0.066	0.129	-0.322	0.000	-0.025	-0.009	0.081	0.303	0.174	0.398
2009	148	-0.067	-0.011	0.105	-0.322	0.000	-0.003	-0.001	0.056	0.202	0.134	0.481
总体	659	-0.104	-0.038	0.123	-0.322	0.000	-0.016	-0.005	0.071	0.257	0.158	0.439

（续表）

Panel C：金融行业并且未实现综合收益大于零

年度	观测值	RUC					cUEPS			cEPS		
		均值	中位数	标准差	最小值	最大值	均值	中位数	标准差	均值	中位数	标准差
2007	19	0.326	0.275	0.282	0.009	1.012	0.241	0.286	0.227	1.115	1.244	0.781
2008	20	0.488	0.389	0.433	0.001	1.012	0.004	0.014	0.226	0.251	0.345	1.056
2009	16	0.260	0.195	0.237	0.012	0.833	0.205	0.167	0.160	1.007	0.876	0.524
总体	55	0.366	0.275	0.343	0.001	1.012	0.144	0.109	0.232	0.769	0.724	0.911

Panel D：金融行业并且未实现综合收益小于零

年度	观测值	RUC					cUEPS			cEPS		
		均值	中位数	标准差	最小值	最大值	均值	中位数	标准差	均值	中位数	标准差
2007	7	-0.134	-0.078	0.132	-0.322	-0.009	-0.088	-0.037	0.095	0.653	0.475	0.498
2008	6	-0.274	-0.322	0.116	-0.322	-0.037	-0.178	-0.220	0.082	0.426	0.353	0.230
2009	13	-0.138	-0.099	0.103	-0.322	-0.027	-0.099	-0.069	0.074	0.791	0.690	0.486
总体	26	-0.168	-0.110	0.124	-0.322	-0.009	-0.114	-0.095	0.086	0.669	0.531	0.453

Panel C 是金融行业并且金融资产未实现综合损益(UC)大于零的报告组,公允价值信息对综合收益的影响(RUC)的均值是 36.6%,是表 4-3 Panel C 中 RUE 均值(8.1%)的 4.5 倍,表明可供出售金融资产的未实现综合收益显著大于利润表的公允价值损益;每股未实现综合收益(cUEPS)的均值是 0.144,相当于每股未实现盈余(UEPS)均值(0.054)的 2.7 倍;并且,每股综合收益(cEPS)的均值是 0.769 元/股。

Panel D 是金融行业并且金融资产未实现综合损益(UC)小于零的报告组,公允价值信息对综合收益的影响(RUC)的均值是 -16.8%,是表 4-3 Panel D 中 RUE 均值(-11.2%)的 1.5 倍,表明可供出售金融资产的未实现综合收益显著大于利润表中的公允价值变动损益;每股未实现综合收益(cUEPS)的均值是 -0.114,与表 4-2 Panel D 中的每股未实现盈余(UEPS)的均值(0.051)异号;并且,每股综合收益(cEPS)的均值是 0.669 元/股。

比较表 4-3 和表 4-4,不论是金融行业还是非金融行业,在加入可供出售金融资产的公允价值变动损益之后,上市公司的每股未实现综合收益(cUEPS)和未实现综合收益率(RUC)分别是每股未实现盈余(UEPS)和未实现盈余率(RUE)的数倍,说明可供出售金融资产对我国上市公司的盈余结构和综合收益有相当重要的影响。

(三) 金融资产收益对盈余结构的影响

表 4-5 按是否为金融行业以及净利润是否大于零分组,报告了 Winsorize ($p=0.01$)后金融资产收益对盈余结构的影响。

就非金融行业来说,在净利润大于零的公司中,以公允价值计量的金融资产收益占净利润的比率(RFE)的均值是 14.2%,是表 4-3 Panel A 中 RUE 均值(5.4%)的 2.6 倍;每股金融资产收益(FEPS)的均值是 0.028,是每股未实现损益(UEPS)均值(0.016)的 1.8 倍,说明金融资产收益对会计盈余有重要影响;在净利润小于零的公司中,以公允价值计量的金融资产收益占净亏损的比率(RFE)的均值是 5.5%,每股金融资产收益(FEPS)的均值是 0.012。

表 4-5 公允价值计量对盈余结构的影响（含已实现损益）

组别	观测值	RFE					FEPS				
		均值	中位数	标准差	最小值	最大值	均值	中位数	标准差	最小值	最大值
非金融业—盈利	1 264	0.142	0.010	0.273	−0.074	0.895	0.028	0.003	0.050	−0.010	0.167
非金融业—亏损	660	0.055	0.000	0.198	−0.074	0.895	0.012	0.000	0.036	−0.010	0.167
金融业—盈利	55	0.310	0.147	0.353	−0.074	0.895	0.091	0.107	0.071	−0.010	0.167
金融业—亏损	28	0.032	0.002	0.113	−0.074	0.408	0.025	0.002	0.058	−0.010	0.167

就金融行业来说，在净利润大于零的公司中，以公允价值计量的金融资产收益占净利润的比率（RFE）的均值是31%，是表4-3 Panel C中RUE均值（5.4%）的5.7倍；每股金融资产收益（FEPS）的均值是0.091，是每股未实现损益（UEPS）均值（0.054）的1.7倍，说明金融资产收益对金融行业的会计盈余有相当重要的影响；在净利润小于零的公司中，以公允价值计量的金融资产收益占净亏损的比率（RFE）的均值是3.2%，每股金融资产收益（FEPS）的均值是0.025。

（四）金融资产收益对综合收益的影响

表4-6报告了按照1%进行Winsorize缩尾处理之后以公允价值计量的金融资产综合收益（FC）对综合收益总额（CI）的影响。

就非金融行业来说，在综合收益大于零的公司中，以公允价值计量的金融资产综合收益占综合收益的比率（RFC）的均值是28.4%，是表4-3 Panel A中RUE均值（5.4%）的5.3倍；每股金融资产综合收益（cFEPS）的均值是0.098，是每股未实现损益（UEPS）均值（0.016）的6.1倍，说明金融资产综合收益对会计盈余有重要影响；在综合收益小于零的公司中，以公允价值计量的金融资产综合收益的占比（RFC）的均值是-1.2%，每股金融资产综合收益（cFEPS）的均值是-0.004，由于RFC和cFEPS同时为负，表明此时金融资产综合收益（FC）大于零。

就金融行业来说，在综合收益大于零的公司中，以公允价值计量的金融资产收益占综合收益的比率（RFC）的均值是40.2%，是表4-3 Panel C中RUE均值（5.4%）的7.4倍；每股金融资产综合收益（cFEPS）的均值是0.234，是每股未实现损益（UEPS）均值（0.054）的4.3倍，表明金融资产综合收益对金融行业的会计盈余有相当重要的影响；在综合收益小于零的公司中，以公允价值计量的金融资产综合收益占净亏损的比率（RFC）的均值是-9.4%，每股金融资产综合收益（cFEPS）的均值是-0.060。

总结本节，表4-4和表4-5表明可供出售金融资产的公允价值变动损益和金融资产已实现损益这两个项目分别达到具有交易性质的金融资产未实现损益的4—8倍，因此如果仅以交易性金融资产的公允价值变动损益作为研究对象，则对公允价值计量属性重要性的估计将会有严重偏差！

表 4-6　公允价值计量对综合收益的影响(含已实现损益)

组别	观测值	RFC					cFEPS				
		均值	中位数	标准差	最小值	最大值	均值	中位数	标准差	最小值	最大值
非金融业—盈利	1 264	0.284	0.130	0.405	−0.264	1.166	0.098	0.018	0.195	−0.169	0.571
非金融业—亏损	660	−0.012	−0.015	0.253	−0.264	1.166	−0.004	−0.001	0.087	−0.169	0.571
金融业—盈利	55	0.402	0.354	0.407	−0.030	1.166	0.234	0.216	0.273	−0.169	0.571
金融业—亏损	28	−0.094	−0.079	0.143	−0.264	0.240	−0.060	−0.059	0.088	−0.169	0.116

第六节 本章总结

本章对公允价值信息、公允价值会计与公允价值计量等名词进行了辨别,对公允价值计量进行了界定和度量,阐述了公允价值计量的理论含义,分析了常用度量指标的优劣性,阐述了本书的研究范围和数据来源,最后以金融资产为例分析了我国上市公司对公允价值计量的应用情况。现将重点内容概述如下:

第一,就概念而言,公允价值会计的概念比较宽泛,而公允价值信息又不能体现会计制度对经济活动的影响,因此本书定义了公允价值计量这个核心概念作为研究对象,以捕捉公允价值作为会计方法与金融风险的关联性。

第二,就计量特征来说,公允价值计量模式区别于其他公允价值会计方法的基本特征,一是公允价值计量模式需要确认持有利得,二是公允价值计量的核算对象是有活跃市场和可以即时成交的证券投资类金融资产。

第三,就理论内涵来说,公允价值计量要求把持有利得也包括在损益表和综合收益表之中,是 FASB 遵循价值相关性原则并偏离历史成本和稳健主义的重要迈进,是对会计计量理论的重要突破。①

第四,本书以金融资产收益代表公允价值计量,一是能将金融资产的波动性风险与公允价值计量区别开来,二是能捕捉到公允价值计量作为会计规则的经济影响。

第五,公允价值计量模式自 2007 年以来在金融资产中得到了大量应用,在投资性房地产仅有 2.57% 的公司采用,在生物资产中无一采用,因此本书选取证券投资类金融资产作为研究对象。

第六,自 2007 年"公允价值计量"模式应用以来,我国上市公司的资产结构和盈余结构发生了重要改变:(1) 在公允价值计量下,金融资产规模有显著增加,在均值水平已经达到总资产的 3.5%,是成本计量法下的 1.95 倍。(2) 就金

---

① FASB 在 1993 年发布 SFAS 第 115 号《对某些债务性及权益性证券投资的会计处理》,首次要求在利润表中确认金融工具的持有利得,这个转变被 Schneider and McCarthy(2007)界定为 FASB 遵循价值相关性原则并偏离历史成本和稳健主义的重要迈进。

融行业来说,考虑可供出售金融资产公允价值变动在内的每股未实现损益的均值达到0.144元/股,是交易性金融资产每股未实现损益的2.7倍;就非金融行业来说,考虑可供出售金融资产公允价值变动在内的每股未实现损益的均值达到0.066元/股,是交易性金融资产每股未实现损益的4.1倍。(3)就金融行业来说,考虑金融资产综合收益在内的每股金融资产综合收益(cFEPS)的均值达到0.234元/股,相当于每股未实现损益(UEPS)的4.3倍;就非金融行业来说,考虑金融资产综合收益在内的每股金融资产综合收益(cFEPS)的均值达到0.098元/股,相当于每股未实现损益(UEPS)的7.8倍。

第五章　公允价值计量与资产价格波动的关联性

依据前四章的理论分析和文献回顾,公允价值计量模式很可能增强了金融风险。然而,也有大量文献认为公允价值会计有利于减轻金融风险和增强金融稳定性。那么,公允价值计量与股票价格波动有什么相关关系?针对这个极富争议的问题,本章分别以2004—2009年持续持有证券投资类金融资产的上市公司和2007—2009年全部A股上市公司建立分析样本,以对公允价值计量与资产价格波动的关联关系展开实证研究。

第一节　引　言

本章的研究问题是:公允价值计量与股票价格波动有显著相关性吗?这个研究问题是以国内企业金融资产规模日益膨胀、金融市场动荡日趋频繁为背景的。依据前文的理论分析,公允价值计量与金融风险的关联性很可能比成本计量模式更高,一定程度上是因为公允价值计量与金融资产紧密联系,例如股票和衍生金融工具,而这些金融资产都是虚拟经济的重要组成部分,包含了资产价格风险和金融脆弱性问题。更重要的是,依据前四章的分析,会计不仅是反映性的,而且是参与性的!公允价值计量作为一种制度设计会影响管理层行为,而管理层行为会带来盈余后果;同时,会计信息还会影响投资者情绪,投资者情绪会影响资产价格。这个分析逻辑既可以从第二章"会计管理活动"论和"经济后果"论中得到理论支持,也可以从第三章公允价值会计准则的发展历程中得到验证。基于这个理论分析,本章的研究假设是公允价值计量与资产价格波动有显著关联性。针对这个研究假设,本书建立了两个分析样本。样本一由2004—2009年持续持有证券投资类金融资产的上市公司构成,也包含三个子样本。样本二由2007—2009年全部A股上市公司构成,包含三个子样本。通过这两个分析样本,本章以是否采用公允价值计量作为解释变量,以资产价格波动作为被解释变量,实证分析结果显示公允价值计量与股票价格波动显著正相关。具体来说,就持有证券投资类金融资产的上市公司而言,相比成本计量,在公允价值计量下有显著更高的资产价格波动;就同一市场行情而言,持有以公允价值计量的金融资产的上市公司相比没有此类金融资产的上市公司有显著更大的股票价格风险。

第二节 理论分析与研究假设

相比成本计量,公允价值计量与金融风险的关联性很可能更高。一定程度上是因为公允价值计量与股票和衍生金融工具等金融资产紧密联系,而这些金融资产本身包含了资产价格风险和金融脆弱性问题。2005 年以来,我国的金融产品得到了大力发展,开始出现权证创设、短期融资券、资产证券化产品、集合理财产品、债券远期交易等多种金融工具。2006 年,金融产品创新进一步加快速度,ETF(Exchange Traded Fund)产品大量涌现,利率互换、掉期合约、远期合约、债券回购等新品种不断出现。2007 年以后,公司债、国债期货、股指期货等金融创新产品也相继推出。这些金融产品的推广和繁荣是公允价值计量很可能通过资产价格波动影响金融稳定性的现实基础。

在金融产品的价格风险之外,公允价值计量作为会计制度,本身也会影响资产价格波动和金融稳定性。首先,就盈余波动性来说,当公允价值计量向投资者传递经济活动的内在波动性信息时,在资产负债表和利润表之中都报告了风险价值的实现(Barth,2004;2006),因此可以带来证券市场资产价格的波动。其次,在公允价值计量下,市价信息瞬息万变并不必然具有会计上的重要性(Littleton,1953),然而投资者却很可能因为会计盈余的频繁波动而改变对股票价格的心理预期,管理者还很可能通过公允价值变动损益进行盈余管理或者改变金融投资决策,这两个方面的影响都有可能使股票价格波动进一步增强。以下从三个方面分析公允价值计量对证券资产价格的影响:

第一,就管理层行为来说,以公允价值计量的金融资产有流动性强、交易成本低的特点,一旦买入价位合适,即便没有采取其他任何的经营和管理努力,也很可能获得持有利得和证券投资收益,于是给上市公司提供了新的"投资"渠道和“赚钱”机会,很可能促使管理层更倾向于增加金融资产规模。另一方面,由于“偷懒”动机以及薪酬黏性的存在,管理层很可能从金融资产持有收益中获得更高水平的薪酬激励,又总有理由把证券投资持有损失归咎于市场风险以逃避薪酬惩罚。所以,在公允价值计量下,证券投资的赚钱效应以及薪酬黏性很可能共同助推了上市公司的金融资产规模。

第二,就投资者情绪来说,当盈余波动性增加时,股票价格波动相应增加,于是投资者的股票持有损益大幅波动,这很可能导致投资者情绪变动进而带来大量的噪声交易,于是进一步放大了资产价格波动(Barberis et al.,1998;2005)。伴随股票持有损益的变动,投资者风险厌恶水平会有变动,当股票价格上涨时,投资者会倾向于冒险,将资产价格推得更高;反之,如果前期出现亏损,投资者会变得敏感,更加厌恶风险,资产价格可能超跌(Barberis et al.,1998;2005);并且,投资者非理性情绪还将影响到资本市场的系统性变化,过度交易者的比重越大,证券市场的价格波动性就越大(Dumas et al.,2009)。

第三,就盈余波动性来说,由于金融投资相对于生产性投资往往有较低的盈余持续性和较大的盈余波动性,因此当金融资产规模增加时,公允价值计量下的盈余波动性很可能远远超过了成本计量,此时投资者的股票持有损益会出现大幅波动,很可能导致投资者情绪受公允价值计量模式的影响相对更大,进而使得公允价值计量对经济活动的干涉程度更深,对金融稳定性的影响更大。综上所述,提出以下两个研究假设:

假设1 在同一公司基本面下,相对于成本计量模式,以公允价值计量核算金融资产时,证券市场的资产价格波动显著更大。

假设2 在同一市场行情下,持有以公允价值计量的金融资产的上市公司的资产价格波动显著大于其他上市公司。

第三节 研究设计

鉴于资产价格波动通常会受到制度背景和市场环境的影响,所以需要对这两项因素加以控制。一般来说,有两种控制方法。一种方法是在分析模型中加入控制变量,另一种方法是在构建分析样本时把制度和市场作为外生变量,以检验公允价值计量在不同条件下的影响。相比之下,第二种控制方法更为可靠。

本章主要采用第二种方法,通过构建纵向比较和横向比较两个分析样本,以对公允价值计量在不同经济条件下与资产价格波动的关联性进行深入研究。

一、制度背景与市场环境

就我国来说,在2004—2009年间,影响证券市场资产价格波动的制度背景和市场环境主要有以下事项:

第一,利好政策的影响。1999年9月,中国证监会发布《关于法人配售股票有关问题的通知》,允许上市公司、国有企业、国有资产控股企业等三类企业,除可参与配售股票外,还可自2000年开始从事二级市场股票投资。在这个政策刺激下,我国股票市场2000年股指涨幅超过50%,成交量是1999年的2倍,但是2001年又回到上涨之前的点位(刘霞辉,2002)。2002年11月,中国证监会与中国人民银行联合颁布《合格境外机构投资者境内证券投资管理暂行办法》,允许外资机构进入中国资本市场。2003年6月,瑞士银行和日本野村证券株式会社获准进入,合格境外机构投资者(QFII)制度开始发挥作用。2005年4月,中国证监会颁布《关于上市公司股权分置改革试点有关问题的通知》,在股权分置改革的政策性利好下,股票价格开始上涨。2006年2月,财政部颁布新修订的《企业会计准则》,允许自2007年开始对证券投资等采用公允价值计量模式。在股权分置改革以及新《企业会计准则》等一系列利好政策的刺激下,我国上市公司股票价格大幅上涨。

第二,金融危机的影响。2008—2009年,一方面受到美国次贷危机的影响,另一方面中国人民银行多次出台货币紧缩政策,又经历了2006—2007年"大牛市"行情,因此证券市场已经变得相当脆弱,在市场环境和政策管制的共同作用下,股票价格持续大幅下跌,投资者情绪相当低迷,证券投资的公允价值严重下降。

二、样本构建与分析模型

(一)样本构建

Sample I 用于检验假设1,以验证同一基本面的公司在采用公允价值计量模式时与资产价格波动的关联性是否显著高于成本计量模式。Sample I 的构建见表5-1,三个子样本分别代表三种不同制度和市场环境。Sample I-a,由2004—

2009 年连续六年持有证券投资的 413 家上市公司构成，以 2007 年公允价值计量的实施为分界，就同一上市公司在不同计量模式下的资产价格波动做实证分析。Sample I-b，由 2006—2009 年连续四年持有证券投资的 488 家上市公司构成，以 2008 年市场低迷为分界，就公允价值计量不同市场行情下与资产价格波动的关联性做实证分析。Sample I-c，由 2006—2007 年持续持有证券投资的 566 家上市公司构成，由于这 566 家公司处于同一市场行情，因此可以就公允价值计量在不同披露要求下（2006 年只要求披露公允价值变动损益，2007 年要求确认公允价值变动损益）与资产价格波动的关联性做实证分析。

表 5-1　样本构建（Sample I）

	样本集合	有效观测值
I-a	2004—2009 年均持有金融资产的上市公司	413 家
I-b	2006—2009 年均持有金融资产的上市公司	488 家
I-c	2006—2007 年均持有金融资产的上市公司	566 家

Sample II 用于检验假设 2，以验证相同制度和市场环境下的公司在采用公允价值计量模式时与资产价格波动的关联性是否显著高于成本计量模式。Sample II 的构建见表 5-2，Sample II 的分布见表 5-3，三个子样本分别代表三种不同的市场环境。Sample II-a，由 2007—2009 年所有 A 股上市公司构成。2007—2009 年，共有 4 912 个在市交易的公司-年，剔除年度审计报告为拒绝发表意见和无法发表意见的 51 个观测值，剔除审计报告公允但股东权益小于零的 131 家观察值和缺失值，得到 4 730 个有效观测值（合计 52 264 个公司-月），其中持有证券投资类金融资产的有效观测值是 1 867 个公司-年。Sample II-b 是 2007 年子样本，其中持有证券投资类金融资产的有效观测值是 560 个公司-年，没有证券投资的公司-年是 832 个公司-年，用于分析市场乐观情绪下公允价值计量与资产价格波动的关联性。Sample II-c 是 2008—2009 年子样本，其中持有证券投资类金融资产的有效观测值是 1 248 个公司-年，没有证券投资的公司-年是 1 805 个，用于分析市场悲观情绪下公允价值计量与股票价格波动的关联性。

表 5-2 Sample II 的样本构建

项目	数目
2007—2009 年在市交易的 A 股上市公司	4 912
剔除:审计报告为否定意见或无法发表意见	51
剔除:股东权益小于零	131
小计	4 730
2007—2009 年持有金融资产的上市公司	1 898
剔除:审计报告为否定意见或无法发表意见	9
剔除:股东权益小于零	22
小计	1 867
2007 年	597
2008 年	629
2009 年	641
其中:2007—2009 年均持有金融资产的上市公司	451
其中:2008—2009 年均持有金融资产的上市公司	624

表 5-3 Sample II 的样本分布

持有证券投资类金融资产的观测值		没有证券投资类金融资产的观测值	
计算 Beta 之前的样本观测值	1 867 公司-年	计算 Beta 之前的样本观测值	2 815 公司-年
计算 Beta 之后的样本观测值	1 808 公司-年	计算 Beta 之后的样本观测值	2 640 公司-年
其中:2008—2009 年	1 248 公司-年	其中:2008—2009 年	1 805 公司-年

(二) 分析模型

建立分析模型 Model(5-1),对假设 1 进行检验,预期 β_1 显著为正。

$$\Delta P_{it} = \alpha + \beta_1 \mathrm{CAS}_{it} + \beta_2 \ln \mathrm{FA}_{it} + \beta_3 \mathrm{EPS}_{it} + \beta_4 \mathrm{LEV}_{it} + \beta_5 \mathrm{Tmonth}_{it} + \beta_6 \mathrm{SIZE}_{it} + \mu_{it} \quad \text{Model(5-1)}$$

建立分析模型 Model(5-2),对假设 2 进行检验,预期 β_1 显著为正。

$$\Delta P_{it} = \alpha + \beta_1 \mathrm{FVA}_{it} + \beta_2 \mathrm{EPS}_{it} + \beta_3 \mathrm{LEV}_{it} + \beta_4 \mathrm{Tmonth}_{it} + \beta_5 \mathrm{SIZE}_{it} + \mu_{it} \quad \text{Model(5-2)}$$

被解释变量是:(1) 选取本年 5 月到次年 4 月的个股月回报率标准差($\mathrm{SDRETym}_{it}$),以检验公允价值计量与股票收益波动的关联性;(2) 选取个股 Beta 系数,以检验公允价值计量与股价相对风险的关联性。

解释变量是:(1) 在 Sample I 中取 CAS_{it} 作为公允价值计量的指示变量,如果该公司-年在 2007 年及以后则 CAS 等于 1,否则 CAS 等于 0;(2) 在 Sample II

中取 FVA_{it}作为公允价值计量的指示变量，如果该公司-年持有证券投资类金融资产则 FVA 等于 1，否则 FVA 等于 0。

控制变量是：(1) 控制金融资产规模，以 lnFA 衡量金融资产的内在波动性；(2) 控制行业影响，根据中国证监会 CSRC(2001)行业编码将全部上市公司分成 13 类，区分金融业和非金融业做实证检验；(3) 选取影响公司股价的常用控制指标，分别是每股盈余(EPS_{it})、股本规模($SIZE_{it}$)、资产负债率(LEV_{it})和股票月度换手率($Tmonth_{it}$)。

相关变量定义与度量见表 5-4。

表 5-4　变量定义与度量

分类	变量名称	变量符号	度量标准
因变量	以个股月回报率度量的资产价格波动	RETmonth	等于考虑现金红利再投资的个股月回报率的年度均值(本年 5 月到次年 4 月)
	以个股系统风险度量的资产价格波动	Beta	等于考虑现金红利再投资的个股周回报率与市场周回报率的回归参数估计值
	以个股月回报率标准差度量的资产价格波动	SDRETym	等于考虑现金红利再投资的个股月回报率的年度标准差(本年 5 月到次年 4 月)
解释变量	含有公允价值计量	FVA	持有以公允价值计量的证券投资类金融资产时等于 1，否则等于 0
	采用《企业会计准则》	CAS	适用《企业会计准则》等于 1，否则等于 0
	金融资产规模	lnFA	等于金融资产期末余额的自然对数
控制变量	每股盈余	EPS	等于净利润除以总股本
	财务风险	LEV	等于负债总额除以净资产
	以个股月换手率度量的噪声交易量	Tmonth	等于个股月交易量除以流通股股本年平均值(本年 5 月到次年 4 月)
	股本规模	SIZE	等于流通股本的自然对数

三、对公允价值计量的度量

本章对公允价值计量的度量选用虚拟变量。在 Sample I，对 2004—2009 年持续持有证券投资类金融资产的上市公司，如果适用于新《企业会计准则》，令公允价值计量的代理指标 CAS 等于 1；如果适用于原《企业会计制度》，令公允价值计量的代理指标 CAS 等于 0。在 Sample II，对 2007—2009 年持有证券投资的公司-年，令公允价值计量的代理指标 FVA 等于 1；对 2007—2009 年没有证券投资的公司-年，令公允价值计量的代理指标 FVA 等于 0。

四、对资产价格波动的度量

资产价格波动在宏观经济学领域通常用综合市场指数表示，我们选用微观代理指标，选取反映在股票价格中的上市公司净资产的市值波动来表示，有两个代理指标：一是个股价格收益的标准差，二是个股相对风险系数 Beta。

第一种 ΔP_{it}的表达方式，是股票价格波动的标准差，见 Eq(5-1-a)。分别取个股周回报率标准差和个股月回报率标准差作为资产价格波动的度量指标。$SDRETyw_{it}$是考虑现金分红再投资的个股周回报率第 t 年的标准差，见 Eq(5-1-b)；$SDRETym_{it}$是考虑现金分红再投资的个股月回报率第 t 年的标准差，见 Eq(5-1-c)。结合到 Ohlson 剩余收益模型，如 Eq(5-2)和 Model(5-3)所示，$SDRETyw_{it}$和 $SDRETym_{it}$代表的是其他信息 μ_t 的影响。$SDRETyw_{it}$和 $SDRETym_{it}$越大，表明资产价格波动越大；反之，表明资产价格波动越小。

$$\Delta P_{it} \equiv \mathrm{SDRETyear}_{it} \qquad \text{Eq(5-1-a)}$$

$$\mathrm{SDRETyw}_{it} = \mathrm{SD}(\mathrm{RETweek}_{it}) \qquad \text{Eq(5-1-b)}$$

$$\mathrm{SDRETym}_{it} = \mathrm{SD}(\mathrm{RETmonth}_{it}) \qquad \text{Eq(5-1-c)}$$

$$P_t = \varphi(\phi X_t - d_t) + (1 - \varphi)\mathrm{BV}_t + \eta\mu_t \qquad \text{Eq(5-2)}$$

$$\mathrm{MV}_{it} = \alpha + \beta_1 \mathrm{BV}_{it} + \beta_2 E_{it} + \mu_{it} \qquad \text{Model(5-3)}$$

第二种 ΔP_{it}的表达方式是个别股票的 Beta 系数，以衡量股票价格相对于分市场综合指数的波动性大小，见 Eq(5-3)。Beta 的含义，如 Model(5-4)所示，代表个别证券的资产价格波动相对于分市场价格波动的敏感程度。Beta 系数的测算，如 Model(5-5)所示，等于上市公司个股回报率与市场回报率的协方差除以市场回报率的方差，也就是用考虑现金分红再投资的个股周回报率和考虑现金分红再投资的分市场周回报率的线性回归方程式求得。$Beta_{it}$大于 1，表明第 i 家公司第 t 期的资产价格波动大于分市场的价格波动；$Beta_{it}$小于 1，表明资产价格波动性小于分市场的价格波动。

$$\Delta P_{it} \equiv \mathrm{Beta}_{it} \times \Delta P_{\mathrm{mt}} \qquad \text{Eq(5-3)}$$

$$\mathrm{RET}(\mathrm{STOCK}_{i\cdot \mathrm{week}}) = \alpha + \mathrm{Beta}_i \mathrm{RET}(\mathrm{MARKET}_{j\cdot \mathrm{week}}) + \varepsilon_{i\cdot \mathrm{week}} \qquad \text{Model(5-4)}$$

$$Beta_{it} = COV[RET(STOCK_{it}), RET(MARKET_{jt})] / VAR[RET(MARKET_{jt})] \quad Model(5\text{-}5)$$

第四节　实证结果与分析

一、资产价格波动的均值分析

对 Sample I-a 中 413 家公司 2004—2009 年的个股月回报率(RETmonth)做均值趋势分析。如图 5-1 所示,在采用公允价值计量模式后,样本公司 2007—2009 年的个股月回报率平均值(RETmonth)在[-0.3,0.3]之间波动;而在采用公允价值计量模式之前,2004—2006 年的 RETmonth 在[-0.1,0.2]之间波动,表明在公允价值计量下的股票价格的波动幅度显著大于成本计量下的股价波动幅度。这个描述性特征能否验证假设 1,还需要控制金融资产规模、行业、公司规模和资产回报率等指标之后进行实证检验。

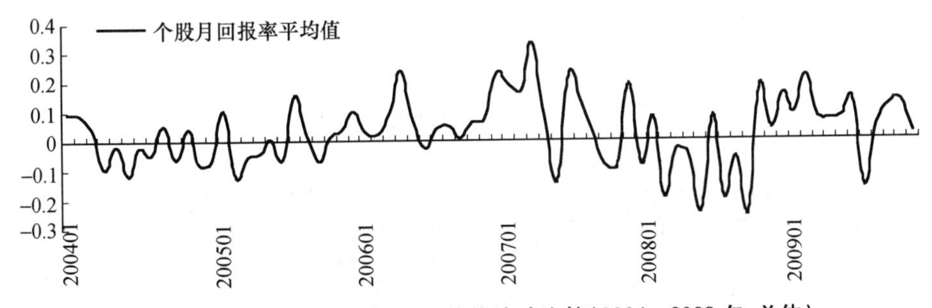

图 5-1　两种计量模式下的股票价格波动比较(2004—2009 年,总体)

图 5-2 描述了金融业和非金融业的 RETmonth 均值趋势(2004—2009 年,Sample I-a),显示了两个分析结果:(1) 无论金融业还是非金融业,持有证券投资类金融资产的上市公司在 2007 年以后的股票价格波动都显著大于 2007 年之前。(2) 在公允价值计量下,非金融行业的股票价格波动性显著大于金融行业;在成本计量模式下,非金融业的股票价格波动性与金融业无显著差异。

图 5-3 描述了 2006—2009 年连续四年(Sample I-b)持有证券投资类金融资产的 488 家上市公司的个股月回报率(RETmonth)的波动性,显示了两个特征:(1) 就同一公司基本面来说,市场悲观情绪下(2008—2009 年)股票月回报

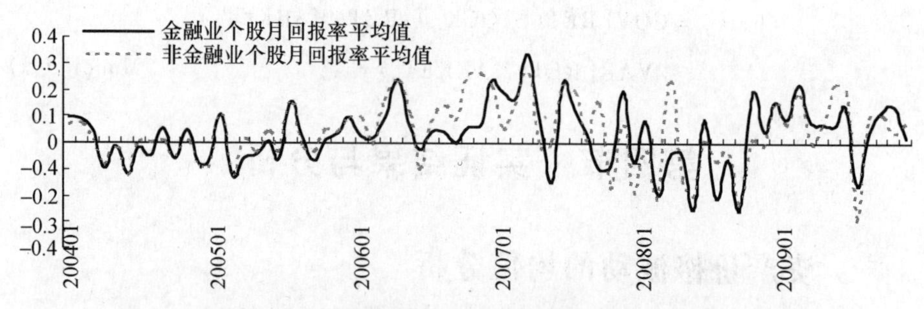

图 5-2　两种计量模式下的股票价格波动比较(2004—2009 年,行业)

率的波动频率显著大于市场乐观情绪下(2006—2007 年)的股价波动;(2) 非金融业的股票价格波动显著大于金融业的股票价格波动。

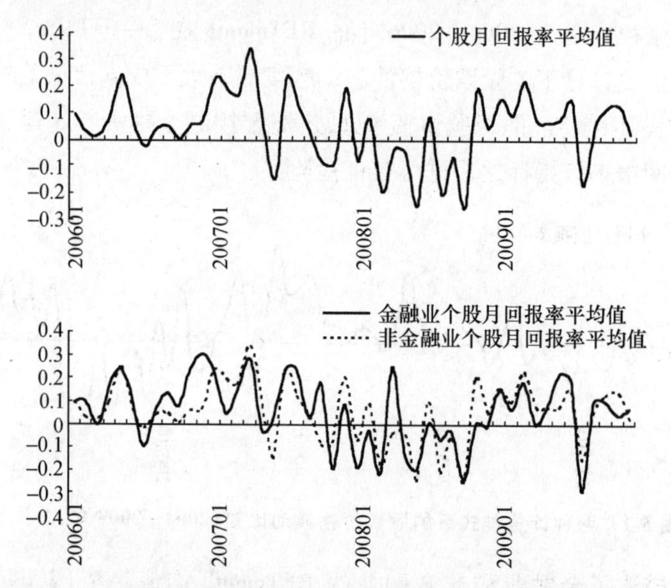

图 5-3　金融业以及非金融业的股票价格波动分析(2006—2009 年)

图 5-4 描述了 2006—2007 年连续两年(Sample I-c)持有证券投资类金融资产的 566 家公司的股票价格波动,可见 2007 年的资产价格波动显著超出 2006 年。这个股票价格波动的差异性究竟是与市场行情有关,还是与“公允价值信息”披露和确认这两种不同信息报告方式有关,还需要做实证检验。

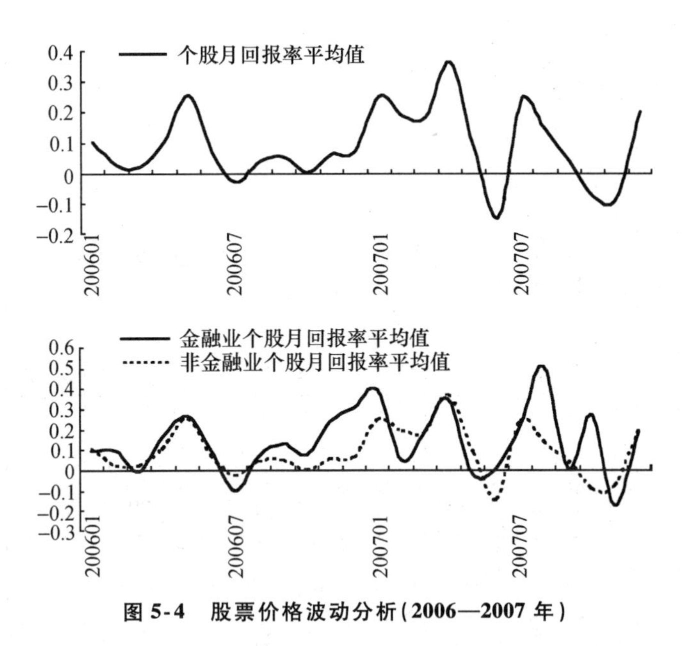

图 5-4　股票价格波动分析(2006—2007 年)

二、资产价格波动单变量分析

本节以 Beta 系数表示资产价格波动,对 Sample II 做单变量检验。表 5-5 报告了 Sample II-a 的单变量检验结果,其中持有证券投资类金融资产的上市公司(CFV = 1)的股票价格风险在 5% 的水平上显著高出其他上市公司(CFV = 0) 2.6 个百分点,这个分析结果主要代表非金融业 Beta 系数的特征。

表 5-6 报告了 Sample II-b 的 Beta 系数的单变量分析结果:在 2007 年市场乐观情绪下,持有证券投资类金融资产的上市公司的 Beta 系数高出其他上市公司 7.1 个百分点,在 1% 水平上显著,显示当公允价值变动损益作为表内项目确认时对上市公司的资产价格有显著为正的影响。

针对 Sample II-c,表 5-7 报告了 Beta 系数的单变量分析结果:在 2008—2009 年市场悲观情绪下,持有证券投资类金融资产的上市公司的 Beta 系数与其他上市公司不存在显著差异。这是否意味着当市场行情极度低迷时公允价值计量与资产价格波动的关联性不显著?这还需要控制其他变量通过实证检验才能得出结论,很可能是熊市行情下的系统性风险相当大,从而导致个股价格波动的差异很小。

表 5-5　股票价格波动单因素分析(Beta 2007—2009 年)

$RET(STOCK_{i \cdot week}) = \alpha + Beta_i RET(MARKET_{j \cdot week}) + \varepsilon_{i \cdot week}$

行业分布		CFV = 1			CFV = 0			差异检验	
行业分类	公司数	公司数	占比	Beta	公司数	占比	Beta	均值差异	*T* 值
农林畜牧渔业	92	35	38.04%	0.775	57	61.96%	1.009	-0.234	-1.251
石油天然气金属	105	39	37.14%	1.119	66	62.86%	1.110	0.009	0.133
制造业	2 529	886	35.03%	1.049	1 643	64.97%	1.025	0.023	1.444
电力业	193	77	39.90%	1.016	116	60.10%	1.016	-0.001	-0.149
建筑业	97	41	42.27%	1.022	56	57.73%	1.051	-0.030	-0.503
运输业	183	82	44.81%	1.044	101	55.19%	0.959	0.085***	2.498
通信业	260	107	41.15%	1.013	153	58.85%	0.967	0.046	1.443
食品行业	279	158	56.63%	1.015	121	43.37%	0.936	0.079*	1.701
房地产	277	127	45.85%	1.240	150	54.15%	1.249	-0.009	-0.095
餐饮旅游业	131	51	38.93%	1.070	80	61.07%	1.032	0.039	0.515
出版业	33	20	60.61%	1.081	13	39.39%	0.922	0.159*	1.782
综合业	196	116	59.18%	1.103	80	40.82%	0.041	1.062	1.123
非金融行业	4 375	1 739	39.75%	1.056	2 636	60.25%	1.031	0.025*	1.898
金融行业	73	69	100%	1.091	4	5.48%	1.457	-0.367	-1.728
总体	4 448	1 808	40.65%	1.057	2 640	59.35%	1.032	0.026**	1.974

注:本表是 Sample II-a 的描述性分析; * 表示在 10% 水平下显著, ** 表示在 5% 水平下显著, *** 表示在 1% 水平下显著。

表 5-6　股票价格波动性风险单因素分析（Beta 2007 年）

类别		CFV = 1			CFV = 0			差异检验	
类别	公司数	观测值	占比	Beta	观测值	占比	Beta	均值差异	*T* 值
非金融行业	1 377	545	39.61%	1.054	832	60.39%	0.985	0.069***	3.098
总体	1 392	560	40.23%	1.057	832	59.77%	0.986	0.071***	3.152

注：* 表示在 10% 水平下显著，** 表示在 5% 水平下显著，*** 表示在 1% 水平下显著。

表 5-7　股票价格波动性风险单因素分析（Beta 2008—2009 年）

类别		CFV = 1			CFV = 0			差异检验	
类别	公司数	观测值	占比	Beta	观测值	占比	Beta	均值差	*T* 值
非金融行业	2 996	1 194	39.81%	1.057	1 802	60.19%	1.052	0.004	0.271
总体	3 056	1 248	40.84%	1.057	1 808	59.16%	1.052	0.005	0.298

注：* 表示在 10% 水平下显著，** 表示在 5% 水平下显著，*** 表示在 1% 水平下显著。

表 5-8 按金融资产规模（以 lnFA 表示）的中位数做分组，报告了 Sample II-a 的 Beta 的组间差异，分析结果表明金融资产规模对股票价格风险有重要影响，具体来说：(1) 当市场情绪乐观时，在金融资产规模大于中位数情况下，以 Beta 系数表示股票价格风险显著大于非持有此类金融资产的上市公司的 Beta 系数 9 个百分点，在 1% 的水平上显著；(2) 当市场情绪乐观时，如果金融资产规模小于中位数，以 Beta 系数表示股票价格风险在两组之间无显著差异；(3) 当市场情绪悲观时，Beta 系数的组间差异不显著。

表 5-8　股票价格波动性风险双因素分析（Beta lnFA）

Panel A	lnFA > Median(lnFA)		CFV = 0		差异分析	
市场情绪	观测数	Beta	观测数	Beta	均值差异	*T* 值
2007 年	373	1.076	832	0.986	0.090***	3.489
2008—2009 年	705	1.070	1 808	1.052	0.017	0.902
Panel B	lnFA < Median(lnFA)		CFV = 0		差异分析	
市场情绪	观测数	Beta	观测数	Beta	均值差异	*T* 值
2007 年	187	1.018	832	0.986	-0.035	0.900
2008—2009 年	545	1.041	1 808	1.052	-0.011	-0.587

注：* 表示在 10% 水平下显著，** 表示在 5% 水平下显著，*** 表示在 1% 水平下显著。

三、对其他变量的描述性分析

对 Sample I-a 的描述性分析见表 5-9。Sample I-a 由 2004—2009 年连续六年持有金融资产的 413 家公司组成,剔除缺失值之后的有效观测值为 1 923 个。其中,所有连续变量已经按照 1% 做 Winsorize 极值处理,以降低异方差。表 5-9 显示月个股回报率均值是 3.6%。表 5-10 就 Sample I-a 报告了所有回归变量的相关关系,显示变量之间相关关系显著,并且相关系数在合理水平。

表 5-9　股票价格波动影响因素的描述性分析(Sample I)

变量名称	观测值	均值	中位数	标准差	最小值	最大值
SDRETym	1 923	0.152	0.138	0.099	0.025	2.774
RETmonth	1 923	0.036	0.041	0.091	-0.143	1.803
CAS	1 923	0.643	1.000	0.479	0.000	1.000
lnFA	1 923	16.65	16.743	2.934	7.048	26.28
EPS	1 923	0.252	0.170	0.408	-1.630	1.620
LEV	1 923	0.508	0.516	0.194	0.075	0.978
Tmonth	1 923	0.552	0.475	0.352	0.062	1.879
SIZE	1 923	19.42	19.33	1.005	16.68	22.00

注:本表是 Sample I-a 的描述性分析。

Sample II-a 的描述性分析见表 5-11。Sample II-a 由 2007—2009 年所有上市公司构成,剔除审计意见不公允、股东权益小于零和回归变量缺失值后,有效观测值共 4 448 个。其中,所有连续变量已经按照 1% 做 Winsorize 极值处理,以降低异方差。表 5-11 显示,持有证券投资类金融资产的上市公司占样本总数的 40.6%,表明“公允价值计量”在 40.6% 的公司中得到了应用。表 5-11 还显示,金融资产取自然对数之后的平均规模是 6.564,每股盈余的均值是 0.278 元,净资产收益率均值是 5.1%,平均资产负债率为 49.6%,流通股月均换手率是 76.1%。表 5-12 报告了 Sample II-a 所有回归变量的相关关系,显示变量之间相关关系显著,并且相关系数在合理水平。

表 5-10　股票价格波动影响因素的相关性分析(Sample I)

	SDRETym	RETmonth	FVA	lnFA	EPS	LEV	Tmonth	SIZE
SDRETym	1.000							
RETmonth	0.836***	1.000						
	0.000							
CAS	0.281***	0.180***	1.000					
	0.000	0.000						
lnFA	0.155***	0.139***	0.288***	1.000				
	0.000	0.000	0.000					
EPS	0.250***	0.257***	0.161***	0.286***	1.000			
	0.000	0.000	0.000	0.000				
LEV	0.042*	0.045**	0.054**	0.019	-0.041*	1.000		
	0.065	0.049	0.019	0.411	0.070			
Tmonth	0.541***	0.427***	0.492***	0.044*	-0.047**	0.021	1.000	
	0.000	0.000	0.000	0.053	0.038	0.367		
SIZE	0.066***	0.020	0.296***	0.427***	0.182***	0.101***	-0.087***	1.000
	0.004	0.384	0.000	0.000	0.000	0.000	0.000	

注:本表是 Sample I-a 的相关性分析;* 表示在 10% 水平下显著,** 表示在 5% 水平下显著,*** 表示在 1% 水平下显著。

表 5-11　股票 Beta 系数影响因素的描述性分析(Sample II)

变量名称	观测值	均值	中位数	标准差	最小值	最大值
Beta	4 448	1.037	1.042	0.269	0.204	1.877
FVA	4 448	0.406	0.000	0.489	0.000	1.000
EPS	4 448	0.278	0.210	0.427	-1.630	1.620
LEV	4 448	0.496	0.504	0.190	0.075	0.997
Tmonth	4 448	0.761	0.721	0.383	0.062	1.879
SIZE	4 448	19.181	19.145	1.029	16.681	22.001

注:本表是 Sample II-a 的描述性分析。

表 5-12　股票 Beta 系数影响因素的相关性分析(Sample II)

	Beta	FVA	EPS	LEV	Tmonth	SIZE
Beta	1.000					
FVA	0.059***	1.000				
	0.000					
EPS	-0.139***	0.012	1.000			
	0.000	0.436				
LEV	0.099***	0.064***	-0.191***	1.000		
	0.000	0.000	0.000			
Tmonth	0.158***	-0.118***	-0.133***	-0.056***	1.000	
	0.000	0.000	0.000	0.000		
SIZE	0.121***	0.267***	-0.036**	0.160***	-0.372***	1.000
	0.000	0.000	0.016	0.000	0.000	

注:鉴于 lnFA 与 FVA 的相关系数为 0.977,因此 lnFA 没有列入 Model(5-5)回归模型,以避免共线性;本表是 Sample II-a 的相关性分析;* 表示在 10% 水平下显著,** 表示在 5% 水平下显著,*** 表示在 1% 水平下显著。

四、假设 1 的实证结果

表 5-13 报告了假设 1 的检验结果,左起依次是 2004—2009 年连续六年持有证券投资类金融资产公司(Sample I-a)、2006—2009 年连续四年持有证券投资类金融资产公司(Sample I-b)、2006—2007 年连续两年持有证券投资类金融资产公司(Sample I-c)的回归分析,实证分析结果显示:在控制行业、年度、股本规

表 5-13　公允价值计量与资产价格波动的实证结果(Sample I)

$$\Delta P_{it} = \alpha + \beta_1 \mathrm{CAS}_{it} + \beta_2 \mathrm{lnFA}_{it} + \beta_3 \mathrm{EPS}_{it} + \beta_4 \mathrm{LEV}_{it} + \beta_5 \mathrm{Tmonth}_{it} + \beta_6 \mathrm{SIZE}_{it} + \mu_{it}$$

变量名称	Sample I-a(2004—2009 年)				Sample I-b(2006—2009 年)				Sample I-c(2006—2007 年)			
	SDRETym		RETmonth		SDRETym		RETmonth		SDRETym		RETmonth	
	系数	*T* 值	系数	*T* 值	系数	*T* 值	系数	*T* 值	系数	*T* 值	系数	*T* 值
截距项	0.25***	2.33	0.10	1.53	0.34***	2.47	0.05*	1.90	0.47***	2.57	-0.02	-0.49
CAS	0.03***	2.61	0.09***	10.74	0.01	1.29	0.01***	3.18	0.10***	5.48	0.03***	6.08
lnFA	0.00	-0.96	0.00	-0.86	0.00	-0.9	0.00	0.16	0.00	-1.32	0.00	-0.45
EPS	0.02**	2.05	0.03***	4.13	0.02**	2.18	0.02***	6.08	0.04	1.68	0.03***	4.68
LEV	0.01	1.49	0.01	1.44	0.02**	2.25	0.01**	2.27	0.03	1.56	0.02***	2.76
Tmonth	0.04**	2.35	0.02	1.52	0.04**	2.32	0.03***	8.55	0.04*	1.72	0.05	6.93
SIZE	-0.01*	-1.69	-0.01*	-1.95	-0.01*	-1.89	0.00	-0.24	-0.02**	-2.00	0.00	1.45
年份	控制		控制		控制		控制		控制		控制	
行业	控制		控制		控制		控制		控制		控制	
观测值	1 923		1 923		1 618		1 618		836		836	
F 值	71.71		355.82		32.62		477.62		21.93		28.78	
调整后 R^2	26.75%		61.01%		17.02%		82.39%		21.31%		34.74%	

注:* 代表在 10% 水平下显著,** 代表在 5% 水平下显著,*** 代表在 1% 水平下显著。

模、财务业绩、财务风险和投资者行为等因素的影响后，有五个回归组的 CAS 系数估计值在 1% 水平上显著为正，显示公允价值计量相对于成本计量对股票价格收益的波动性有显著为正的影响，验证了假设 1。

表 5-13 还显示了以下两个分析结果：(1) 金融资产规模(lnFA)与 SDRETym 相关性不显著；(2) 以 RETmonth 做因变量的 R^2 高过 60%，剔除年度控制之后的 R^2 均不超过 30%，表明系统性风险对股票收益的影响相当显著。

综上所述，本章研究发现在控制金融资产规模、系统性风险等因素对股票价格波动的影响后，公允价值计量下资产价格波动显著高出成本计量，这个分析结果是稳健可靠的。用“考虑现金分红再投资的个股周回报率”($SDRETyw_{it}$)替代 $SDRETym_{it}$，回归结果与表 5-13 一致。

五、假设 2 的实证结果

表 5-14 左起依次对 Sample II-a、Sample II-b、Sample II-c 进行回归分析，报告了假设 2 的检验结果。实证分析模型是 Model(5-6)，解释变量为是否采用公允价值计量(FVA)，持有以公允价值计量的金融资产时 FVA 等于 1，否则 FVA 等于 0；金融资产规模(lnFA)是控制变量。

$$\Delta P_{it} = \alpha + \beta_1 \text{FVA} + \beta_2 \text{lnFA}_{it} + \beta_3 \text{EPS}_{it} + \beta_4 \text{LEV}_{it} + \beta_5 \text{Tmonth}_{it} + \beta_6 \text{SIZE}_{it} + \mu_{it} \qquad \text{Model}(5\text{-}6)$$

表 5-14 的分析结果显示：(1) 在控制行业、年度、股本规模、财务业绩、财务风险和投资者行为等相关因素后，就 Sample II-a 和 Sample II-b 来说，FVA 的回归系数都在 5% 水平上与 Beta 系数显著正相关，调整后 R^2 分别是 13.05% 和 10.11%，分析模型显著成立、回归系数显著为正，表明持有以公允价值计量的证券投资类金融资产的上市公司的股票价格风险显著高于相同市场行情下的其他上市公司，验证了假设 2；(2) 在控制相关因素后，就 Sample II-a、Sample II-b 和 Sample II-c 来说，lnFA 的回归系数分别在 5% 和 10% 的水平上与 Beta 系数显著正相关，表明金融资产规模与资产价格波动存在显著相关性。

此外，就 2008—2009 年来说(即 Sample II-c)，FVA 的回归系数与 Beta 不显著，与单变量分析结果一致。

表 5-14　公允价值计量与资产价格波动的实证结果(Sample II)

$\Delta P_{it} = \alpha + \beta_1 FVA_{it} + \beta_2 EPS_{it} + \beta_3 LEV_{it} + \beta_4 Tmonth_{it} + \beta_5 SIZE_{it} + \mu_{it}$　$\Delta P_{it} = \alpha + \beta_1 FVA + \beta_2 lnFA_{it} + \beta_3 EPS_{it} + \beta_4 LEV_{it} + \beta_5 Tmonth_{it} + \beta_6 SIZE_{it} + \mu_{it}$

变量名称	Sample II-a				Sample II-b				Sample II-c			
	Model(5-5)		Model(5-6)		Model(5-5)		Model(5-6)		Model(5-5)		Model(5-6)	
	系数	T 值	系数	T 值	系数	T 值	系数	T 值	系数	T 值	系数	T 值
截距项	-0.356***	-3.36	-0.260	-1.46	-0.346*	-1.79	-0.194	-0.63	-0.212*	-1.76	-0.189	-0.90
FVA	0.017**	2.16			0.038**	2.30			0.005	0.56		
lnFA			0.006**	2.40			0.008*	1.73			0.005**	1.98
EPS	-0.085***	-5.65	-0.056**	-2.33	-0.056*	-1.72	-0.065	-1.30	-0.100***	-5.94	-0.056**	-2.08
LEV	0.090***	3.93	0.049	1.45	0.080	1.63	0.024	0.32	0.096***	3.99	0.059	1.64
Tmonth	0.220***	15.2	0.239***	9.37	0.219***	6.33	0.212***	4.00	0.219***	13.45	0.248***	8.31
SIZE	0.055***	11.13	0.044***	5.31	0.054***	5.68	0.042***	2.80	0.054***	9.46	0.045***	4.48
年份	控制		控制						控制		控制	
行业	控制		控制		控制		控制		控制		控制	
观测值	4 448		1 808		1 380		560		3 006		1 248	
F 值	27.43		8.93		8.14		3.01		29.17		9.5	
调整后 R^2	13.05%		11.33%		10.11%		9.41%		18.13%		16.04%	

注：本表的分析模型是 Model (5-5)和 Model(5-6)；* 表示在 10% 水平下显著，** 表示在 5% 水平下显著，*** 表示在 1% 水平下显著。

第五节　本章总结

本章对公允价值计量与股票价格波动的相关关系进行了实证检验，研究发现公允价值计量与股票价格波动显著正相关，主要研究结论如下：

(1) 在同一公司基本面下，就2004—2009年持续持有证券投资类金融资产的上市公司来说，在控制了金融资产规模、市场行情、投资者行为、公司规模、财务业绩和财务风险的影响后，公允价值计量相比成本计量有显著更高的股票价格波动(见图5-1至图5-4，表5-13)，并且这个关联性在市场乐观和市场悲观情绪下都是显著存在的(见表5-13)。

(2) 在同一制度环境下，就2007—2009年来说，在控制了市场行情、投资者行为、公司规模、财务业绩和财务风险的影响后，持有以公允价值计量的证券投资的上市公司的股票价格风险显著大于其他上市公司，这个显著性是以市场乐观情绪为依存条件的(见表5-14)。

(3) 金融资产规模能够显著影响股票价格波动，随着金融资产规模的增加，上市公司股票价格的相对波动幅度也会增大(见表5-14)；从均值来看，当金融资产规模较小时，Beta系数的组间差异不显著(见表5-8)。

第六章　影响机理分析:盈余波动性

第五章研究发现公允价值计量与资产价格波动显著正相关。这个相关性是如何发生的？哪些因素增强了公允价值计量与资产价格波动的关联性？应当如何控制公允价值计量对股票价格波动及金融脆弱性的不利影响？针对这些问题,以下三章将对公允价值计量影响资产价格波动的传导机制进行深入、系统的研究。

第一节　引　言

本章的研究问题是:在公允价值计量下,盈余波动性是否显著增加,盈余波动性的增加是否导致了更大的股票价格波动？就这个问题来说,现有文献对公允价值计量与盈余波动性的关联性已有一定研究基础,但极少沿着“公允价值计量→盈余波动性→资产价格波动→金融脆弱性”的逻辑关系展开深入研究。回顾现有文献,有两种不同解释。一方面,Barth(2004;2006)认为扩大公允价值计量的应用有助于减轻混合计量模式带来的盈余波动性,并且有利于金融市场稳定;另一方面,Hodder et al.(2003)和 Bernard et al.(1995)研究发现银行业的综合收益在公允价值计量下有异常波动,Ryan(2008a;2008b)认为对未实现损失的确认可能产生负反馈效应,在金融危机等特殊情况下将导致市场价格进一步恶化。

那么,公允价值计量究竟增加还是减轻了我国上市公司的盈余波动性呢？首先,依据前五章的分析,公允价值计量的核算对象往往是有活跃市场并且可以即时成交的证券投资类金融资产。这类金融资产的市场价格通常是不稳定的、波动的和难以预测的,而公允价值计量却要求把这类具有非经常性损益性质的持有利得和持有损失也包括在损益表和综合收益表之中,这就很可能带来盈余波动性问题,而不是减轻盈余波动性。其次,会计盈余是公司市值的估值基础,当会计盈余增加时,股票价格将有相应上涨,当会计盈余减少时,股票价格将有相应下跌。所以,如果公允价值计量显著增加了盈余波动性,股票价格波动性也将相应增加。基于这个理论分析,本章经研究发现:在公允价值计量下,盈余波动性有显著增强,并且以公允价值计量的金融资产的收益变动与股票价格波动的敏感系数显著大于其他资产收益变动。

这个分析结果表明,与成本计量相比,公允价值计量能够带来更大的盈余波动性和资产价格波动。当然,这个作用机理是以公允价值计量的反映职能为前提的,它揭示了金融资产的内在波动性风险,对金融风险并非只有负面影响。但如果金融资产的市价波动变得相当频繁和难以预测,则公允价值计量对盈余波动性的增强作用很可能降低了会计信息质量,以致带来市场投机、投资者情绪改变和上市公司金融投资行为改变等问题。在这个意义上说,公允价值计量对盈余波动性的增强作用既不利于盈利预测和投资决策,也不利于维持金融稳定。所以,作为一个会计问题,公允价值计量对盈余波动性有两个方面的影响。虽然从信息观来看揭示了金融资产的波动性风险,但从经济影响来看可能增强了金融市场的波动性风险。现有研究虽然强调了公允价值计量的价值相关性,却没有重视更高的盈余波动性对会计信息质量、市场投机和投资者情绪等方面存在的负面影响。

第二节　理论分析与研究假设

依据 FASB 和 IASB 的理论建构,公允价值计量可以使会计信息有更高的透明度和价值相关性。FASB 委员 Leslie Seidman 在 FAS 157 发布时表示,公允价值计量由于以活跃市场的自愿交易价格为估值基础,往往能够提供与投资决策相关的会计信息,使得投资者和财务报表的其他使用者能够更清晰地判断企业的财务业绩和资产质量。大量文献研究发现公允价值计量在美国银行业的应用提高了会计信息的价值相关性(Barth et al.,1990;Bernard et al.,1995;Petroni and Wahlen,1995;Barth et al.,1995;Eccher et al.,1996;Venkatachalam,1996;Hodder et al.,2003),Barth(2004;2006)认为会计只有将经济内在波动性的信息传递给市场参与者才能有利于金融市场的稳定,扩大公允价值计量的应用有助于减轻混合计量模式带来的盈余波动性。但是,Ryan(2008a;2008b)认为对未实现损失的确认可能产生负反馈效应,在金融危机等特殊情况下将导致市场价格的进一步恶化,进而提高金融体系的整体风险。美国银行业协会主席、首席执行官 Edward Yingling 认为:“公允价值会计是一个有争议的问题。”[①] Hodder et al. (2003)以美国银行业为例,Bernard et al. (1995)以丹麦银行业为例,研究发现综合收益在公允价值计量下存在异常波动,认为公允价值变动向资本市场传递了银行业的内在风险。综上所述,公允价值计量究竟是加大还是减轻了盈余波动性,在业内还是一个富有争议的问题。

以下围绕公允价值计量模式的计量特征对盈余波动性进行分析推导:

第一,建立“公允价值计量 vs 成本计量”分析模型,以比较这两种计量模式下的盈余波动性。如表 6-1 所示,“公允价值计量 vs 成本计量”分析模型的条件设定是:(1) 假定上市公司 A 在 t_0 时点投资于 B 公司股票,并且在 t 期只持有 B 公司股票这一项金融投资;(2) B 公司在 t_0 时点的股票价格是 p,购入成本 C 等于 p 乘以购入量 n,不考虑交易费用;(3) B 公司股票在期末 t_1 时点的市价是 λ;(4) A 公司期末资产价值为 V,综合收益为 I,股票投资决策是持有待售;(5) 当 $t_0 < 2007$ 年时,在原《企业会计制度》下,A 公司应当以成本计量法核算对 B 公司的股票投资;(6) 当 $t_0 > 2007$ 年时,在现行《企业会计准则》下,A 公司应当以公允价值计量法核算对 B 公司的股票投资。现对“公允价值计量 vs 成本计量”分析模型解释如下:

(a) 如果 $\lambda > p$ 并且 $t_0 < 2007$,由于以成本计量法核算,并且不需要确认金融资产公允价值变动收益,此时 A 公司金融资产期末持有利得等于 0,该股票投资的期末计价 $C' = C$;

(b) 如果 $\lambda < p$ 并且 $t_0 < 2007$,由于以成本计量法核算,并且需要计提短期投资跌价准备,此时金融资产期末持有损失等于 L'(L'是公司管理层对资产减值损失的估计值),该股票投资的期末计价 $C' = C - n \times (p - \lambda)$,设 $L' = n \times (p - \lambda)$;

(c) 如果 $\lambda > p$ 并且 $t_0 > 2007$,由于以公允价值计量法核算,此时 A 公司将获得持有利得 G,该股票投资的期末计价 $C' = C + n \times (\lambda - p)$,设 $G = n \times (p - \lambda)$;

(d) 如果 $\lambda < p$ 并且 $t_0 > 2007$,由于在新准则下,此时应当确认公允价值变

---

① http://www.cfv.com/article.cfm/11088475,11039958。

动损失 L,该股票投资期末计价 $C' = C - n \times (p - \lambda)$。

表 6-1 “公允价值计量 vs 成本计量”分析模型

时间设定	金融资产期末持有利得	金融资产期末持有损失
$t_0 < 2007$	如果 $\lambda > p$,则 gain = 0, $C' = C$	如果 $\lambda < p$,则 loss = L',$C' = C - L'$
$t_0 > 2007$	如果 $\lambda > p$,则 gain = G,$C' = C + G$	如果 $\lambda < p$,则 loss = L,$C' = C - L$

比较这两种计量方法对盈余管理的影响。在成本计量法下,管理层对金融资产持有损失的确认是 L'而非真实的 L,因此可以从 L'获得自由裁量权和会计弹性,在外部经济条件不利影响下产生盈余平滑动机(Trueman and Titman, 1988;Newman,1988;Healy and Wahlen,1999),通过给出一个相对较小的持有损失估计值,以使盈余波动性相对减小;并且,在成本计量法下,不允许确认未实现收益,即便是资产减值损失转回也不能高于购入成本,因此对会计盈余的正向影响相对较小。与此不同,在公允价值计量下,对有活跃市场的证券投资按照市价进行计量,因此管理层对金融资产持有损失的确认是真实的 L,管理层将缺少会计弹性,特别是在外部经济条件不利时需要确认超大资产减值损失,从而使会计盈余的负向波动更大;同时,在公允价值计量下,要求确认未实现收益,金融资产的期末价格上涨成为一个新的盈余项目,从而对会计盈余的正向影响相对更大。总体来说,在“公允价值计量 vs 成本计量”分析模型中,在公允价值计量下有相对更大的盈余正向和负向波动,而在成本计量法下的盈余正向波动相对较小,并且在盈余平滑时还有相对较小的负向盈余波动。

第二,建立“公允价值计量与盈余波动性”风险模型,以进一步分析公允价值计量下会计盈余的变动。“公允价值计量与盈余波动性”风险模型如表 6-2 所示,基本设定是:如果持有一项交易性金融资产 Λ,预期收益率为 λ',期末很可能存在已经处置、部分持有和全部持有三种情况;并且金融资产 Λ 在期末或处置时的实际价格 λ 很可能有大于 λ'、小于 λ'和小于零三种情况;因此,金融资产 Λ 在期末对会计盈余的影响很可能有九种变化,见表 6-2。其中,有两个动机会影响到盈余波动性:(1) 购入一项金融资产不是为了持有,而是为了差价。由于购入和持有一项金融资产的终极目标是获得买卖差价,因此即便该金融资产期末余额为零,也会通过处置收益影响到会计盈余,此时 FI = $\lambda\Lambda$,并且 $\lambda = \lambda'$;当金融资产 Λ 被部分处置时,对会计盈余的影响包括处置收益、持有损失和持有收益,等于 $FI+\lambda\Lambda'$。(2)如果等额资金用于生产性投资,对盈余变动的影响很可能相对较小。因为生产性投资的成本费用率和资产收益率通常比较稳定,并且资金回报率也是可以预期的。综合这两个动机,说明公允价值计量这个会计方法伴随有更强的盈余波动性。

表 6-2 "公允价值计量与盈余波动性"风险模型

λ 取值	0(期末余额为零)	Λ'(期末部分持有)	Λ(期末持有全额)
$\lambda>\lambda'$	处置收益(FI) $=\lambda\Lambda$; 持有利得 $=0$; 未预期盈余 $=(\lambda-\lambda')\Lambda$	处置收益(FI) $=\lambda(\Lambda-\Lambda')$; 持有利得 $=\lambda\Lambda'$; 未预期盈余 $=(\lambda-\lambda')\Lambda'$	处置收益(FI) $=0$; 持有利得 $=\lambda\Lambda$; 未预期盈余 $=(\lambda-\lambda')\Lambda$
$0<\lambda<\lambda'$	处置收益(FI) $=\lambda\Lambda$; 持有利得 $=0$; 预期盈余下降 $=(\lambda'-\lambda)\Lambda$	处置收益(FI) $=\lambda(\Lambda-\Lambda')$; 持有利得 $=\lambda\Lambda'$; 预期盈余下降 $=(\lambda'-\lambda)\Lambda'$	处置收益(FI) $=0$; 持有利得 $=\lambda\Lambda$; 预期盈余下降 $=(\lambda'-\lambda)\Lambda$
$\lambda<0$	处置收益(FI) $=-\lambda\Lambda$; 持有损失 $=0$; 未预期损失 $=(\lambda'+\lambda)\Lambda$	处置收益(FI) $=\lambda(\Lambda-\Lambda')$; 持有损失 $=\lambda\Lambda'$; 未预期损失 $=(\lambda'+\lambda)\Lambda'$	处置收益(FI) $=0$; 持有损失 $=\lambda\Lambda$; 未预期损失 $=(\lambda'+\lambda)\Lambda$

第三,根据 Ohlson(1995)剩余收益模型,在风险中性和同质的经济条件下,公司价值应等于权益价值和剩余盈余(Abnormal Earnings)的代数表达式。并且,大量实证研究发现会计信息(即会计盈余)具有价值相关性(Ball and Brown, 1968;Beaver, 1968;Landsman and Maydew, 2002;Foster, 1977;Brooks and Buckmaster, 1976;Freeman et al., 1982)。不仅如此,Lipe(1986)发现会计盈余的组成项目也有信息含量,Ou and Penman(1989)、Lev and Thiagarajan(1993)以及 Abarbanell and Bushee(1997)先后发现资产负债表的其他信息也可以用于公司基本面分析和预测股票价格。基于以上经典研究,会计信息与股票价格之间存在显著关联性,当会计盈余增加时,股票价格将相应上涨,当会计盈余下降时,股票价格将相应下跌。所以,公允价值计量很可能增强了盈余波动性,通过价值相关性反映到股票价格之中,导致股票价格波动性相应增加。综上所述,提出如下研究假设:

假设 1 相对于成本计量,上市公司的盈余波动性在公允价值计量下显著增强。

假设 2 公允价值计量对盈余波动性的增强作用会显著增加资产价格波动。

第三节 研究设计

一、对盈余波动性的度量

对于假设1,参照 Hodder et al.(2003),采用 $\ln\Delta earnings_{it}$ 和 ΔEPS_{it} 作为盈余波动性的度量指标。$\ln\Delta earnings_{it}$ 和 ΔEPS_{it} 的计算如 Eq(6-1)和 Eq(6-2),分别等于净利润(NI_{it})和每股收益(EPS_{it})的期间变动。

$$\ln\Delta earnings_{it} = \ln NI_{it} - \ln NI_{it-1} \quad \text{Eq(6-1)}$$

$$\Delta EPS_{it} = EPS_{it} - EPS_{it-1} \quad \text{Eq(6-2)}$$

对于假设2,采用 $\Delta UIPS_{it}$ 和 $\Delta FEPS_{it}$ 作为公允价值计量下盈余波动性的度量指标。$\Delta FEPS_{it}$ 和 $\Delta UIPS_{it}$ 的计算如 Eq(6-3)和 Eq(6-4),分别等于每股金融资产收益($FEPS_{it}$)和每股可供出售金融资产公允价值变动损益($UIPS_{it}$)的变动。

$$\Delta FEPS_{it} = FEPS_{it} - FEPS_{it-1} \quad \text{Eq(6-3)}$$

$$\Delta UIPS_{it} = UIPS_{it} - UIPS_{it-1} \quad \text{Eq(6-4)}$$

二、假设1的分析模型

建立实证模型 Model(6-1)和 Model(6-2)以验证假设1。被解释变量是 Δearnings,等于年度净利润(取自然对数)的变动值,以降低异方差。解释变量分别是 CAS 和 FVA,预期 β_1 显著为正。

在 Model(6-1)中,控制变量有金融资产规模(lnFA)、净资产收益率(ROE)、资产负债率(LEV)和资产规模(ASSETS)。在 Model(6-2)中,加入交叉项 CAS × lnFA,以检验金融资产规模对公允价值计量与盈余波动性的关联性是否有显著增强作用。在 Model(6-1)中,如果 β_1 显著为正,说明在公允价值计量下盈余波动性更强;在 Model(6-2)中,如果 β_3 显著为正,说明金融资产规模越大,公允价值计量下的盈余波动性越强。

$$\ln\Delta earnings_{it} = \alpha + \beta_1 CAS_{it} + \beta_2 \ln FA_{it} + \beta_3 ROE_{it} + \beta_4 LEV_{it} + \beta_5 ASSETS_{it} + \mu_{it} \quad \text{Model(6-1)}$$

$$\ln\Delta earnings_{it} = \alpha + \beta_1 CAS_{it} + \beta_2 \ln FA_{it} + \beta_3 CAS_{it} \times \ln FA_{it}$$

$$+\beta_4 ROE_{it} + \beta_5 LEV_{it} + \beta_6 ASSETS_{it} + \mu_{it} \quad \text{Model(6-2)}$$

构建 Model(6-3)和 Model(6-4),用 ΔEPS 替代 Δearnings 做稳健性检验。

$$\Delta EPS_{it} = \alpha + \beta_1 CAS_{it} + \beta_2 \ln FA_{it} + \beta_3 ROE_{it} + \beta_4 LEV_{it} + \beta_5 ASSETS_{it} + \mu_{it} \quad \text{Model(6-3)}$$

$$\Delta EPS_{it} = \alpha + \beta_1 CAS_{it} + \beta_2 \ln FA_{it} + \beta_3 CAS_{it} \times \ln FA_{it} + \beta_4 ROE_{it} + \beta_5 LEV_{it} + \beta_6 ASSETS_{it} + \mu_{it} \quad \text{Model(6-4)}$$

三、假设 2 的分析模型

对假设 2 分析模型的构建过程如下。首先,根据 Ohlson 模型建立一个在公允价值计量下的公司市值与权益净值的分析式 Model(6-5)。在 Model(6-5)中,MV 代表公司市值,BV_{BR}代表扣除可供出售金融资产未实现损益之后加入净利润之前的净资产,UOI 代表可供出售金融资产的未实现损益,FE 代表以公允价值计量的证券投资类金融资产收益(包含具有交易性质的金融资产的未实现损益 UE_{TFA}、具有交易性质的金融资产的已实现收益 RE_{TFA}和可供出售金融资产的已实现收益 RE_{FTFA}等三个部分),OE 等于净利润减去以公允价值计量的金融资产收益后的其他资产收益。

$$MV_{it} = \alpha + \beta_1 BV_{BRit} + \beta_2 UOI_{it} + \gamma_1 FE_{it} + \gamma_2 OE_{it} + \mu_{it} \quad \text{Model(6-5)}$$

在 Model(6-5)中,选择以金融资产收益作为公允价值计量的代理变量,是因为管理层购入一项金融资产的目的是获得差价收益而不是持有。在这个意义上说,公允价值计量的经济后果应当包括公允价值变动损益和金融资产已实现收益这两个部分。

现有文献发现管理层对金融资产的处置原则通常存在"摘樱桃"行为,不符合价值投资理念(Hodder et al. ,2003)。上市公司总是卖出正在盈利的证券投资和继续持有正在亏损的证券资产;并且,很可能通过选择可供出售金融资产的出售时点以操纵会计盈余,进而导致会计盈余和综合收益的异常波动(Hodder et al. ,2003)。所以,由于盈余管理动机的影响,在分析公允价值计量的经济影响时,应以金融投资收益(FE)作为解释变量,而不只是以未实现损益作为解释变量!

在 Model(6-5)两边同除总股本(Shares)得到价格模型,见 Model(6-6)。在价格模型中,被解释变量 P_{it} 等于经过复权的第 i 家公司第 t 年年末收盘价 P,解释变量分别是净利润以前扣除 UIPS 之后的每股净资产($BVPS_{BR}$)、可供出售金融资产每股未实现其他综合收益(UIPS)、每股金融资产收益(FEPS)和每股其他收益(OEPS)。

$$P_{it} = \alpha + \beta_1 BVPS_{BRit} + \beta_2 UIPS_{it} + \gamma_1 FEPS_{it} + \gamma_2 OEPS_{it} + \mu_{it} \quad \text{Model(6-6)}$$

在 Model(6-6)的基础上构建收益模型,见 Model(6-7)。在收益模型中,被解释变量是个股收益(R),解释变量分别是净利润以前扣除 UIPS 之后的每股净资产($BVPS_{BR}$)、可供出售金融资产每股未实现其他综合收益变动(ΔUIPS)、每股金融资产收益变动(ΔFEPS)和每股其他收益变动(ΔOEPS),随机项(u)代表其他信息。

$$R_{it} = \alpha + \beta_1 BVPS_{BRit} + \beta_2 \Delta UIPS_{it} + \beta_3 UIPS_{it} + \gamma_1 \Delta FEPS_{it} + \gamma_2 FEPS_{it} + \gamma_3 \Delta OEPS_{it} + \gamma_4 OEPS_{it} + \mu_{it} \quad \text{Model(6-7)}$$

在收益模型 Model(6-7)的基础上构建风险模型,见 Model(6-8)和 Model(6-9)。在风险模型中,被解释变量是资产价格波动,分别是以本年 5 月到次年 4 月作为观测区间的个股月回报率标准差(SDRETym)和以本年 5 月到次年 4 月作为观测区间的个股周回报率标准差(SDRETyw);解释变量是公允价值计量下的盈余波动性,分别有:每股金融资产收益变动(ΔFEPS)、每股可供出售金融资产未实现损益变动(ΔUIPS)。如果 β_1 和 β_3 显著为正,表示公允价值计量下的盈余波动性与资产价格波动显著正相关;如果 β_1 显著大于 β_5,且 β_3 显著大于 β_5,表示股票价格波动对公允价值计量下的金融资产收益的敏感系数显著大于以成本计量的其他收益的敏感系数,是对假设 2 的验证。控制变量依据 Fama 三因子模型选取个股风险系数(Beta)、净市值比(BM)和公司规模(SIZE),SIZE 参照毛小元等(2008)用流通股本规模表示[1];由于 $BVFS_{BRit}$ 与 SIZE 共线性,这里保留 SIZE。

---

① 毛小元等,“配股对股票长期收益的影响:基于改进三因子模型的研究”,《金融研究》,2008 年第 5 期。

$$SDRETym_{it} = \alpha + \beta_1 \Delta UIPS_{it} + \beta_2 UIPS_{it} + \beta_3 \Delta FEPS_{it} + \beta_4 FEPS_{it} + \beta_5 \Delta OEPS_{it} + \beta_6 OEPS_{it} + \beta_7 Beta_{it} + \beta_8 BM_{it} + \beta_9 SIZE_{it} + \mu_{it} \qquad \text{Model(6-8)}$$

$$SDRETyw_{it} = \alpha + \beta_1 \Delta UIPS_{it} + \beta_2 UIPS_{it} + \beta_3 \Delta FEPS_{it} + \beta_4 FEPS_{it} + \beta_5 \Delta OEPS_{it} + \beta_6 OEPS_{it} + \beta_7 Beta_{it} + \beta_8 BM_{it} + \beta_9 SIZE_{it} + \mu_{it} \qquad \text{Model(6-9)}$$

本章变量定义与度量见表 6-3。

表 6-3 变量定义与度量

分类	变量名称	变量符号	度量标准
被解释变量	以个股的相对风险系数度量的资产价格波动	Beta	按考虑现金红利再投资的个股周回报率与市场周回报率的回归方程式来测算
	以个股月回报率标准差度量的资产价格波动	SDRETym	等于考虑现金红利再投资的个股月回报率的年度标准差(本年 5 月到次年 4 月)
	以个股周回报率标准差度量的资产价格波动	SDRETyw	等于考虑现金红利再投资的个股周回报率的年度标准差(本年 5 月到次年 4 月)
解释变量	每股金融投资回报的变动	ΔFEPS	等于每股金融投资回报的一阶差分
	每股可供出售金融资产未实现权益的变动	ΔUIPS	等于每股可供出售金融资产未实现权益的一阶差分
	金融资产每股盈余	FEPS	等于金融资产对净利润的影响数(RF)乘以每股盈余
	可供出售金融资产每股未实现权益	UIPS	等于可供出售金融资产公允价值变动损益除以总股本
控制变量	金融资产规模	lnFA	等于金融资产期末余额的自然对数
	其他已实现盈余	OEPS	等于 EPS 减 FEPS 的差
	市净值比	BM	等于公司净值除以市值
	股本规模	SIZE	等于流通股本的自然对数

四、样本构建与数据来源

本章构建三个分析样本。取第五章 Sample I-a 之中盈余变动为正的观测值构建本章 Sample I,共有 186 家上市公司满足条件。本章需要剔除盈余变动为负的观测值,原因有二:一是盈余负向变动很可能与正向变动时的经济条件有很大差异,例如经营环境恶化;二是此时“公允价值计量”对盈余负向变动的影响很可能与正向变动相反,例如通过处置可供出售金融资产收益可以减少盈余波动。取第五章 Sample II-a 之中持有证券投资的观测值构建本章 Sample III。

Sample III 的数据剔除过程见表 6-4。由于非金融行业持有其他公司股票的现象正在变得越来越普遍,并且非金融行业的股票价格波动显著高于银行等金融类公司,因此本章及以后章节不再区分金融业与非金融业。

表 6-4　未实现损益的分析样本(Sample III)

项目	数目
2007—2009 年持有金融资产的上市公司	1 898
剔除:审计报告为否定意见或无法发表意见	9
剔除:期末股东权益小于零	22
合计	1 867
剔除:当期未实现损益等于零	113
合计	1 754

本章数据取自 CSMAR 数据库。其中,FEPS、UIPS、ΔFEPS、ΔUIPS 的数据来源是:先查阅 2007—2009 年持有以公允价值计量的金融资产的上市公司年度报告以获得金融资产已实现收益、可供出售金融资产的公允价值变动损益等数据;然后查阅 2004—2006 年持有证券投资类金融资产的上市公司以获得短期投资收益数据;再用计算公式求得 FEPS、UIPS、ΔFEPS 和 ΔUIPS。

第四节　实证结果与分析

一、盈余波动性的描述性特征

图 6-1 就 Sample I 描述了 189 家样本公司在两类计量模式下的盈余变动的分布特征。这 186 家样本公司实现了连续六年净利润的正向增长,它们在公允价值计量下的盈余变动(b)显著超出了成本计量(a)下盈余变动。

图 6-2 就 Sample II 描述了新《企业会计准则》实施以来两类上市公司的盈余变动。(a)图是没有证券投资的上市公司,(b)图是持有以公允价值计量的金融资产的上市公司。图 6-2 显示,2007—2009 年间,持有以公允价值计量的金融资产的上市公司的盈余变动显著大于没有此类金融资产的上市公司。

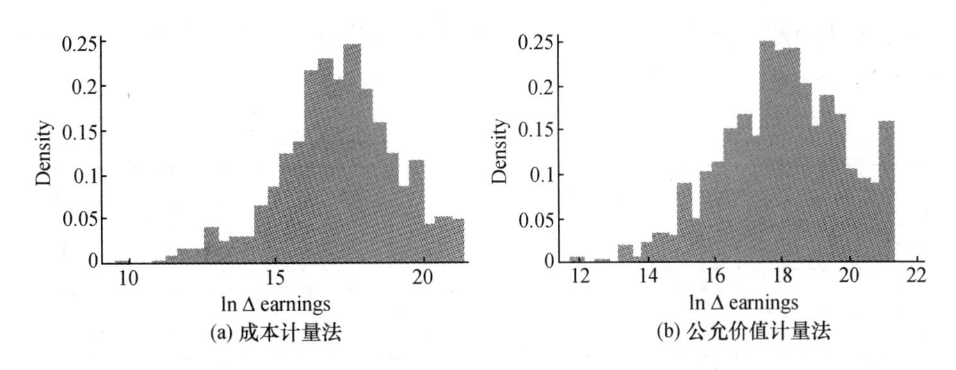

图 6-1　不同计量模式下的盈余波动性比较(Sample I)

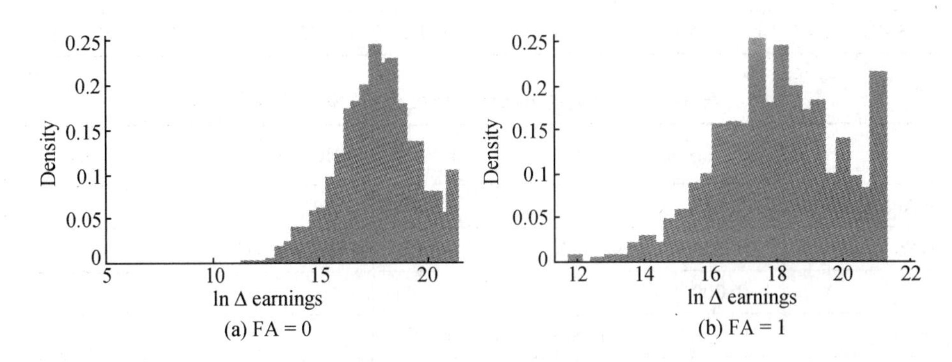

图 6-2　公允价值计量下的盈余波动性分析(Sample II)

二、对其他变量的描述性分析

表 6-5 和表 6-6 报告了 Sample I 主要回归变量的描述性分析和变量相关分析。其中,所有连续变量已经按 1% 做 Winsorize 极值处理。表 6-5 中,Sample I 的有效观测值是 1 523 个,由于计算 lnΔearnings 时删除了净利润变动为负的取值,因此使观测值从 2 478 减少到 1 523。[①] 对这 1 523 个公司-年的金融资产取对数后平均规模是 13.11,总资产取对数后平均规模是 21.93,金融资产占总资产的

① 需要剔除盈余变动为负的取值,有两方面的原因:一是盈余负向波动很可能与正向波动时的经济条件有很大差异,例如经营环境恶化。二是此时公允价值计量对盈余波动性的影响很可能与正向波动不同,例如通过处置可供出售金融资产收益可以减少盈余波动性。

平均比例是59%。表6-6显示,金融资产规模(lnFA)与是否采用新《企业会计准则》(CAS)的相关系数是0.588,在1%水平上显著。

表6-5 各变量的描述性分析(Sample I)

变量名称	观测值	均值	中位数	标准差	最小值	最大值
lnΔearnings	1 523	17.546	17.606	1.918	9.468	21.249
CAS	1 523	0.504	1.000	0.500	0.000	1.000
lnFA	1 523	13.111	15.824	7.507	0.000	26.135
ROE	1 523	0.099	0.087	0.091	-1.182	0.382
LEV	1 523	0.514	0.524	0.192	0.075	0.978
ASSETS	1 523	21.935	21.744	1.255	18.719	25.621

表6-6 各变量的Pearson相关分析(Sample I)

	lnΔearnings	CAS	lnFA	ROE	LEV	SIZE
lnΔearnings	1.000					
CAS	0.245***	1.000				
	0.000					
lnFA	0.236***	0.588***	1.000			
	0.000	0.000				
ROE	0.402***	0.100***	0.065**	1.000		
	0.000	0.000	0.011			
LEV	0.182***	0.050*	0.024	0.044*	1.000	
	0.000	0.051	0.356	0.089		
SIZE	0.624***	0.154***	0.284***	0.288***	0.366***	1.000
	0.000	0.000	0.000	0.000	0.000	

注:* 表示在10%水平下显著,** 表示在5%水平下显著,*** 表示在1%水平下显著。

表6-7和表6-8报告了Sample II主要回归变量的描述性分析和变量相关分析。其中,所有连续变量已经按照1%做Winsorize极值处理,有效观测值是4 317个。在Sample II中,41.5%的公司持有证券投资类金融资产,金融资产规模的平均数是16.82,是Sample I的平均规模(13.11)的1.28倍,金融资产收益的均值变动(ΔFEPS)是0.008元/股,可供出售金融资产的未实现损益均值变动

(ΔUIPS)是0.016元/股。如果把ΔUIPS和ΔFEPS合并，则金融资产综合收益变动(cFEPS)在均值水平上将达到0.024元/股。此外，其他盈余变动(ΔOEPS)为-0.002元/股，显著小于金融资产对净利润和综合收益的影响数。

表6-7　各变量的描述性分析(Sample II)

变量名称	观测值	均值	中位数	标准差	最小值	最大值
SDRETym	4 317	0.191	0.174	0.188	0.020	8.332
Beta	4 317	1.047	1.045	0.428	-7.106	11.979
FVA	4 317	0.415	0.000	0.493	0.000	1.000
lnFA	1 754	16.820	16.832	3.129	5.433	27.607
ΔUIPS	4 317	0.016	0.000	1.931	-79.053	75.496
ΔFEPS	4 317	0.008	0.000	0.140	-2.187	2.777
ΔOEPS	4 317	-0.002	0.005	0.457	-3.850	4.511

三、假设1的实证结果

表6-9报告了按公允价值计量和成本计量分组后盈余变动的单变量检验结果。就Sample I来说，189家样本公司在成本计量下lnΔearnings的均值是17.081，在公允价值计量下lnΔearnings的均值是18.013，增加了0.933，均值差异性在1%水平上显著异于零。就Sample II来说，4 932家样本公司在执行新《企业会计准则》后，持有以公允价值计量的金融资产的上市公司lnΔearnings的均值是18.026，没有此类金融资产的上市公司的lnΔearnings的均值是17.295，相差0.731，均值差异在1%水平上显著异于零。其次，行业层面的分析结果显示，Sample I和Sample II之中各有11个行业的lnΔearnings的均值差异显著异于零。综合这两个方面，单变量分析结果表明我国上市公司在公允价值计量下的盈余波动显著大于成本计量下的盈余波动，验证了假设1。

表 6-8 各变量的 Pearson 相关分析(Sample II)

	SDRETym	Beta	FVA	lnFA	ΔFEPS	ΔOEPS	ΔPEPS	ROE	LEV	BM	SIZE
SDRETym	1.000										
Beta	0.404***	1.000									
	0.000										
FVA	0.003**	0.026*	1.000								
	0.044	0.086									
lnFA	-0.013**	0.031**		1.000							
	0.040	0.053	0.000								
ΔFEPS	0.024*	0.014**	0.070*	0.085***	1.000						
	0.056	0.031	0.000	0.000							
ΔOEPS	0.025	-0.028*	0.008	0.048**	-0.104***	1.000					
	0.103	0.065	0.607	0.041	0.000						
ΔPEPS	0.012**	-0.006*	0.010	0.040*	0.014	0.057***	1.000				
	0.042	0.073	0.521	0.094	0.360	0.000					
ROE	0.025	-0.013	0.029*	0.148***	0.042***	0.394***	0.005	1.000			
	0.104	0.410	0.054	0.000	0.006	0.000	0.752				
LEV	0.047**	0.068***	0.075***	0.104***	0.020	0.003	-0.013	-0.200***	1.000		
	0.002	0.000	0.000	0.000	0.179	0.861	0.380	0.000			
BM	0.109***	0.153***	-0.102***	-0.159***	0.011	0.033**	0.049***	-0.081***	-0.027*	1.000	
	0.000	0.000	0.000	0.000	0.484	0.029	0.001	0.000	0.081		
SIZE	-0.075***	0.049***	0.268***	0.441***	0.026*	-0.022	-0.003	0.023	0.159***	-0.341***	1.000
	0.000	0.001	0.000	0.000	0.092	0.147	0.869	0.125	0.000	0.000	

注:* 表示在 10% 水平下显著,** 表示在 5% 水平下显著,*** 表示在 1% 水平下显著。

表 6-9 盈余波动性的单变量分析(Sample I,Sample II)

行业分类	Sample I				Sample II			
	CAS =0	CSA =1	均值差	*F* 值	FVA =0	FVA =1	均值差	*F* 值
农林畜牧渔业	15.639	17.636	1.997***	10.01	16.706	17.779	1.073***	4.68
石油天然气金属	18.472	19.440	0.968***	4.03	18.939	19.067	0.127	0.09
制造业	16.982	17.990	1.008***	50.28	17.281	17.878	0.597***	40.32
电力业	17.371	19.066	1.695***	19.71	17.229	18.992	1.763***	21.93
建筑业	16.820	18.190	1.371***	8.29	16.706	18.300	1.593***	16.52
运输业	18.017	18.366	0.349	0.85	17.895	18.582	0.687***	4.74
通信业	16.747	17.519	0.772***	3.12	16.858	17.546	0.689***	6.88
食品行业	16.500	17.171	0.672***	8.41	16.950	17.228	0.278	1.39
房地产	17.333	18.240	0.906***	8.98	17.922	18.272	0.349**	2.24
餐饮旅游业	17.561	17.678	0.116	0.08	16.909	17.388	0.478*	1.77
出版业	15.383	17.355	1.972***	5.53	16.132	17.251	1.119**	2.29
综合业	16.825	17.470	0.645***	2.91	17.011	17.444	0.432*	1.76
非金融行业	17.011	17.914	0.903***	90.82	17.296	17.884	0.588***	72.16
金融行业	19.118	20.642	1.524***	15.34	16.786	20.738	3.953***	71.48
总体	17.081	18.013	0.933***	95.98	17.295	18.026	0.731***	110.9

注:* 表示在 10% 水平下显著,** 表示在 5% 水平下显著,*** 表示在 1% 水平下显著。

表 6-10 报告了公允价值计量与盈余波动性的实证分析结果,左起两组是 Sample I 的回归结果,右起两组是 Sample II 的回归结果。公允价值计量的代理变量在 Sample I 中是 CAS,在 Sample II 中是 FVA。表 6-10 中,在控制金融资产规模、资产收益率、资产负债率和公司规模等影响因素后,CAS 和 FVA 的回归系数在四个回归组之中都显著为正,显示公允价值计量对盈余波动性有显著增强作用,进一步验证了假设 1。Sample I 的回归结果显示,就同一上市公司来说,在公允价值计量下的盈余波动性显著大于在成本计量下的盈余波动性。Sample II 的回归结果显示,就同一市场行情来说,持有以公允价值计量的金融资产的上市公司的盈余波动性显著大于没有此类金融资产的上市公司。但 CAS(FVA)与 lnFA 交叉项的回归系数不显著,表明金融资产规模对公允价值计量与盈余波动性的关联性并无显著影响。

四、假设 2 的实证结果

表 6-11 报告了公允价值计量下盈余波动与资产价格波动的实证结果。左

表 6-10 公允价值计量与盈余波动性的实证结果(Model (6-1),Model (6-2),Model (6-3),Model (6-4))

变量名称	Sample Ⅰ $Y = \ln\Delta earnings$				Sample Ⅱ $Y = \Delta EPS$			
	系数	T 值	系数	T 值	系数	T 值	系数	T 值
截距项	-1.326*	-1.77	-1.174	-1.46	0.620***	4.29	0.626***	4.33
CAS	0.817***	5.76	0.614*	1.73				
FVA					0.135***	2.39	0.134***	2.37
lnFA	-0.004	-0.73	-0.005	-0.81	0.010***	3.05	0.011***	3.11
CAS × lnFA			0.012	0.64				
FVA × lnFA							-0.001	-0.78
ROE	4.575***	4.47	4.575***	4.46	0.819***	16.8	0.820***	16.8
LEV	-0.149	-0.62	-0.130	-0.52	0.263***	6.74	0.264***	6.75
ASSETS	0.831***	24.29	0.824***	22.64	-0.033***	-4.96	-0.034***	-5.00
年份	控制		控制		控制		控制	
行业	控制		控制		控制		控制	
观测值	1 523		1 523		4 394		4 394	
F 值	82.97		80.25		35.79		33.98	
Adj-R^2	48.67%		48.68%		23.54%		23.55%	

注:* 表示在 10% 水平下显著,** 表示在 5% 水平下显著,*** 表示在 1% 水平下显著。

表 6-11 盈余波动性与资产价格波动的实证结果(Model (6-8),Model (6-9))

变量名称	Sample I				Sample II				Sample Ⅲ			
	Y = SDRETym		Y = SDRETyw		Y = SDRETym		Y = SDRETyw		Y = SDRETym		Y = SDRETyw	
	系数	T 值	系数	T 值	系数	T 值	系数	T 值	系数	T 值	系数	T 值
截距项	0.151***	4.12	0.076***	4.33	0.203***	3.02	0.107***	2.79	0.287***	5.51	0.114***	5.74
ΔUIPS	0.002**	2.52	0.000	0.77	0.002	1.32	0.000	0.12	0.002*	1.86	0.000	0.79
UIPS	0.002	1.39	0.000	0.54	0.001	0.71	0.000	0.18	0.002	1.21	0.001	0.78
ΔFEPS	0.109***	8.1	0.055***	8.51	0.078***	4.08	0.042***	3.9	0.090***	5.09	0.049***	6.16
FEPS	0.087***	4.48	0.045***	4.86	0.065**	2.35	0.037**	2.34	0.076***	2.9	0.047***	3.98
ΔOEPS	0.007*	1.71	0.004*	1.91	0.000	-0.03	0.004	1.66	-0.001	-0.11	-0.001	-0.34
OEPS	0.009**	1.98	0.001*	1.70	0.002	1.29	0.014*	1.69	0.002**	1.97	0.004*	1.79
Beta	0.081***	13.41	0.045***	15.41	0.036***	6.18	0.021***	6.24	0.022***	3.02	0.011***	3.81
BM	0.006	0.91	-0.004	-1.41	0.000	-1.57	0.000***	-3.59	0.000	0.96	0.000*	-1.75
SIZE	-0.006***	-3.12	-0.003***	-3.53	-0.008***	-3.75	-0.004***	-3.6	-0.007***	-2.67	-0.003***	-3.06
年份	控制		控制		控制		控制		控制		控制	
行业	控制		控制		控制		控制		控制		控制	
观测值	1 918		1 918		3 562		3 562		1 754		1 754	
F 值	43.5		38.42		20.27		11.38		14.83		24.13	
Adj-R^2	36.56%		33.79%		12.09%		6.54%		16.24%		18.47%	

注:* 表示在 10% 水平下显著,** 表示在 5% 水平下显著,*** 表示在 1% 水平下显著。

起依次是 Sample I、Sample II 和 Sample III 的分析结果。被解释变量是 SDRETym 和 SDRETyw，解释变量是 ΔFEPS、ΔDEPS 与 ΔUIPS。由这六组回归分析可见，以公允价值计量的金融资产收益变动(ΔFEPS)在 1% 和 5% 的水平上与股票价格变动显著正相关；并且，ΔFEPS 的回归系数始终大于 ΔOEPS，是后者的 10—13 倍，显示股票价格波动性对以公允价值计量的金融资产收益变动的敏感系数显著大于对其他资产收益变动的敏感系数，表明公允价值计量下金融资产收益变动对资产价格波动有显著为正的影响，因此验证了假设 2。

但 ΔUIPS 与 SDRETym(SDRETyw)只有弱相关性，这很可能与可供出售金融资产公允价值变动损益的报告方式有关。可供出售金融资产的公允价值变动损益只在股东权益变动表之中报告，不列入损益表，所以很可能没有作为 EPS 和 ROE 等业绩考核指标的计算基础，投资者也没有作为决策参考因素，与股票价格波动的相关性相对较弱。

第五节　本 章 总 结

本章依照“公允价值计量→盈余波动性→资产价格波动”的逻辑关系，对公允价值计量与盈余波动性以及公允价值计量下盈余波动性与资产价格波动的相关性进行实证分析，经研究发现：与成本计量相比，我国上市公司的盈余波动性在公允价值计量下有显著增加，并且盈余波动性与股票价格波动显著正相关。这个分析结论基于公允价值计量解释了盈余波动性的风险含义，基于盈余波动性解释了公允价值计量影响资产价格波动的作用机理。主要研究结论如下：

(1) 通过对 Sample I(2004—2009 年连续六年持有证券投资并且盈余变动为正的上市公司)展开单变量分析和实证分析，研究结果显示公允价值计量下的盈余波动性显著大于成本计量下的盈余波动性(见图 6-1、表 6-9 和表6-10)；通过对 Sample II(2007—2009 年全部上市公司)展开描述性分析和实证研究，分析结果显示持有以公允价值计量的金融资产的上市公司的盈余波动性显著大于没有此类金融资产的上市公司(见图 6-2、表 6-10)。

(2) 通过对 Sample I(2004—2009 年连续六年持有证券投资并且盈余变动为正的上市公司)、Sample II(2007—2009 年全部上市公司)以及 Sample III

(2007—2009 年间持有以公允价值计量的金融资产的上市公司)展开实证分析，研究发现以公允价值计量的金融资产收益变动与股票价格波动显著正相关，并且股票价格波动对以公允价值计量的金融资产收益变动的敏感系数显著大于对其他资产盈余变动的敏感系数(见表 6-11)。

第七章　影响机理分析:金融资产规模

依据第六章的研究,盈余波动性在公允价值计量下显著增强,并且股票价格波动对金融资产收益变动的敏感系数显著大于其他资产收益变动。这个作用机理是以公允价值计量的反映职能和价值相关性为前提的。依据 Barth(2004;2006)等文献,公允价值计量的反映职能和价值相关性将有助于揭示金融资产的内在风险和稳定金融市场。但是,公允价值计量对盈余波动性的增强作用很可能降低了会计信息质量(Penman,2007);并且,还可能带来上市公司金融投资行为改变、投资者情绪改变和市场投机等问题,进而不利于投资决策和价值判断,不利于金融稳定性。因此,业界需要关注公允价值计量有利有弊的两面性。在这个分析基础上,本章以上市公司金融投资行为作为分析重点,围绕金融资产规模对公允价值计量的不利面进行深入研究。

第一节　引　　言

本章的研究问题是:为什么金融资产规模在公允价值计量下有显著增加?金融资产规模的增加是否导致盈余波动性和资产价格波动显著增加?结合第四章,我国上市公司的金融资产规模在新《企业会计准则》实施以来有显著增加,即使在 2008 年和 2009 年股市低迷期间的金融资产规模也没有低于新《企业会计准则》实施以前的历史高点 2001 年。为什么在成本计量下只有较小的证券投资规模,而在公允价值计量下就有较大规模呢?管理层为什么偏好在公允价值计量下增加金融资产规模?驱动因素是什么,对金融风险有什么影响?针对这一系列问题,本章从公司治理角度对金融资产规模的成因和影响进行了深入研究,实证结果显示:利用可供出售金融资产的处置时点和报告方式进行盈余管理的动机、利用金融资产攫取赚钱效应的投机行为、利用金融资产获取高额薪酬的私利动机以及管理层的过度自信心理是我国上市公司金融资产规模显著增加的解释因素，并且金融资产规模的增加导致了盈余波动性和股票价格波动进一步增加，对金融稳定性产生了间接的负面影响。这个研究结论表明在公允价值计量下有更多的投机行为，不利于金融市场稳定和健康发展，这个负面影响需要准则制定者和政府监管层予以高度关注。本章的现实意义在于提示准则制定者和政府监管层，在理论研究和准则制定方面，既要强调会计信息的有用性，也要关注公允价值计量可能带来的盈余管理问题、薪酬激励问题和金融风险问题。

本章的学术价值在于对公允价值计量模式的经济后果进行了深入研究，揭示了会计信息系统论的局限性。本章的研究表明公允价值计量作为一项制度性安排会影响管理层行为。然而，主流的会计理论却只强调反映职能，不认可会计的参与性，没有重视公允价值计量模式对上市公司行为的影响，在基础理论层面没有准确定义会计的职能和本质，在应用理论层面没有准确评价公允价值计量的角色和作用，更没有重视会计在经济体系中的外延和边界。

第二节　理论分析与研究假设

一、金融资产规模在公允价值计量下为何增加

首先，可供出售金融资产的公允价值变动损益计入股东权益很可能给管理层提供了新的会计弹性和盈余管理机会。表 7-1 发展了“交易性 vs 可供出售金融资产”分析模型，以刻画与可供出售金融资产有关的盈余管理动机，基本设定是：(1) 假定上市公司 A 在 t_0时点投资于 B 公司股票，并且在 t 期只持有 B 公司股票这一项金融投资；(2) B 公司在 t_0时点的股票价格是 p，购入成本 C 等于 p 乘以购入量 n，不考虑交易费用；(3) B 公司股票在期末 t_1 时点的市价是 λ；(4) A 公司期末资产价值为 V，综合收益为 I，股票投资决策是持有待售。如表 7-1 所示，交易性 vs 可供出售金融资产模型将有两个计量结果：(a) 当金融资产 (C) 被分类为交易性金融资产时，A 公司应当将持有利得 (G) 和持有损失 (L) 确认到损益表；(b) 当 C 分类为可供出售金融资产时，持有 B 公司股票的持有利得 (G) 和持有损失 (L) 都不影响会计盈余，直接记入“股东权益——其他资本公积”。那么，根据“交易性 vs 可供出售金融资产”分析模型，在主营业务经营较好时，归类为可供出售金融资产则可以储存未来盈利；在主营业务经营较差时，通

过处置可供出售金融资产可以增加会计盈余，通过重分类为交易性金融资产可以把储备盈余转变为会计盈余。因此，公允价值计量的金融资产两分类问题带来了新的会计弹性，使管理层有了新的盈余管理机会，可以通过增加金融资产规模特别是可供出售金融资产以获得储备盈余。

表 7-1 "交易性 vs 可供出售金融资产"分析模型

类别设定	持有利得	持有损失
交易性金融资产	如果 $\lambda > p$，则 gain $= G, C' = C + G$	如果 $\lambda < p$，则 loss $= L, C' = C - L$
可供出售金融资产	如果 $\lambda > p$，则 gain $= 0, C' = C + G$	如果 $\lambda < p$，则 loss $= 0, C' = C - L$

其次，公允价值计量很可能给管理层提供了利用金融资产攫取赚钱效应的投机动机。表 7-2 发展了"金融投资 vs 生产性投资"模型，以刻画管理层对证券投资"赚钱效应"的偏好，基本设定是：(1) 假定经济总量持续增长，上市公司 A 在 t_1($t_1 > 2007$)持有非指定用途的现金余额 M；(2) A 公司当前有两个备选项目，第一个备选项目 J 是用于新增生产设备以扩大投资规模，第二个备选项目是增加对 B 公司的股票投资；(3) A 公司持有 B 公司股票的期末预期收益率是 l；(4) t_1 期无风险报酬率是 r；(5) A 公司投资 J 项目的预期回报率是 k，所需资金等于 M，当年可受益。由于 $t_1 > 2007$，在会计上应以公允价值计量核算对 B 公司的股票投资。那么，在"金融投资 vs 生产性投资模型"下，管理层很可能有以下多重投资选择：(a) 当 $l > k > r$ 时，在公允价值计量下，A 公司的最优抉择是将现金 M 用于投资 B 公司股票，此时的超额报酬 $\mathrm{AR} = M \times (l - r)$，此时的风险成本是股票收益的不确定性 $p(r)$，很可能带来持有损失 L；(b) 当 $l = k > r$ 时，在公允价值计量下，A 公司的最优抉择仍然是将现金 M 用于投资 B 公司股票，此时的超额报酬 $\mathrm{AR} = M \times (l - r)$，风险成本是股票收益的不确定性 $p(r)$，很可能带来持有损失 L；这是因为项目 J 还有一个额外的难以量化的项目管理成本，比如时间投入、谈判和交易费用等，而投资 B 公司股票则没有这个管理成本，因为市场交易是活跃和便利的；(c) 当 $k > l > r$ 时，在公允价值计量下，A 公司的最优抉择是将现金 M 用于投资项目 J，此时的超额报酬 $\mathrm{AR}' = M \times (k - r)$，此时的风险成本是设备投资的低流动性 $p(f)$，很可能带来沉没成本 L'；(d) 当 $k = l = r$ 时，在公允价值计量下，A 公司的最优抉择是将现金 M 存于银行。所以，依据"金融投资 vs 生产性投资"模型，在竞争性选择中，金融资产由于有流动性强、交易成本

低的特点，如果买入价位合适，即便没有采取其他经营和管理努力，也很可能获得金融资产投资收益和持有利得，并可以减轻在生产性投资之中的物力耗费、时间投入和交易费用等管理成本（J）。并且，上市公司相比中小投资者往往有更大的资金优势和信息优势，还有在一级市场申购、参与定向增发等大量的"赚钱"机会。所以，金融投资比生产性投资更容易有赚钱效应，这将使管理层更倾向于投资高风险的金融业务。

表 7-2　"金融投资 vs 生产性投资"分析模型

条件设定	超额报酬	风险成本
$l>k>r$	$AR=M\times(l-r)$	$L=p(r)\times M\times r$
$l=k>r$	$AR=M\times(l-r)$	$L=p(r)\times M\times r$
$k>l>r$	$AR'=M\times(k-r)$	$L'=p(f)\times M\times f$
$k=l=r$	$AR''=0$	$L''=0$

再次，管理层对高额薪酬的追求以及对金融资产收益的重奖轻罚问题很可能使金融资产规模显著增加。由于管理者的行为和才能很难直接观察，因此通常用财务业绩作为评价经理层努力程度的主要指标，当以业绩评价作为衡量标准时很可能带来逆向选择问题（Jensen and Meckling，1976；Jensen and Murphy，1990）。薪酬黏性普遍存在于我国上市公司之中，管理者在业绩上涨时可以获得额外奖励，而在业绩下滑时却没有受到相应惩罚（Gaver and Gaver，1998；Jackson et al.，2008；徐经长、曾雪云，2010；方军雄，2009）。从 2007—2008 年来看，我国上市公司还存在着对金融资产收益的重奖轻罚现象，经理层从金融资产未实现收益中获得了更高水平的薪酬激励，却没有因为金融资产的未实现损失而受到惩罚（徐经长、曾雪云，2010）。虽然，委托人应当知道金融资产损失对股东财富的影响，但是大多数人都习惯于把好的结果归功于自己的能力，把差的结果归罪于外部环境（张峥、徐信忠，2006），而经理人也常常有可能为投资失败找到各种非自己所能控制的理由（方军雄，2009），特别是金融资产的高风险性和系统性风险更有可能成为推托责任的理由（徐经长、曾雪云，2010）。由于薪酬黏性问题和重奖轻罚现象在我国上市公司显著存在，因此管理层很可能出于私利动机增加金融资产规模，以获得"高额薪酬"的好处。

最后，管理层过度自信心理很可能进一步增加了金融资产规模。"自以为是”心理很可能影响管理者投资决策行为(Roll,1986)。人们往往倾向于将成功归因于己而将失败归咎于他,并且越是成功就越为自信,由于常常高估自己的能力,以至于普遍存在“过度自信”心理(Gervais and Odean,2001)。相比普通投资者的非理性行为,管理者的非理性行为对公司决策的影响目前还没有引起业内的重视(Baker and Wurgler,2006),但高级经理层相比大众群体更可能出现过度自信心理(Cooper et al.,1988;Landier and David,2004)。在过度自信心理的驱使下,我国上市公司的管理层存在显著的过度投资偏好(姜付秀等,2009);特别是当有大量自由现金流时,经理层更可能发生过度投资行为(Jenson,1986)。依据这个理论分析,过度自信心理和过度投资倾向有可能使管理层更加偏好金融投资。因为管理层作为决策者更容易滋生过度自信心理,以为自己能够准确预测市场走向和能够获得与众不同的金融投资收益,进而增加了金融资产规模。

综合以上理论分析,提出假设1和假设2。

假设1 公允价值计量与金融投资规模显著正相关,公允价值计量的采用促使金融资产规模显著增加。

假设2-a 在公允价值计量下,通过处置可供出售金融资产将公允价值变动损益从其他综合收益转移到净利润是金融资产规模增加的解释因素。

假设2-b 在公允价值计量下,金融资产存在赚钱效应是金融资产规模增加的解释因素。

假设2-c 在公允价值计量下,金融资产规模与管理层薪酬显著正相关,管理层薪酬的增加是金融资产规模增加的解释因素。

假设2-d 在公允价值计量下,管理层过度自信是金融资产规模增加的解释因素。

二、金融资产规模如何影响资产价格波动

金融投资收益通常具有较大不确定性,既可能有超额收益,也可能有超额亏损,不像生产性经营活动那样有相对稳定的市场份额和相对稳定的净利润率。当金融资产规模相对较小时,公允价值变动损益很可能相对较小,金融投资收益也较小,所以金融资产的内在波动性风险对净利润的影响数较小。但是,当金融资产规模增大时,由于金融资产的内在波动性,因此不是每一期都能获得像生产

性投资那样稳定的收益率,很可能在市场行情较好时有相对较高的金融资产收益,在市场行情不好时有相对较低的金融资产收益,还很可能持有相对较高的金融资产损失。在这种情况下,金融资产规模越大,金融资产波动性风险对资产负债表的影响就越大,进而增加了盈余波动性,还可能通过盈余波动性影响到股票价格的波动。然而,在成本计量下,一方面,金融资产规模相对较小,因此证券投资的相对风险也较小;另一方面,金融资产的持有损失未必会被如实反映到损益表之中,因此对盈余波动性的影响相对较小,对股票价格波动的影响也相对较小。基于这个理论分析,我们预期金融资产规模越大,盈余波动性就相对越大,且金融资产规模与股票价格波动显著正相关,是公允价值计量影响资产价格波动的解释因素。综上所述,提出假设 3 和假设 4。

假设 3 金融资产规模与盈余波动性显著正相关,金融资产规模越大,盈余波动性越大。

假设 4 金融资产规模是公允价值计量影响资产价格波动的解释因素,对公允价值计量与资产价格波动的关联性有显著增强作用。

第三节 研究设计

一、金融资产盈余管理的度量

目前,还没有文献对公允价值计量下可供出售金融资产盈余管理动机进行定义和度量,因此需要建立一个分析指标。由于可供出售金融资产的公允价值变动损益在持有期间是作为其他综合收益(UOI)列报,在处置时才转入金融资产收益(RE_{FTFA}),因此管理层可以通过选择可供出售金融资产的处置时间来操控会计盈余数字,在需要加大会计盈余时处置有持有利得的证券组合,在不需要加大会计盈余时则继续持有这些证券组合。虽然这种盈余操控很可能是迫于业绩考核或者迫于债务契约的约束,在一定程度上有利于企业生存和经营发展,但是我们也应看到一些企业利用金融资产收益来掩盖营业利润的下降。在这种情况下,即使是有多年投资经验的分析师也会高估这些企业的未来盈利增长(Hirst and Hopkins,1998)。那么,这种不折不扣的欺瞒行为不利于投资者的估值判断。根据 Hirst and Hopkins(1998)以及 Maines and McDaniel(2000)的实验研究,在股东权益变动表中单独报告其他综合收益时，大多数被调查者都没有注意到其他综合收益项目；无论是有专业知识的分析师，还是非专业投资者，都很难对股票价格做出合理判断和估值；而当采用综合收益表报告方式要求对其他综合收益与净利润同时在一张表格报告时，可以减轻分析师和投资者在股票价格判断上的缺陷，对于揭示股票价格和盈余管理具有显著效果。

因此，可以从管理层处置可供出售金融资产的投资收益(RE_{FTFA})对净利润(NI)的贡献程度来判断盈余操控的程度，比重越大说明盈余操控的程度很可能越高。虽然这个指标确实存在一些噪声，但是可用的经济参数非常有限，要找到其他更好的代理指标仍然是不容易的。毕竟，盈余管理的研究都很难避免这样一个"贴标签"的问题(Wilson，1996)。基于这个分析，建立金融资产盈余管理指标EM_A、EM_B、EM_C。EM_A等于处置可供出售金融资产的投资收益(RE_{FTFA})除以净利润(NI)，见Eq(7-1)，EM_A越大，代表盈余管理程度越高。EM_B等于处置可供出售金融资产的投资收益(RE_{FTFA})除以可供出售金融资产投资收益之前的净利润($NI_B = NI - RE_{FTFA}$)；如果NI_B小于零，则取EM_B绝对值。在Eq(7-2)中，EM_B越大，代表盈余管理程度越高。EM_C等于净利润(NI)除以可供出售金融资产投资收益之前的净利润($NI_B = NI - RE_{FTFA}$)。在Eq(7-4)中，EM_C一般应大于1，EM_C越大，代表利用金融资产实现盈余管理的程度越高。

$$EM_{A_{it}} = RE_{FTFA_{it}} \div NI_{it} \qquad Eq(7\text{-}1)$$

$$EM_{B_{it}} = abs(RE_{FTFA_{it}} \div NI_{B_{it}}) \qquad Eq(7\text{-}2)$$

$$NI_{B_{it}} = NI_{it} - RE_{FTFA_{it}} \qquad Eq(7\text{-}3)$$

$$EM_{C_{it}} = NI_{it} \div NI_{B_{it}} \qquad Eq(7\text{-}4)$$

二、金融资产赚钱效应的度量

依据"金融投资 vs 生产性投资"模型，金融资产有流动性强、交易成本低的特点，如果买入价位合适，即便没有采取其他的经营和管理努力，也可获得投资收益和持有利得，还可以减轻在生产性投资之中的物力耗费、时间投入、交易费用等管理成本。因此，金融投资似乎比生产性投资更容易有赚钱效应。出于对风险报酬率的追求，管理层很可能更倾向于将自由现金流投资到高风险的金融业务。但上市公司的年报信息没有披露金融资产的投资收益率，因此我们用近似值计算金融资产的风险报酬率。代理指标之一是 $ROPG_A$,等于金融资产已实现收益($RE_{TFA_{it}}$ + $RE_{FTFA_{it}}$)除以期初金融资产($FA_{it_0} = TFA_{it_0} + FTFA_{it_0}$),见 Eq(7-5)。代理指标之二是 $ROPG_B$,等于金融资产未实现收益($UNI_{TFA_{it}}$ + $UOI_{FTFA_{it}}$)除以期末金融资产($FA_{it} = TFA_{it} + FTFA_{it}$),见 Eq(7-6)。之所以需要区分未实现损益和已实现损益,是因为未实现损益主要与期末账面留存的金融资产有关,而已实现损益主要与已经处置的金融资产有关。但上市公司通常没有披露本期出售金融资产的数额,这里用期初金融资产余额进行平减。

$$ROPG_{A_{it}} = (RE_{TFA_{it}} + RE_{FTFA_{it}})/(TFA_{it_0} + FTFA_{it_0}) \qquad Eq(7\text{-}5)$$

$$ROPG_{B_{it}} = (UNI_{TFA_{it}} + UOI_{FTFA_{it}})/(TFA_{it} + FTFA_{it}) \qquad Eq(7\text{-}6)$$

在求得金融资产的风险报酬率($ROPG_A$和 $ROPG_B$)之后,再与“金融资产前的营业利润率”(ROS_F)和“金融资产前的净资产利润率”(ROE_F)做比较。如果 $ROPG_A$大于 ROS_F,或者 $ROPG_B$大于 ROS_F,定义为金融资产“赚钱效应”(Premium),令 Premium 等于 1;否则,令 Premium 等于 0。由于是与净利润做比较,这里不考虑可供出售金融资产对其他综合收益的影响。

三、对管理层高额薪酬的度量

根据徐经长、曾雪云(2010)的研究,2007—2008 年持有金融资产的上市公司对金融资产的重奖轻罚现象相当明显,经理层从金融资产未实现收益中获得了更高水平的薪酬激励,却没有因为金融资产未实现损失而受到惩罚。并且,经理人常常有可能为投资失败找到各种非自己所能控制的理由,特别是金融资产的高风险性和系统性风险更有可能成为推托责任的理由(徐经长、曾雪云,2010)。鉴于现有文献的考察,管理层很可能倾向于通过增加金融资产规模和通过对金融资产的“重奖轻罚”获得高额薪酬。那么,本章取以下两个维度度量管理层高额薪酬。一是如果年度薪酬超过同行业中位数水平,则定义该公司管理层获得了高额薪酬,取 $HCOMP_A$等于 1,否则等于 0;二是如果年度薪酬增长率超过同行业中位数水平,则定义该公司管理层获得了高额薪酬,取 $HCOMP_B$ 等于 1,否则等于 0。年度薪酬分别取 CSMAR 数据库中“董事、监事及高管薪酬总额”、“董事、监事及高管前三名薪酬总额”以及“高管前三名薪酬总额”作为代理指标。

四、对管理层过度自信的度量

对过度自信指标进行刻画通常是比较困难的，现有文献有以下方法用于衡量管理者是否过度自信：(1) 以 CEO 持股比例作为衡量(Malmendier and Tate,2003;2005)，认为 CEO 持股比例越大越自信；(2) 盈利预测偏差(Lin et al.,2005)，认为越自信的管理者往往越倾向于高估业绩；(3) 实施并购的程度(Doukas and Petmezas,2006)，认为越为自信的管理者越偏好于并购行为；(4) CEO 的相对薪酬(Hayward and Hambrick,1997)，认为 CEO 的相对薪酬越高，则越倾向于高估自己的能力和贡献。这四种方法之中，如果用 CEO 持股比例来衡量管理者行为则噪声较大。因为我国上市公司主要是在 2009 年才开始有一定数量的 CEO 持股计划，此前 CEO 持股家数和 CEO 持股比例通常都比较低，并且国有企业的 CEO 持股转让有诸多限制，因此股权激励指标很难有解释力。盈利预测虽然可以用于表示 CEO 是否有过度自信倾向，但问题是业绩预告也很可能主要是财务部门按照一定方法计算的结果，而非 CEO 主观选择的结果。事实上，CEO 通常是更重视业绩报告而非业绩预告的，因此业绩报告低于业绩预告也很可能是 CEO 谨慎选择而非过度自信的表现。实施并购和多元化战略通常是由 CEO 做出决策，因此能够代表 CEO 的心理倾向和行为偏好，但如果考虑到国内上市公司在并购选择以及多元化战略上通常受国家政策导向以及产品市场竞争方式的影响，则多数并购行为和多元化行为很可能难以说明 CEO 的个性特征。并且，现有研究也尚未发现管理者过度自信与并购之间存在显著关系(姜付秀等,2009)。综上所述，前三类代理指标都各有较大的欠缺。

相对于以上三类指标，有两个指标很可能受制度和行业因素的干扰相对较小，能够较好地代表 CEO 对自我能力的评价和 CEO 的行为特征。依据已有文献的推荐，第一个指标是 CEO 的相对薪酬。姜付秀等(2009)认为收入的多少与自信心理是成正比例的，薪酬收入越高的人往往越为自信。如果 CEO 认可自身能力，通常会要求一个相对较高的报酬率；如果股东层认可 CEO 的能力和贡献，就会给出一个相对更高的激励系数；此时，CEO 的地位更高、权威更大、控制欲望更强，也更容易过度自信(Hayward and Hambrick,1997; Brown and Sarma,

2006）。基于这个分析，本书选取高管前三名薪酬总额占董事、监事及高管薪酬总额的比率（$COMP_P$）来表示管理者的自信程度，当大于所有取值的中位数时定义为 CEO 过度自信（$Conf_A$），令 $Conf_A$ 等于 1；否则，取 $Conf_A$ 等于 0。第二个管理者自信程度的代理指标是内部投资比率（$INVEST_{IN}$）。依据姜付秀等（2009）的研究，管理者过度自信对我国企业的内部扩张产生了显著影响，与企业内部扩张之间存在显著的正相关关系，并且当企业拥有充裕的现金流时，正相关程度更大，所以我们用内部投资比率来度量管理层自信程度。内部投资（$INVEST_{IN}$）=（构建固定资产、无形资产和其他长期资产支付的现金 - 处置固定资产、无形资产和其他长期资产收到的现金净额 - 当年固定资产折旧额）/期初总资产。第二个管理者自信指标的计算，先依据中国证监会 CSRC（2001）行业编码将全部上市公司分成 13 类，然后按这个行业分类来定义过度自信，如果第 i 家公司第 t 年的 $INVEST_{IN}$ 指数大于该行业所有取值（包括非持有金融资产的上市公司）的中位数，定义为管理者过度自信（$Conf_B$），令 $Conf_B$ 等于 1；否则，取 $Conf_B$ 等于 0。

五、分析模型

（一）假设 1 的分析模型

建立分析模型 Model（7-1），以检验公允价值计量与金融资产规模的相关性，也即验证假设 1。

$$\begin{aligned} \ln FA_{it} = {} & \alpha + \beta_1 FVA_{it} + \beta_2 ASSETS_{it} + \beta_3 CASH_{it} + \beta_4 FSR_{it} \\ & + \beta_5 FST_{it} + \beta_6 DUAL_{it} + \beta_7 STR_{it} + \beta_8 DIR_{it} + \beta_9 COMP_{TOP_{it}} \\ & + \beta_{10} ESR_{it} + \beta_{11} AUD_{it} + \beta_{12} BIG_{it} + \mu_{it} \qquad \text{Model(7-1)} \end{aligned}$$

在 Model（7-1）中，变量定义如下：被解释变量是 lnFA，代表金融资产规模。lnFA 的取值在 2007 年以前等于短期投资期末余额取对数，在 2007 年及以后等于交易性金融资产加上可供出售金融资产的期末余额取对数。然后，用 RFT 和 RFP 替代 lnFA，以验证分析结果的稳健性。RFT 和 RFP 衡量的是金融资产的相对规模。解释变量是 FVA，在 2007 年以前等于 0，表示成本计量，在 2007 年及以后取 1，表示公允价值计量。预期 β_1 显著为正。控制变量选取分别是：ASSETS 表示资产规模，等于期末总资产取对数；CASH 代表自由现金流，等于“净利润 +

利息费用 + 非现金支出 - 营运资本追加 - 资本性支出”除以总股本;FSR 代表股权集中度,等于第一大股东的持股比例;FST 代表实际控制人身份,当实际控制人为国有企业或国家控股时取 1,否则取 0;DUAL 代表是否两职合一,当董事长与总经理为一人兼任时取 1,否则取 0;STR 代表两权分离度,等于控制权与所有权的差值;DIR 代表独立董事规模,等于独立董事人数除以董事总人数;$COMP_{TOP}$代表管理者薪酬,等于前三名高管薪酬总和取对数;ESR 代表管理层持股规模,等于管理层持股数之和取对数;AUD 表示审计意见类型,为标准无保留意见时取 1,带说明段时取 2;BIG 表示会计师事务所的知名度,当聘请国际四大和国内十大会计师事务所时取 1,否则取 0。

(二)假设 2 的分析模型

建立分析模型 Model(7-2),以检验假设 2。

$$\ln FA_{it} = \alpha + \beta_1 EM_{A_{it}} + \beta_2 EM_{B_{it}} + \beta_3 EM_{C_{it}} + \gamma_1 Premium_{it} + \lambda_1 HCOMP_{A_{it}} + \lambda_2 HCOMP_{B_{it}} + \eta_1 Conf_{A_{it}} + \eta_2 Conf_{B_{it}} + \delta_\tau Controls_{M_{it}} + \mu_{it} \quad \text{Model(7-2)}$$

Model(7-2)的解释变量分别是 EM_A、EM_B、EM_C、Premium、$HCOMP_A$、$HCOMP_B$、$Conf_A$和 $Conf_B$,在分析模型中采取依次加入的方法。EM_A、EM_B和 EM_C代表处置可供出售金融资产进行盈余管理的动机。EM_A和 EM_C代表处置可供出售金融资产之前盈利公司的盈余管理动机,EM_B代表处置可供出售金融资产之前亏损公司的盈余管理动机。Premium 是金融资产风险溢价的指示变量,当存在赚钱效应时取 1,否则取 0。$HCOMP_A$是以水平值测定的管理者高额薪酬指示变量,$HCOMP_A$是以变动值测定的管理者高额薪酬指示变量。$Conf_A$是以相对薪酬水平测定的高管层过度自信指示变量,$Conf_B$是以内部投资水平测定的高管层过度自信指示变量。Model(7-2)对控制变量的选取与 Model(7-1)相同。预期 β、λ、γ和 η 显著为正。

(三)假设 3 的分析模型

建立分析模型 Model(7-3),以检验金融资产规模与盈余波动性的关系,也即验证假设 3。

$$\Delta \ln Earnings_{it} = \alpha + \beta_1 \ln FA_{it} + \beta_2 \Delta ROP_{F_{it}} + \beta_3 ROP_{F_{it}} + \beta_4 \Delta ROE_{F_{it}} + \beta_5 ROE_{F_{it}} + \beta_6 ASSETS_{it} + \mu_{it} \quad \text{Model(7-3)}$$

Model(7-3)的被解释变量是 ΔlnEarnings,等于净利润变动值取对数,以消除异方差性。解释变量是 lnFA，表示金融资产规模。然后，以 RFT 和 RFP 对 lnFA 做替代，以验证分析结果的稳健性。控制变量选取：ΔROP_F，表示营业利润率的增长趋势，等于加入金融资产收益之前的营业利润增长率；ΔROE_F，表示净利润率的增长趋势，等于加入金融资产收益之前的净资产收益率变化值；ASSETS，表示资产规模，等于期末总资产取对数。预期 β_1 显著为正。

（四）假设 4 的分析模型

建立分析模型 Model(7-4) 对假设 4 做实证分析，以检验金融资产规模与资产价格波动的关系。被解释变量 ΔP 有 SDRETym 和 Beta 两个取值。解释变量主要有 lnFA，用于稳健性检验。BIG_{FA} 是虚拟变量，当金融资产规模排位于所有正值的中位数以上时等于 1，表示大额金融资产；否则，BIG_{FA} 等于 0。

$$\Delta P_{it} = \alpha + \beta_1 \mathrm{lnFA}_{it} + \beta_2 \Delta \mathrm{lnEarnings}_{it} + \beta_3 \mathrm{lnEarnings}_{it} + \beta_4 \Delta \mathrm{lnEquity}_{it} + \beta_5 \mathrm{lnEquity}_{it} + \beta_6 \mathrm{BM}_{it} + \beta_7 \mathrm{SIZE}_{it} + \mu_{it} \qquad \text{Model(7-4)}$$

建立分析模型 Model(7-5)，以检验金融资产规模对盈余波动性与资产价格波动的关系是否有增强作用，解释变量分别是 BIG_{FA} 与 ΔlnEarnings 的交叉项，以及 BIG_{FA} 与 ΔlnEquity 的交叉项。预期 β_2 和 β_3 均显著为正。控制变量选取：ΔlnEarnings 代表盈余波动性，lnEarnings 代表盈余水平值，$\Delta \mathrm{lnEquity}_F$ 代表股东权益变动，等于净利润之前的股东权益取对数之后减去滞后一期值；$\mathrm{lnEquity}_F$ 代表股东权益规模。由于净利润前股东权益变动（$\Delta \mathrm{lnEquity}_F$）主要是与可供出售金融资产处置收益和公允价值变动损益有关，因此 $\Delta \mathrm{lnEquity}_F$ 表示公允价值计量对盈余波动性的影响。其他控制变量还有净市值比（BM）和股本规模（SIZE）。

$$\Delta P_{it} = \alpha + \beta_1 \mathrm{BIG}_{\mathrm{FA}_{it}} + \beta_2 \mathrm{BIG}_{\mathrm{FA}_{it}} \times \Delta \mathrm{lnEarnings}_{it} + \beta_3 \mathrm{BIG}_{\mathrm{FA}_{it}} \times \Delta \mathrm{lnEquity}_{F_{it}} + \beta_4 \Delta \mathrm{lnEarnings}_{it} + \beta_5 \mathrm{lnEarnings}_{it} + \beta_6 \Delta \mathrm{lnEquity}_{F_{it}} + \beta_7 \mathrm{lnEquity}_{F_{it}} + \beta_8 \mathrm{BM}_{it} + \beta_9 \mathrm{SIZE}_{it} + \mu_{it} \qquad \text{Model(7-5)}$$

本章主要变量的定义与度量见表 7-3。

表 7-3　变量定义与度量

分类	变量名称	变量符号	度量标准
被解释变量	以个股系统风险度量的资产价格波动	Beta	等于考虑现金红利再投资的个股周回报率与市场周回报率的回归参数估计值
	以个股月回报率标准差度量的资产价格波动	SDRETym	等于考虑现金红利再投资的个股月回报率的年度标准差
	盈余波动性	ΔEarnings	等于 Earnings 自然对数的变动值
	金融资产规模	lnFA	等于金融资产期末余额取对数
解释变量	金融资产盈余管理	EM_A	如果 $NI_B>0$,EM_A等于 RE_{FTFA}除以 NI_B;否则,EM_A等于 0
	金融资产盈余管理	EM_B	如果 $NI_B<0$,EM_B等于 RE_{FTFA}除以 NI_B的绝对值;否则,EM_B等于 0
	金融资产盈余管理	EM_C	如果 NIB > 0,EM_C等于 NI 除以 NI_B;否则,EM_C等于 0
	金融资产盈余管理	EM_D	如果 RE_{FTFA}不等于 0,EM_D等于 1;否则,EM_D等于 0
	金融资产赚钱效应	Premium	如果 $ROPG_A$或 $ROPG_B$大于 ROS_F,Premium 等于 1;否则,Premium 等于 0
	管理者高额薪酬	$HCOMP_A$	如果"年度薪酬"大于同行业中位数,令 HCOMPA 等于 1;否则,HCOMPA 等于 0
	管理者高额薪酬	$HCOMP_B$	如果年度薪酬变动值大于同行业中位数,令 $HCOMP_B$等于 1;否则,$HCOMP_B$等于 0
	管理者过度自信	$Conf_A$	如果相对薪酬 $COMP_P$大于所有取值的中位数,$Conf_A$等于 1;否则,$Conf_A$等于 0
	管理者过度自信	$Conf_B$	如果"内部投资"$INVEST_{IN}$大于同年同行业中位数,$Conf_B$等于 1;否则,$Conf_B$等于 0
	金融资产规模	RFT	等于金融资产期末余额除以总资产期末余额
	金融资产规模	RFP	等于金融资产期末余额除以生产性投资余额
	金融资产规模	$SIZE_{FA}$	如果期末金融资产余额为 0,$SIZE_{FA}$等于 0;如果小于中位数,$SIZE_{FA}$取 1;否则,取 2
	是否大额金融资产	BIG_{FA}	如果 $SIZE_{FA}$取 2,BIG_{FA}等于 1;否则,BIG_{FA}等于 0
	公允价值计量	FVA	如果所在年度是 2004—2006 年,CFV 等于 0;如果所在年度是 2007—2009 年,CFV 等于 1

（续表）

分类	变量名称	变量符号	度量标准
控制变量	会计盈余的水平值	Earnings	等于期末净利润取对数
	股东权益波动性	$\Delta Equity_F$	等于期末净利润前股东权益对数的变动值
	股东权益的水平值	$Equity_F$	等于期末净利润前股东权益取对数
	资产规模	ASSETS	等于期末总资产取对数
	股权集中度	FSR	等于第一大股东的持股比例
	自由现金流	CASH	等于“净利润＋利息费用＋非现金支出－营运资本追加－资本性支出”除以总股本
	管理层薪酬	COMP	等于“前三名高管薪酬总和”取对数
	审计意见类型	AUD	如果是标准无保留审计意见，AUD 等于 1；如果是带说明段的审计意见，AUD 取 2
	是否知名事务所审计	BIG	如果报表审计单位是国内十大或国际四大会计师事务所，则取 1；否则，BIG 取 0
控制变量	是否为国有控股	FST	如果最终控制人为国有单位，等于 1；否则，FST 取 0
	是否两职合一	DUAL	如果董事长兼任总经理，等于 1；否则，取 0
	独立董事占比	DIR	等于独立董事占董事总人数的比例
	两权分离度	STR	等于控制权与所有权之间的差值
	高管人员持股规模	ESR	等于所有高管人员持股数总和取对数
	营业利润增长率	ΔROP_F	等于金融资产收益前的营业利润增长率
	净资产收益率变动	ΔROE_F	等于金融资产收益前的净资产收益率的变动
	市净值比	BM	等于公司净值除以市值
	股本规模	SIZE	等于流通股本的对数

六、样本构建

选取第五章 Sample I-a 构建本章 Sample I，用于检验假设 1。选取第五章 Sample II-a 之中持有以公允价值计量的金融资产的上市公司构建本章 Sample II，用于检验假设 2—4。选取第五章 Sample II-a 构建本章 Sample III，用于检验假设 4。数据来源与第六章一致，公司治理的数据取自 CSMAR 数据库。

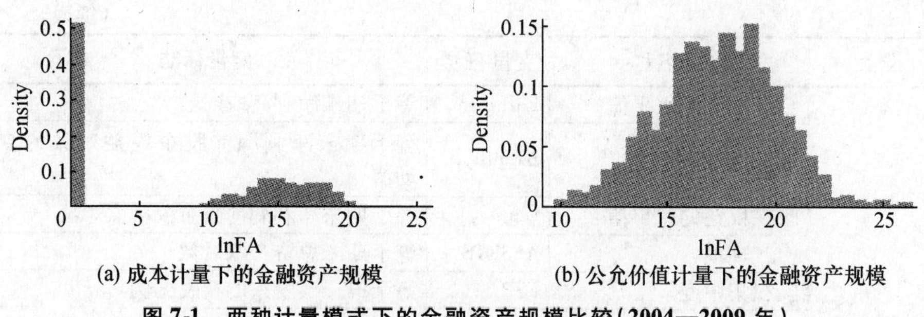

(a) 成本计量下的金融资产规模　　(b) 公允价值计量下的金融资产规模

图 7-1　两种计量模式下的金融资产规模比较(2004—2009 年)

第四节　描述性分析

一、金融资产规模的分布特征与增长趋势

图 7-1 描述了 Sample I 的单因素直方图分析结果,画出了 413 家样本公司在两种计量模式下的金融资产规模的分布特征(以 lnFA 表示,lnFA 在 2007 年以前等于短期投资余额取自然对数,在 2007 年以后等于期末具有交易性质的金融资产与可供出售金融资产之和取自然对数)。比较(a)图与(b)图,显示金融资产规模在 2007—2009 年公允价值计量下有显著增加,在均值水平上达到 2004—2006 年成本计量下的 1.95 倍。

表 7-4 报告了 Sample I 的 413 个样本公司 2004—2009 年季末金融资产余额为零的分布状况。在 1 496 个季末金融资产为零的分布点之中,有 86.8% 是在成本计量下,只有 13.2% 是在公允价值计量下,表明管理层更愿意在公允价值计量下经常持有证券投资产品。

表 7-4　季末金融资产余额为零的分布点(2004—2009 年)

年度	频数	百分比(%)	累计百分比(%)
2004	372	24.9	24.9
2005	440	29.4	54.3
2006	487	32.6	86.8
2007	177	11.8	98.7
2008	5	0.3	99.0
2009	15	1.0	100.0
总体	1 496	100.0	100.0

图 7-2 绘制了 Sample I 的 413 个样本公司 2004—2009 年季末金融资产规模的增长趋势。图中带三角符号实线是以 lnFA 表示的金融资产规模,带方形符号实线是以 RFT 表示的金融资产规模(RFT 的计算参见第四章,等于证券投资类金融资产除以总资产)。图 7-2 显示,2005 年第三季末是金融资产规模最低点,lnFA 均值是 15.92,RFT 均值是 1.1%;2007 年第四季末是金融资产规模最高点,lnFA 均值是 18.23,RFT 均值是 7.8%。总体来看,Sample I 的 413 个样本公司的金融资产规模从 2006 年年初开始增长,在 2007 年年末达到最高点,此后一直处于相对高位。这个分析结果表明样本公司的金融资产规模在公允价值计量下相对于成本计量有显著增加。

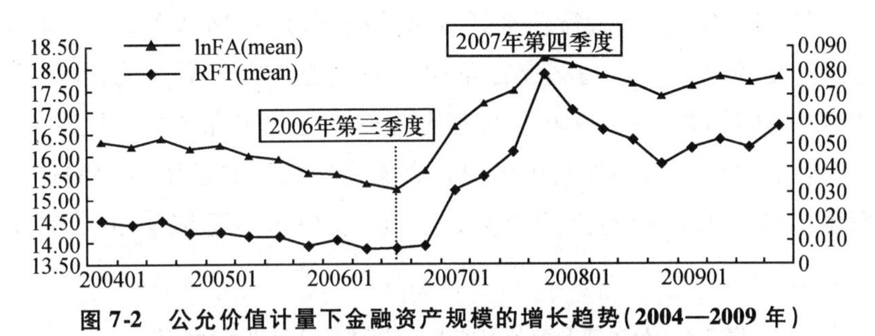

图 7-2　公允价值计量下金融资产规模的增长趋势(2004—2009 年)

二、盈余管理的指标建立与单变量检验

表 7-5 描述了 Sample II 的 1 867 个观测点中对可供出售金融资产的处置情况。在 Sample II 中,共有 710 个公司-年有对可供出售金融资产的处置行为,剔除 * ST 创智、ST 迈亚、巨化股份、兴业银行和中国银行这五个处置收益为负的观测点,余下 705 个公司-年的资产处置收益分布见表 7-5。在表 7-5 中,非金融行业有 652 例处置行为,处置收益的均值是 0.64 亿元;金融行业有 53 例处置行为,处置收益的均值是 35.7 亿元。

表 7-5　可供出售金融资产的处置收益(Sample II)　　单位:百万元

年度	观测值	均值	中位数	标准差	最小值	最大值
非金融行业	652	64	7	267	0	4 290
2007	137	82	8	293	0	2 500
2008	252	60	7	323	0	4 290

（续表）

年度	观测值	均值	中位数	标准差	最小值	最大值
2009	263	58	6	181	0	2 070
金融行业	53	3 570	284	9 570	0	43 300
2007	15	5 340	287	12 600	3	43 300
2008	17	2 890	345	7 510	3	30 400
2009	21	2 860	105	8 870	0	40 100

表 7-6 描述了处置可供出售金融资产之前净利润大于零的 573 家公司的 EM_A指标。就非金融行业来说，可供出售金融资产处置收益占净利润（EM_A）的平均值是 14.7%；就金融行业来说，EM_A的平均值是 14.9%，表明样本公司中金融资产处置收益对净利润存在重要影响。进一步分析发现，非金融行业有 364 例（占 69.3%）在处置可供出售金融资产之后实现了盈利增长，金融行业有 39 例（占 81.3%）在处置可供出售金融资产之后实现了盈利增长。如果没有可供出售金融资产的处置收益，这 403 家公司不可能实现当年的盈利增长。

表 7-6　处置前盈利公司的 EM_A 描述性分析（Sample II）

年度	均值	中位数	标准差	最小值	最大值	观测值	其中：处置可供出售金融资产之后实现盈利增长的公司
总体	0.148	0.0317	0.240	0.000	0.998	573	403
非金融行业	0.147	0.028	0.239	0.000	0.998	525	364
2007	0.157	0.042	0.243	0.000	0.952	118	102
2008	0.141	0.028	0.235	0.000	0.998	190	90
2009	0.147	0.020	0.240	0.000	0.987	217	172
金融行业	0.149	0.044	0.234	0.000	0.973	48	39
2007	0.121	0.052	0.124	0.003	0.357	13	13
2008	0.182	0.034	0.308	0.002	0.973	15	8
2009	0.142	0.037	0.233	0.000	0.769	20	19

表 7-7 描述了处置可供出售金融资产之前净利润小于零的 132 家公司的 EM_B指标。就非金融行业来说，可供出售金融资产处置收益是处置前净亏损额（EM_B）的 2.723 倍；就金融行业来说，EM_B的平均值是 2.698 倍，表明样本公司

可供出售金融资产处置收益对于抵补亏损有重要作用。进一步分析表明,非金融行业有67例(占52.75%)由处置前亏损转变到处置后盈利,金融行业有5例(占100%)由处置前亏损转变到处置后盈利。如果没有可供出售金融资产的处置收益,这72家公司当年不可能实现盈利并且需要被处以ST管制。

表7-7 处置前亏损公司的EM_B描述性分析(Sample II)

年度	均值	中位数	标准差	最小值	最大值	观测值	其中:处置可供出售金融资产后得以盈利的公司
总体	2.724	1.091	7.194	0.000	60.177	132	72
非金融行业	2.723	1.030	7.410	0.000	60.178	127	67
2007	3.201	1.617	3.727	0.002	14.974	19	15
2008	2.066	0.227	7.881	0.000	60.178	62	25
2009	3.411	1.120	7.926	48.642	0.000	46	27
金融行业	2.698	2.321	1.811	1.091	5.689	5	5
2007	2.602	2.602	0.398	2.321	2.884	2	2
2008	1.298	1.298	0.293	1.091	1.505	2	2
2009	5.689	5.689	0.000	5.689	5.689	1	1

表7-8描述了Sample II中盈利公司的EM_C指标①,显示处置可供出售金融资产之后的净利润平均来说是之前净利润(EM_C)的2.841倍。

表7-8 处置前盈利公司的EM_C描述性分析(Sample II)

年度	均值	中位数	标准差	最小值	最大值	观测值
总体	2.841	1.033	33.499	1.000	623.740	573
非金融行业	2.905	1.029	23.034	1.000	517.455	525
2007	1.788	1.044	2.814	1.000	20.754	118
2008	4.475	1.029	37.563	1.000	517.455	190
2009	2.138	1.020	6.696	1.000	78.250	217
金融行业	2.109	1.046	5.290	1.000	37.340	48
2007	1.162	1.054	0.189	1.003	1.555	13
2008	3.879	1.035	9.371	1.002	37.340	15
2009	1.398	1.039	0.937	1.000	4.322	20

① 可供出售金融资产出售之前亏损的公司-年的分析见EM_B,但没有纳入本表,原因就是EM_C在这种情况下缺少意义。

考虑到均值分析可能受极值的影响，表7-9报告了对EM_A、EM_B、EM_C分别按1%做Winsorize处理后的描述性特征，盈余管理指标的分布情况是：(1) 当$NI_B>0$时，可供出售金融资产的处置收益平均占到净利润(EM_A)的12.9%；(2) 当$NI_B>0$时，处置可供出售金融资产之后净利润平均来说是之前净盈余(EM_C)的1.097倍；(3) 当$NI_B<0$并且$NI>0$时，可供出售金融资产的处置收益平均来说是处置前亏损额(EM_B)的1.171倍，如果没有这些处置收益很可能要向市场报告亏损的财务业绩；(4) 当$NI_B<0$并且$NI<0$时，也就是当年亏损并且没有逆转的情况下，可供出售金融资产的处置收益也能抵消处置前净亏损的10.7%。

表7-9　盈余管理指标的描述性分析(Sample II)

类别	变量名称	观测值	均值	中位数	标准差	最小值	最大值
$NI_B>0$	EM_A	573	0.129	0.032	0.187	0.000	0.580
$NI_B>0$	EM_C	573	1.097	1.033	0.113	1.000	1.285
$NI_B<0$ & $NI<0$	EM_B	63	0.107	0.028	0.166	0.000	0.692
$NI_B<0$ & $NI>0$	EM_B	69	1.171	1.180	0.030	1.030	1.180

为了分析盈余管理动机，表7-10将Sample II分为两组，一组是有可供出售金融资产处置行为的705个公司-年，令EM_D等于1；一组是没有可供出售金融资产处置行为的1 155个公司-年，令EM_D等于0。

表7-10　两分法下盈余管理指标的年度分布(Sample II)

年度	$EM_D=0$	$EM_D=1$	总体
2007	440	152	592
2008	359	269	628
2009	356	284	640
总体	1 155	705	1 860

表7-11依EM_D的分组对金融资产规模做单变量检验。当EM_D等于1时，lnFA(已按1%做Winsorize处理)均值是18.227，在1%的显著性水平上大于EM_D等于0的组，lnFA的组间均方差在1%的显著性水平上异于零，以Bartlett检验的卡方值等于19.698，显著性水平小于0.001，因子分析成立。

表 7-11 盈余管理下金融资产规模的单变量分析(Sample II)

Panel A:分组检验	lnFA(已按 1% 做 Winsorize 处理)				
分组	均值	标准差	频数	均值差	均值差 T 检验
当 $EM_D = 0$ 时	15.795	2.813	1 155	-2.432***	-19.063
当 $EM_D = 1$ 时	18.227	2.415	705	2.432***	19.063
总体	16.717	2.918	1 860		
Panel B:方差分析	lnFA(已按 1% 做 Winsorize 处理)				
项目	方差	自由度	均方差	F 值	P 值
组间	2 588.903	1	2 588.903	363.41***	0.000
组内	13 236.266	1 858	7.124		
总体	15 825.169	1 859	8.513		
Bartlett's test for equal variances: chi2(1) = 19.698 Prob > chi2 = 0.					

注:* 表示在 10% 水平下显著,** 表示在 5% 水平下显著,*** 表示在 1% 水平下显著。

表 7-12 依 EM_D 的分组对盈余波动性做单变量检验。当 EM_D 等于 1 时,ΔEarnings 取对数后的均值是 18.305,在 1% 的显著性水平上大于 EM_D 等于 0 的组,ΔEarnings 的组间均方差在 1% 的显著性水平上异于零,Bartlett 检验的卡方值的显著性水平大于 0.001。

表 7-12 盈余管理下盈余波动性的单变量分析(Sample II)

Panel A:分组检验	lnΔEarnings(已按 1% 做 Winsorize 处理)				
分组	均值	标准差	频数	均值差	均值差 T 检验
当 $EM_D = 0$ 时	17.843	1.758	707	-0.462***	-4.159
当 $EM_D = 1$ 时	18.305	1.870	417	0.462***	4.159
总体	18.014	1.813	1 124		
Panel B:方差分析	lnΔEarnings(已按 1% 做 Winsorize 处理)				
项目	方差	自由度	均方差	F 值	P 值
组间	56.079	1	56.079	17.3***	0.000
组内	3 637.342	1 122	3.242		
总体	3 693.421	1 123	3.289		

注:* 表示在 10% 水平下显著,** 表示在 5% 水平下显著,*** 表示在 1% 水平下显著。

综上所述,管理层在公允价值计量下对可供出售金融资产有大量的盈余管理动机,并且盈余管理动机与金融资产规模有显著相关性,当管理层有盈余管理动机时,证券投资类金融资产的规模显著增大,并且盈余波动性显著更大,这些计量统计的分布特征为实证检验提供了分析基础。

三、赚钱效应的指标建立与单变量检验

由于上市公司没有在年报中披露金融资产的投资收益率,因此需要计算投资收益率的近似值。本章用$ROPG_A$表示金融资产已实现收益率,用$ROPG_B$表示金融资产未实现收益率。考虑到$ROPG_A$和$ROPG_B$的极值相当大,$ROPG_A$和$ROPG_B$的极大值分别是1 804和5 830倍,极小值分别是-40.54和- 333 427,因此表7-13报告了依5%做Winsorize极值处理后的金融资产收益率的分布特征,已实现收益率($ROPG_A$)的均值水平是37.6%,未实现收益率($ROBG_B$)的均值水平是47.4%,未实现收益率负值($ROBL_B$)的均值水平是-140.2%。由表7-13可见,金融资产的收益率和损失率都远远超出其他业务的资产收益率。表7-14是依10%做Winsorize极值处理后的结果,$ROPG_A$的均值是27.8%,$ROBG_B$的均值是45.2%,$ROBL_B$的均值是-118.1%,仍然支持表7-13的分析结果。

表7-13 已实现收益率与未实现收益率(Winsorize = p(0.05))

变量名称	观测值	均值	中位数	标准差	最小值	最大值
$ROPG_A$	1 243	0.376	0.052	0.678	0.000	2.598
$ROPG_B$	1 128	0.474	0.493	0.292	0.000	0.959
$ROPL_B$	653	-1.402	-1.277	1.093	-3.187	0.000

表7-14 已实现收益率与未实现收益率(Winsorize = p(0.10))

变量名称	观测值	均值	中位数	标准差	最小值	最大值
$ROPG_A$	1 243	0.278	0.052	0.406	0.000	1.212
$ROPG_B$	1 128	0.452	0.493	0.260	0.000	0.788
$ROPL_B$	653	-1.181	-1.277	0.795	-2.063	0.000

表7-15报告了金融资产收益之前的营业利润率(ROS_F)、营业利润率(ROS)、金融资产收益前的净资产利润率(ROE_F)和净资产利润率(ROE)这四个指标。剔除ROS_F小于零,金融资产已实现收益(RE)或未实现收益(UNI)小于零的值,依5%做Winsorize处理后ROS_F的均值为15%,ROS的均值为16.1%;中位数分别是12.7%和13.7%。剔除ROE_F小于零以及RE或UNI小于零的值,有效观测值为980个公司-年,依5%做Winsorize处理后ROE_F的均值

为 12.5%，ROE 的均值为 13.4%；中位数分别是 10.5% 和 11.4%。在相对水平上，金融资产平均收益(0.01 元/股)占 ROE 的均值是 7.41%，这个比例显著超出样本公司金融资产占总资产的比例(4.27%)3.14 个百分点。

表 7-15　ROS_F 与 ROE_F 描述性分析(Winsorize = p(0.05))

变量名称	观测值	均值	中位数	标准差	最小值	最大值
ROS_F	980	0.150	0.127	0.110	0.000	0.371
ROS	980	0.161	0.137	0.111	0.001	0.374
ROE_F	1 025	0.125	0.105	0.092	0.000	0.311
ROE	1 025	0.135	0.114	0.094	0.001	0.316

表 7-16 报告了金融资产赚钱效应代理变量 Premium 的取值结果。对所有连续变量按 5% 做 Winsorize 极值处理，令排位于 5% 和 95% 以外的取值分别等于排位 5% 和 95% 的取值。当 $ROPG_A$ 或 $ROPG_B$ 大于 ROS_F 时，定义为金融资产赚钱效应，令 Premium 等于 1；否则，令 Premium 等于 0。表 7-16 显示，有 1 467 例 Premium 取值为 1。当 Premium 取 1 时，非金融行业的 $ROPG_A$ 的均值是 41.4%，$ROPG_B$ 的均值是 50.3%，ROS_F 的均值是 13%；金融行业的 $ROPG_A$ 的均值是 36.7%，$ROPG_B$ 的均值是 24.8%，ROS_F 的均值是 23%。

表 7-16　金融资产赚钱效应的取值结果(Sample II)

行业分类	Premium			Premium = 1			Premium = 0		
	Premium = 0	Premium = 1	总体	$ROPG_A$	$ROPG_B$	ROS_F	$ROPG_A$	$ROPG_B$	ROS_F
农林畜牧渔业	0	25	25	0.742	0.419	0.040	—	—	—
石油天然气金属	6	37	43	0.534	0.414	0.229	0.160	0.561	0.170
制造业	37	690	727	0.441	0.514	0.123	0.097	0.351	0.253
电力业	2	64	66	0.463	0.507	0.124	0.010	0.033	0.221
建筑业	8	34	42	0.448	0.537	0.165	0.072	0.235	0.258
运输业	0	73	73	0.322	0.527	0.137	—	—	—
通信业	6	88	94	0.378	0.439	0.115	0.021	0.100	0.168
食品行业	3	142	145	0.319	0.556	0.144	0.147	0.163	0.228
房地产	6	115	121	0.365	0.517	0.164	0.276	0.217	0.274
餐饮旅游业	0	44	44	0.422	0.479	—	—	—	—
出版业	0	20	20	0.604	0.499	—	—	—	—

（续表）

行业分类	Premium			Premium = 1			Premium = 0		
	Premium = 0	Premium = 1	总体	$ROPG_A$	$ROPG_B$	ROS_F	$ROPG_A$	$ROPG_B$	ROS_F
综合业	2	103	105	0.329	0.417	0.111	0.000	0.002	0.271
非金融行业	70	1 435	1 505	0.414	0.503	0.130	0.122	0.305	0.237
金融行业	46	32	78	0.367	0.248	0.230	0.051	0.045	0.225
总体	116	1 467	1 583	0.413	0.498	0.132	0.091	0.228	0.231

四、高额薪酬的指标建立与单变量检验

表 7-17 报告了高额薪酬的取值结果。对高额薪酬（HCOMP）的度量依第 i 家公司第 t 年高管薪酬总额在同行业所有上市公司中的排名进行判断。第一种度量方法是：用董事、监事及高管薪酬总额表示高管薪酬（COMP），如果某公司 lnCOMP 大于所在行业 Sample III（共有 4 719 个取值）之中当年所有 COMP 取值的中位数，令 $HCOMP_A$ 取 1；否则，令 $HCOMP_A$ 取 0。在第一种取值下，有 1 142 例归入高额薪酬（$HCOMP_A$）；若用高管前三名薪酬总额替代董事、监事及高管薪酬总额，$HCOMP_A$ 等于 1 的取值有 1 133 例；这两个取值占 Sample II 样本公司的 54%—61%，表明有半数以上的公司管理层获得了高额薪酬。第二种度量方法是：如果某公司董事、监事及高管薪酬总额的增加值（ΔCOMP）大于所在行业 Sample III（共有 4 719 个取值）之中的当年所有 ΔCOMP 取值的中位数，令 $HCOMP_A$ 取 1；否则，令 $HCOMP_A$ 取 0。在第二种取值下，有 838 例归入高额薪酬（$HCOMP_B$）；若用高管前三名薪酬总额的增加值替代董事、监事及高管薪酬总额的增加值，则 $HCOMP_B$ 等于 1 的取值有 1 010 例；这两个取值占到 Sample II 样本公司的 45%—54%，表明有半数左右上市公司的管理层获得了高额薪酬。

表 7-17　高额薪酬分布特征与金融资产规模单变量分析（Sample II）

分组	观测值	lnFA 均值	lnFA 均值差	lnFA 中位数	标准差	最小值	最大值
以董事、监事及高管薪酬总额来度量高管薪酬；如果 lnCOMP > MED（lnCOMP，by IND & YEAR），则 $HCOMP_A = 1$							
$HCOMP_A = 0$	725	16.084	-1.064^{***}	16.095	2.947	5.433	21.687
$HCOMP_A = 1$	1 142	17.148	1.064^{***}	17.411	2.839	7.218	21.687

(续表)

分组	观测值	lnFA 均值	lnFA 均值差	lnFA 中位数	标准差	最小值	最大值
以高管前三名薪酬总额来度量高管薪酬;如果 lnCOMP > MED(lnCOMP,by IND &YEAR),则 $HCOMP_A = 1$							
$HCOMP_A = 0$	734	16.085	-1.071***	16.096	2.894	6.336	21.687
$HCOMP_A = 1$	1 133	17.156	1.071***	17.417	2.872	5.433	21.687
以董事、监事及高管薪酬总额的增加值来度量高管薪酬;如果 ΔCOMP > MED(ΔCOMP,by IND & YEAR),则 $HCOMP_A = 1$							
$HCOMP_B = 0$	838	16.463	-0.493***	16.486	2.953	5.433	21.687
$HCOMP_B = 1$	1 029	16.956	0.493***	17.220	2.888	6.908	21.687
以高管前三名薪酬总额的增加值来度量高管薪酬;如果 ΔCOMP > MED(ΔCOMP,by IND & YEAR),则 $HCOMP_A = 1$							
$HCOMP_B = 0$	857	16.521	-0.395***	16.570	2.950	5.433	21.687
$HCOMP_B = 1$	1 010	16.916	0.395***	17.129	2.897	6.908	21.687

注:* 表示在 10% 水平下显著,** 表示在 5% 水平下显著,*** 表示在 1% 水平下显著。

表 7-17 依高额薪酬的分组对金融资产规模(lnFA)进行了单变量检验。当 $HCOMP_A$ 取 1 时,lnFA(已按 1% 做 Winsorize 极值处理)在 1% 的水平上显著高于 $HCOMP_A$ 取 0 的组;当 $HCOMP_B$ 取 1 时,lnFA(已按 1% 做 Winsorize 极值处理)在 1% 的水平上显著高于 $HCOMP_B$ 取 0 的组。描述性分析表明金融资产规模越大,管理层的高额薪酬越大,为实证检验提供了依据。

图 7-3 绘制了高管薪酬与金融资产规模的双变量散点图。图(a)是 lnFA 与以董事、监事及高管薪酬总额为代理变量的 lnCOMP 散点图,图(b)是 lnFA 与以董事、监事及高管前三名薪酬总额为代理变量的 lnCOMP 散点图。在图(a)和图(b),高管薪酬与金融资产规模的拟合值(图中直线)向右上方倾斜,进一步显示我国上市公司的管理层薪酬存在随金融资产规模增加而增加的变动趋势。

五、过度自信指标建立与单变量检验

表 7-18 描述了过度自信($Conf_A$)的第一个度量指标 CEO 相对薪酬 $COMP_{TOP}$、$COMP_{TOT}$、$COMP_P$($COMP_P = COMP_{TOP} \div COMP_{TOT}$)的分布特征,所有连续变量已按 1% 做 Winsorize 极值处理。$COMP_{TOP}$ 等于取对数后的前三名高管薪酬之和,均值水平是 13.806;$COMP_{TOT}$ 指标等于取对数后的所有高管薪酬总额,均值水平

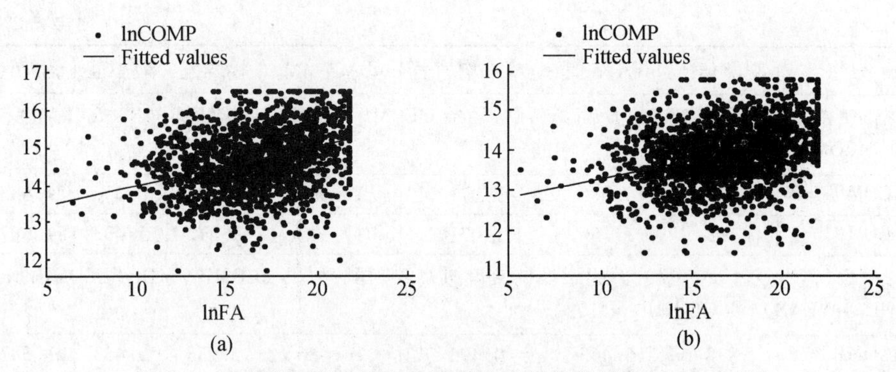

图 7-3　高级管理层薪酬与金融资产规模的关系图(Sample II)

是 14.731；$COMP_P$代表前三名高管的相对薪酬，均值是 0.418，中位数是 0.399。然后求得 Sample III 中 4 719 个观测点的 $COMP_P$ 指标的中位数 0.4045 时，当 Sample II 之中某个观测值的 $COMP_P$取值大于 0.4045 时，令过度自信($Conf_A$)等于 1，代表 CEO 有过度自信心理；否则，令 $Conf_A$ 等于 0。表 7-19 报告了 $Conf_A$ 的取值结果，共有 903 个过度自信的观测点，占 Sample II 样本数的 48.5%。在表 7-19 之中，所有连续变量已按 1% 做 Winsorize 极值处理，当 $Conf_A$ 取 1 时，lnFA 的中位数水平是 16.748；当 $Conf_A$ 取 0 时，lnFA 的中位数水平是 16.974，高于 $Conf_A$ 取 1 时的金融资产规模，但 Wilcoxon 秩和检验显示中位数差异不显著。

表 7-18　高级管理层薪酬水平的分布特征(Sample II)

变量名称	观测值	均值	中位数	标准差	最小值	最大值
$COMP_{TOP}$	1 860	13.806	13.823	0.817	10.778	15.393
$COMP_{TOT}$	1 860	14.731	14.710	0.875	11.763	16.506
$COMP_P$	1 860	0.418	0.399	0.140	0.169	0.887

表 7-19　相对薪酬水平与金融资产规模(Sample II $Conf_A$)

行业分类	行业分布			$COMP_P$中位数		lnFA 中位数	
	$Conf_A$ =0	$Conf_A$ =1	总体	$Conf_A$ =0	$Conf_A$ =1	$Conf_A$ =0	$Conf_A$ =1
农林畜牧渔业	23	13	36	0.294	0.481	14.985	14.974
石油天然气金属	31	14	45	0.336	0.458	17.426	17.147
制造业	475	431	906	0.317	0.494	16.556	16.193

(续表)

行业分类	行业分布			$COMP_P$中位数		lnFA 中位数	
	$Conf_A=0$	$Conf_A=1$	总体	$Conf_A=0$	$Conf_A=1$	$Conf_A=0$	$Conf_A=1$
电力业	32	45	77	0.333	0.531	18.325	18.943
建筑业	33	12	45	0.264	0.518	19.114	16.481
运输业	41	44	85	0.313	0.501	18.083	17.646
通信业	49	58	107	0.324	0.513	16.220	16.298
食品行业	82	78	160	0.326	0.497	16.756	17.634
金融行业	62	18	80	0.303	0.486	21.687	21.687
房地产	62	66	128	0.299	0.500	15.996	16.823
餐饮旅游业	17	35	52	0.326	0.518	16.066	17.361
出版业	4	19	23	0.294	0.487	19.028	16.489
综合业	46	70	116	0.326	0.527	17.128	16.793
总体	957	903	1 860	0.317	0.501	16.974	16.748

表 7-20 报告了 Sample II 中 1 796 个有效观测值的第二个过度自信($Conf_B$)度量指标内部投资比率($INVEST_{IN}$)的分布特征。$INVEST_{IN}$的中位数是 1.1%,均值是 3.2%。依据 $INVEST_{IN}$,$Conf_B$的取值方法是:依中国证监会 CSRC(2001)行业编码将全部上市公司分成 13 类,如果公司 i 第 t 年的 $INVEST_{IN}$指数大于所在行业在 Sample III 中所有取值的中位数,定义为管理者过度自信,令 $Conf_B$等于 1;否则,令 $Conf_B$等于 0。

表 7-20 内部投资水平的分布特征(Sample II)

行业分类	观测值	均值	中位数	标准差	最小值	最大值
非金融行业	1 756	0.032	0.012	0.068	-0.090	0.403
金融行业	40	0.003	0.002	0.008	-0.018	0.047
总体	1 796	0.032	0.011	0.068	-0.090	0.403

表 7-21 报告了 $Conf_B$的取值结果,共有 855 个观测点定义为过度自信,占 Sample II 中 1 796 个有效观测值的 47.6%。在表 7-21 中,依 $Conf_B$的分组对金融资产规模进行单变量检验,所有连续变量已按 1% 做 Winsorize 处理,当 $Conf_B$取 1 时 lnFA 的中位数是 17.048,显著高于 $Conf_B$为 0 时的取值,并且 Wilcoxon 秩和检验显示该中位数差异在 1% 水平上显著异于零。当 $Conf_B$取 1 时 lnFA 的均值

为 16.867，与 $Conf_B$取 0 时 lnFA 的均值（16.316）相比，*T* 检验在 5% 的水平上显著异于零。

表 7-21　内部投资水平与金融资产规模（Sample II $Conf_B$）

行业分类	行业分布			$INVEST_{IN}$中位数		lnFA 中位数	
	$Conf_B=0$	$Conf_B=1$	总体	$Conf_B=0$	$Conf_B=1$	$Conf_B=0$	$Conf_B=1$
农林畜牧渔业	21	15	36	-0.001	0.057	13.810	15.974
石油天然气金属	18	25	43	0.063	0.134	16.842	17.351
制造业	482	412	894	-0.006	0.059	16.265	16.505
电力业	34	43	77	0.004	0.080	16.197	19.504
建筑业	20	24	44	0.003	0.048	16.757	19.199
运输业	45	37	82	0.001	0.089	17.769	17.810
通信业	53	54	107	-0.004	0.035	16.220	16.340
食品行业	86	73	159	-0.002	0.044	17.360	16.940
金融行业	16	24	40	0.001	0.003	21.687	21.687
房地产	70	56	126	-0.004	0.009	15.548	17.802
餐饮旅游业	34	16	50	-0.006	0.046	17.075	17.699
出版业	9	13	22	-0.007	0.021	15.300	17.591
综合业	53	63	116	-0.006	0.029	16.481	17.503
总体	941	855	1 796	-0.003	0.052	16.524	17.048

表 7-22 依 $Conf_B$的分组对金融资产规模做单变量方差分析，lnFA 的组间均方差是 90.983，在 1% 的水平上显著异于零。

表 7-22　过度自信条件下金融资产规模的单变量分析（Sample II $Conf_B$）

项目	方差	自由度	均方差	*F* 值	*P* 值
组间	90.983	1	90.983	11.246	0.0009
组内	14 837.040	1 794	8.270		
总体	14 928.023	1 795	8.316		

注：Bartlett's test for equal variances：chi2（1）= 3.4459，Prob > chi2 = 0.008.

六、依 lnFA 分组后的盈余波动性单变量分析

图 7-4 报告了 Sample II 金融资产规模（lnFA）与盈余波动性（ΔEarnings）双因子分析结果，呈现出三角型分布特征。当金融资产规模较小时，盈余波动性较

小;当金融资产规模持续增大时,盈余波动性显著增大,并且有向上和向下两个方向的大幅波动。这个描述性特征显示金融资产规模与盈余波动性有较为紧密的正向关联,为实证检验提供了依据。

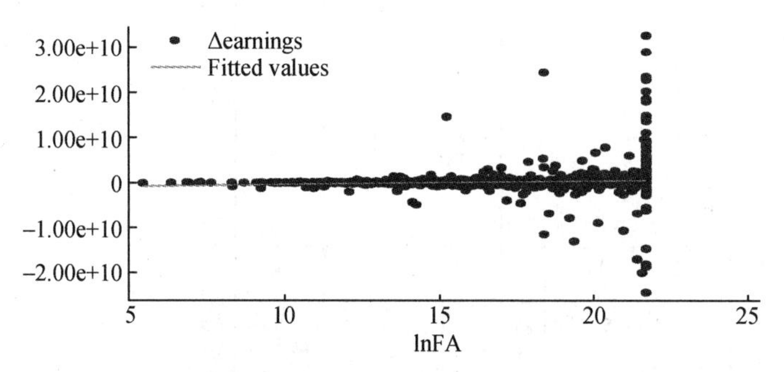

图 7-4 金融资产规模与盈余波动性的关系图(Sample II)

表 7-23 报告了以金融资产规模分组的盈余波动性的单变量检验结果。首先,将 Sample II 分为大额金融资产和小额金融资产两个组。当期末金融资产余额小于所有取值的中位数时,令 $SIZE_{FA}$ 取 1;否则,$SIZE_{FA}$ 取 2。剔除审计意见不合规、股东权益小于零以及缺失值,有 897 个小额金融资产观测值,有 913 个大额金融资产观测值。然后,依 $SIZE_{FA}$ 分组对盈余波动性指标进行描述性分析和分组差异分析,所有连续变量的取值已按 1% 做 Winsorize 极值处理。盈余波动性中位数 Wilcoxon 秩和检验显示,ΔEarnings、lnΔEarnings、ΔFEPS 和 ΔUIPS 的组间差异都在 1% 水平上显著异于零,ΔOEPS 的组间差异在 5% 水平上显著异于零,表明金融资产规模越大,则盈余波动性越高。盈余波动性均值检验显示,ΔEarnings、lnΔEarnings 和 ΔFEPS 的组间差异仍然在 1% 水平上显著异于零,ΔOEPS 的均值差异在 10% 水平上显著异于零。综上所述,表 7-23 的分析结果是对三角型特征的进一步解释,初步验证了假设 3。

七、依 lnFA 分组后的股票价格波动单变量分析

表 7-24 对 Sample III 的股票价格波动进行描述性分析,其中 SDRETym 和 Beta 的极值点已按 1% 做 Winsorize 处理。就 Sample III 来说,剔除审计意见为无法发表意见或否定意见的观测值、期末股东权益小于零的观测值和变量缺失值,余下 4 448 个有效观测值。依 $SIZE_{FA}$ 对 Sample III 的观测值做分组:当期

表 7-23　按金融资产规模分组的盈余波动性单变量分析(Sample II)

变量名称	$SIZE_{FA}$	观测值	均值	中位数	标准差	最小值	最大值	Wilcoxon 检验	*T* 检验
ΔEarnings	1	897	2 050	725	26 900	− 100 000	169 000	0.247***	13 650***
	2	913	15 700	3 190	56 600	− 100 000	169 000		
lnΔEarnings	1	528	17.484	17.528	1.625	12.772	21.249	1.039***	1.018***
	2	602	18.501	18.567	1.846	11.715	21.249		
ΔFEPS	1	897	0.007	0.000	0.131	−1.426	2.361	0.002***	0.030***
	2	913	0.037	0.002	0.277	−2.187	2.777		
ΔUIPS	1	897	−0.005	0.000	0.068	−0.619	0.476	0.026***	0.091
	2	913	0.086	0.026	4.208	−79.053	75.496		
ΔOEPS	1	897	−0.012	0.009	0.436	−3.240	3.110	0.009**	0.039*
	2	913	0.028	0.018	0.488	−2.950	2.854		

注：ΔEarnings 以万元为单位；lnΔEarnings 是 ΔEarnings 的对数形式，损失了 ΔEarnings 小于零的观测值；* 表示在 10% 水平下显著，** 表示在 5% 水平下显著，*** 表示在 1% 水平下显著。

末金融资产余额为零时,$SIZE_{FA}$取0;当期末金融资产余额小于中位数时,$SIZE_{FA}$取1;当期末金融资产余额大于等于中位数时,$SIZE_{FA}$取2。分组结果是:2 640例金融资产余额为零,897例持有小额金融资产,911例持有大额金融资产。

表7-24　按金融资产规模分组的资产价格波动单变量分析(Sample III)

变量名称	$SIZE_{FA}$	观测值	均值	中位数	标准差	最小值	最大值	Wilcoxon检验(p值)	T检验(p值)
SDRETym	0	2 640	0.190	0.177	0.145	0.020	3.737	(0.4404)	(0.0307)**
	1	897	0.199	0.172	0.312	0.053	8.332		
	2	911	0.183	0.170	0.110	0.047	2.774		
Beta	0	2 640	1.026	1.033	0.270	0.204	1.877	(0.0002)***	(0.0006)***
	1	897	1.047	1.057	0.260	0.204	1.877		
	2	911	1.067	1.058	0.271	0.204	1.877		

注:* 表示在10%水平下显著,** 表示在5%水平下显著,*** 表示在1%水平下显著。

表7-24右起两列分别依lnFA的分组对股票价格波动做Wilcoxon秩和检验和均值检验。对中位数做Wilcoxon秩和检验显示:Beta系数的组间差异在1%水平上显著异于零,表明金融资产规模越大,则以Beta系数表示的上市公司的相对风险系数越大;但SDRETym的中位数差异不够显著。对均值做T检验显示:Beta系数的组间差异仍然在1%水平上显著异于零,金融资产规模越大,Beta系数越高;SDRETym的组间差异在5%水平上显著异于零。这个单变量检验初步验证了假设4。

第五节　实证结果与分析

一、假设1的实证结果

表7-25对Sample I做描述性分析,所有连续变量按照1%做Winsorize极值处理,由413家2004—2009年连续六年持有证券投资类金融资产的上市公司组成,有效观测值是2 258个公司-年,平均金融资产规模是12.841。

表 7-25　各变量的描述性分析(Sample I)

变量名称	观测值	均值	中位数	标准差	最小值	最大值
lnFA	2 258	12.841	15.474	7.281	0.000	21.687
CFV	2 258	0.495	0.000	0.500	0.000	1.000
CASH	2 258	0.355	0.313	1.029	-4.146	3.385
FSR	2 258	36.841	34.520	15.526	9.220	75.840
FST	2 258	0.618	1.000	0.486	0.000	1.000
DUAL	2 258	0.111	0.000	0.314	0.000	1.000
STR	2 258	5.620	0.000	8.350	0.000	44.477
DIR	2 258	0.356	0.333	0.048	0.000	0.600
$COMP_{TOP}$	2 258	14.468	14.487	0.863	11.763	16.506
ESR	2 258	2.322	0.000	4.618	0.000	18.252
AUD	2 258	1.013	1.000	0.115	1.000	2.000
BIG	2 258	0.380	0.000	0.485	0.000	1.000
ASSETS	2 258	21.802	21.669	1.184	18.719	25.621

表 7-26 对 Sample I 的回归变量做 Pearson 相关分析。CAS 与被解释变量 lnFA 在 1% 水平上显著相关,相关系数是 0.585。被解释变量 lnFA 与控制变量自由现金流(CASH)、股权集中度(FSR)、是否国有股份(FSH)、高管薪酬水平($COMP_{TOP}$)、独立董事规模(DIR)、是否聘请国内十大审计(BIG)、资产规模(ASSETS)有显著相关性。变量相关系数在合理范围之内。

表 7-27 报告了假设 1 的实证结果。用 Model(7-1)对 Sample I 做实证分析,以检验公允价值计量与金融资产规模的相关性,分析结果显示:CAS 与 lnFA 在 1% 水平上显著正相关,调整后 R^2 是 39.33%,模型设定成立。以 RFT 和 RFP 替代 lnFA 做稳健性检验,分析结果显示:RFT 与 lnFA 在 1% 水平上显著正相关,调整后 R^2 是 15.82%;RFP 与 lnFA 在 1% 水平上显著正相关,调整后 R^2 是 25.74%。基于第二节对公允价值计量与金融资产规模的理论分析以及描述性统计和单变量检验,实证分析结果进一步验证了假设 1:公允价值计量与金融投资规模显著正相关,公允价值计量的采用促使金融资产规模显著增加。

表 7-26　各变量的 Pearson 相关性分析(Sample I)

	lnFA	CFV	CASH	FSR	FST	DUAL	STR	DIR	$COMP_{TOP}$	ESR	AUD	BIG	ASSETS
CAS	0.585***	1.000											
	0.000												
CASH	-0.081***	-0.110***	1.000										
	0.000	0.000											
FSR	-0.082***	-0.127***	0.099***	1.000									
	0.000	0.000	0.000										
FST	-0.076***	-0.138***	0.045**	0.270***	1.000								
	0.000	0.000	0.033	0.000									
DUAL	-0.010	0.014	-0.032	-0.116***	-0.102***	1.000							
	0.625	0.518	0.129	0.000	0.000								
STR	-0.031	0.038*	0.028	0.073***	-0.359***	0.029	1.000						
	0.146	0.068	0.191	0.001	0.000	0.176							
DIR	0.089***	0.126***	-0.012	0.005	-0.065***	0.025	-0.043**	1.000					
	0.000	0.000	0.576	0.798	0.002	0.240	0.041						
$COMP_{TOP}$	0.263***	0.277***	0.004	-0.072***	-0.036*	0.008	-0.042*	0.077***	1.000				
	0.000	0.000	0.852	0.001	0.091	0.690	0.046	0.000					
ESR	0.007	0.058***	-0.025	-0.073***	0.002	0.015	0.018	0.038*	0.077***	1.000			
	0.758	0.006	0.234	0.001	0.920	0.472	0.392	0.070	0.000				
AUD	0.010	-0.045**	0.004	-0.046**	0.004	0.033	-0.008	-0.024	-0.060***	-0.020	1.000		
	0.640	0.032	0.864	0.029	0.864	0.119	0.707	0.254	0.004	0.350			
BIG	0.073***	0.122***	0.027	0.066***	0.004	0.017	0.019	0.065***	0.238***	-0.048**	0.045**	1.000	
	0.001	0.000	0.209	0.002	0.847	0.429	0.358	0.002	0.000	0.022	0.034		
ASSETS	0.230***	0.167***	0.101***	0.195***	0.126***	-0.048**	-0.040*	0.091***	0.532***	0.061***	-0.048**	0.257***	1.000
	0.000	0.000	0.000	0.000	0.000	0.024	0.056	0.000	0.000	0.004	0.023	0.000	0.000

注:* 表示在 10% 水平下显著,** 表示在 5% 水平下显著,*** 表示在 1% 水平下显著。

表 7-27　公允价值计量与金融资产规模的实证分析(Sample I)

变量名称	Y = lnFA		Y = RFT		Y = RFP	
	系数	T 值	系数	T 值	系数	T 值
截距项	-15.288***	-4.89	0.035	1.42	-0.988**	-2.27
CAS	6.994***	15.31	0.025***	6.49	0.249***	4.12
CASH	-0.191*	-1.72	-0.001	-0.78	-0.043**	-2.13
FSR	-0.007	-0.76	0.000*	1.76	-0.002	-1.52
FST	-0.350	-1.25	-0.008***	-3.10	-0.104***	-2.66
$COMP_{TOP}$	0.312*	1.79	0.002	1.16	-0.001	-0.04
DUAL	-0.557	-1.44	-0.001	-0.33	-0.064	-1.27
STR	-0.037**	-2.36	0.000***	-3.44	-0.004**	-2.39
DIR	2.835	1.07	-0.008	-0.39	0.110	0.35
ESR	-0.047*	-1.80	0.000	0.01	-0.007**	-2.00
AUD	2.777**	2.43	0.001	0.17	0.181	1.14
BIG	-0.427	-1.60	0.002	0.96	0.013	0.41
ASSETS	0.877***	6.60	-0.002**	-2.13	0.044**	2.36
年份	控制		控制		控制	
行业	控制		控制		控制	
观测值	2 258		2 258		2 258	
F 值	56.55		13.54		11.12	
调整后 R^2	39.33%		15.82%		25.74%	

注:* 表示在 10% 水平下显著,** 表示在 5% 水平下显著,*** 表示在 1% 水平下显著。

二、假设 2 的实证结果

表 7-28 对 Sample II 的回归变量做描述性分析,所有连续变量已经按照 1% 做 Winsorize 极值处理。Sample II 由 2007—2009 年持有证券投资类金融资产的上市公司组成,剔除缺失值后,有效观测值是 1 655 个公司-年,平均金融资产规模是 16.781,平均总资产规模是 22.089。

表 7-28　各变量的描述性分析(Sample II)

变量名称	观测值	均值	中位数	标准差	最小值	最大值
lnFA	1 655	16.781	16.929	2.818	6.336	21.687
EM_A	1 655	0.116	0	0.316	0	1.180
EM_B	1 655	0.064	0	0.159	0	0.580
EM_C	1 655	1.033	1	0.081	0.997	1.285
Premium	1 655	0.968	1	0.177	0	1
$HCOMP_A$	1 655	0.650	1	0.477	0	1
$HCOMP_B$	1 655	0.565	1	0.496	0	1
$Conf_A$	1 655	0.489	0	0.500	0	1
$Conf_B$	1 655	0.503	1	0.500	0	1
ASSETS	1 655	22.089	21.846	1.316	18.719	25.621
AUD	1 655	1.003	1	0.052	1	2
BIG	1 655	0.483	0	0.500	0	1
FST	1 655	0.528	1	0.499	0	1
DUAL	1 655	0.132	0	0.338	0	1
DIR	1 655	0.363	0.333	0.053	0.091	0.714
STR	1 655	6.028	0	8.564	0	44.477
ESR	1 655	2.317	0	3.181	0	13.5

注:ΔEarnings 以万元为单位;计算 lnΔEarnings 时会损失 ΔEarnings 为负的取值,本表的样本观测值为 1 655 个。

表 7-29 对 Sample II 的回归变量做 Pearson 相关分析。被解释变量 lnFA 与解释变量 EM_A、EM_B、EM_C、Premium、$HCOMP_A$、$HCOMP_B$、$Conf_A$和 $Conf_B$都有显著相关性。被解释变量 lnFA 与其他控制变量的相关性参见表 7-26。主要变量相关系数的 p 值在合理范围内。

表 7-30 对假设 2-a 进行检验,分析结果显示:可供出售金融资产盈余管理动机与金融资产规模显著正相关,被解释变量 lnFA 与解释变量 EM_A、EM_B、EM_C均在 1% 水平上显著正相关,调整后 R^2 介于 33%—34%,模型设定显著成立,回归结果稳健。将被解释变量替换为 RFT 和 RFP,将解释变量用 EM_D替代 EM_C,做稳健性检验,分析结果仍然显著成立(表略)。基于第二节对“交易性 vs 可供出售金融资产”模型的理论分析以及第四节依 EM_D分组对金融资产规模的单变量

表 7-29　各变量的 Pearson 相关性分析(Sample II)

	lnFA	EM_A	EM_C	EM_B	Premium	$HCOMP_A$	$HCOMP_B$	$Conf_A$	$Conf_B$	ASSETS	FST
lnFA	1.000										
EM_A	0.251***	1.000									
	0.000										
EM_B	0.256***	0.614***	1.000								
	0.000	0.000									
EM_C	0.272***	0.993***	0.681***	1.000							
	0.000	0.000	0.000								
Premium	-0.126***	0.029	0.024	0.030	1.000						
	0.000	0.277	0.365	0.259							
$HCOMP_A$	0.175***	-0.031	0.030	-0.022	-0.028	1.000					
	0.000	0.240	0.253	0.410	0.287						
$HCOMP_B$	0.082***	-0.037	0.017	-0.030	0.012	0.291***	1.000				
	0.002	0.161	0.518	0.248	0.638	0.000					
$Conf_A$	-0.056**	0.036	0.054**	0.043*	0.054**	0.010	0.020	1.000			
	0.034	0.170	0.040	0.097	0.038	0.694	0.443				
$Conf_B$	0.063**	-0.029	-0.043*	-0.034	-0.011	0.091***	0.075***	-0.086***	1.000		
	0.017	0.272	0.098	0.192	0.688	0.001	0.004	0.001			
ASSETS	0.467***	-0.046*	0.004	-0.037	-0.212***	0.288***	0.086***	-0.166***	0.196***	1.000	
	0.000	0.083	0.871	0.163	0.000	0.000	0.001	0.000	0.000		
FST	0.124***	-0.074***	-0.024	-0.070***	-0.003	0.013	0.022	-0.092***	-0.007	0.209***	1.000
	0.000	0.005	0.353	0.008	0.908	0.626	0.411	0.001	0.788	0.000	

注：* 表示在 10% 水平下显著，** 表示在 5% 水平下显著，*** 表示在 1% 水平下显著。

检验,上述实证分析结果验证了假设 2-a:通过处置可供出售金融资产将公允价值变动损益从其他综合收益转移到净利润是金融资产规模在公允价值计量下显著增加的解释因素。

表 7-30 盈余管理动机与金融资产规模的实证分析(Sample II)

变量名称	$Y=\ln FA$					
	系数	T 值	系数	T 值	系数	T 值
截距项	-6.064***	-3.88	-5.900***	-3.77	-12.805***	-7.61
EM_A	2.179***	11.98				
EM_B			4.414***	12.23		
EM_C					7.827***	11.66
CASH	0.005	0.11	0.006	0.14	-0.007	-0.14
FSR	0.003	0.64	0.002	0.55	0.002	0.60
FST	0.137	1.01	0.146	1.08	0.107	0.78
$COMP_{TOP}$	0.206**	2.30	0.201***	2.25	0.161*	1.75
DUAL	-0.258	-1.39	-0.262	-1.42	-0.264	-1.43
STR	-0.008	-1.10	-0.008	-1.04	-0.011	-1.49
DIR	-0.685	-0.60	-0.735	-0.64	-0.539	-0.48
ESR	-0.016	-1.39	-0.015	-1.32	-0.014	-1.23
AUD	-0.554	-0.82	-0.527	-0.78	-0.584	-0.87
BIG	0.022	0.18	0.014	0.12	0.006	0.04
ASSETS	0.898***	15.09	0.894***	15.03	0.877***	14.39
年份	控制		控制		控制	
行业	控制		控制		控制	
观测值	1655		1655		1655	
F 值	45.15		46.35		61.16	
调整后 R^2	34.34%		34.54%		33.31%	

注:* 表示在 10% 水平下显著,** 表示在 5% 水平下显著,*** 表示在 1% 水平下显著。

表 7-31 对假设 2-b 进行检验,分析结果显示:金融资产在公允价值计量下的赚钱效应与金融资产规模显著相关,被解释变量 lnFA 与解释变量 Premium 在 1% 水平上显著正相关;将被解释变量 lnFA 替换为 RFT 或 RFP,与赚钱效应代理变量 Premium 的相关性仍然在 1% 水平上显著为正;模型解释力分别在 17.41%、10.86% 和 43.47%,表明模型设定显著成立,回归结果稳健。基于第二节对"金融投资 vs 生产性投资"模型的理论分析,基于第四节描述性分析和单

变量检验,上述实证分析结果验证了假设 2-b:证券投资类金融资产存在赚钱效应是金融资产规模在公允价值计量下显著增加的解释因素。

表 7-31　赚钱效应与金融资产规模的实证分析(Sample II)

变量名称	Y = lnFA		Y = RFT		Y = RFP	
	系数	T 值	系数	T 值	系数	T 值
截距项	-1.776***	-6.33	0.074***	2.70	0.547	1.39
Premium	0.112***	3.27	0.015***	5.43	0.146***	3.33
CASH	-0.007	-0.74	0.000	-0.17	-0.033	-1.46
FSR	0.000	0.56	0.000	1.07	0.002	1.21
FST	-0.020	-0.72	-0.007**	-2.19	-0.044	-0.89
$COMP_{TOP}$	0.194**	1.96	0.002	0.66	0.043	1.23
DUAL	-0.022	-0.64	-0.001	-0.25	0.069	1.03
STR	-0.003**	-2.26	0.000	-1.33	-0.003	-1.14
DIR	0.031	0.13	0.004	0.17	-0.005	-0.01
ESR	-0.003	-1.40	0.000	-1.56	-0.009**	-2.3
AUD	0.087	0.65	-0.015*	-1.71	-0.093	-1.31
BIG	-0.017	-0.65	0.000	0.08	-0.004	-0.11
ASSETS	0.137***	13.55	-0.002	-1.57	-0.015	-0.83
年份	控制		控制		控制	
行业	控制		控制		控制	
观测值	1 521		1 521		1 521	
F 值	27.54		8.51		31.82	
调整后 R^2	17.41%		10.86%		43.47%	

注:* 表示在 10% 水平下显著,** 表示在 5% 水平下显著,*** 表示在 1% 水平下显著。

表 7-32 对假设 2-c 进行实证检验,分析结果显示:上市公司管理层高额薪酬与金融资产规模显著正相关,被解释变量 lnFA 和解释变量 $HCOMP_A$ 的相关性在 5% 水平上显著为正,调整后 R^2 是 29.32%,模型设定显著成立;以前三名董事、监事和高管薪酬计算 $HCOMP_{A'}$,则 $HCOMP_{A'}$ 与被解释变量 lnFA 的相关性在 1% 水平上显著为正,回归结果稳健。这两组回归结果表明:管理层相对于同行业的薪酬水平越高,则金融资产规模越大。鉴于现有文献对重奖轻罚现象(徐经长、曾雪云,2010)和薪酬黏性现象(Gaver and Gaver,1998;Jackson et al.,2008;方军雄,2009;徐经长、曾雪云,2010)的解释以及第四节的描述性分析和单变量检验,

上述实证分析结果验证了假设2-c:管理层高额薪酬是金融资产规模在公允价值计量下显著增加的解释因素。但表7-32中管理层相对薪酬变动值($HCOMP_B$、$HCOMP_{B'}$)与金融资产规模(lnFA)只有弱相关性,很可能是因为2008—2009年的薪酬变动受到了金融危机的影响。

表7-32 高额薪酬与金融资产规模的实证分析(Sample II)

变量名称	Y = lnFA							
	系数	T值	系数	T值	系数	T值	系数	T值
截距项	-3.697***	-2.58	-3.636***	-2.58	-4.493***	-3.21	-4.492***	-3.21
$HCOMP_A$	0.292**	2.10						
$HCOMP_{A'}$			0.333**	2.47				
$HCOMP_B$					0.127	1.03		
$HCOMP_{B'}$							0.061	1.12
CASH	-0.011	-0.23	-0.008	-0.16	-0.009	-0.17	-0.008	-0.16
FSR	0.001	0.24	0.001	0.23	0.000	0.07	0.000	0.09
FST	0.097	0.69	0.080	0.57	0.085	0.61	0.080	0.57
DUAL	-0.273	-1.41	-0.297	-1.53	-0.281	-1.45	-0.275	-1.41
STR	-0.012*	-1.69	-0.012*	-1.71	-0.012*	-1.74	-0.012*	-1.75
DIR	-0.092	-0.08	-0.069	-0.06	0.019	0.02	0.005	0.40
ESR	-0.022*	-1.82	-0.021	-1.78	-0.022	-1.83	-0.022*	-1.82
AUD	-0.562	-0.94	-0.528	-0.96	-0.546	-0.96	-0.560	-0.97
BIG	-0.011	-0.09	-0.007	-0.05	0.010	0.08	0.012	0.09
ASSETS	0.908***	15.88	0.903***	15.91	0.950***	17.74	0.953***	17.79
年份	控制		控制		控制		控制	
行业	控制		控制		控制		控制	
观测值	1656		1656		1656		1656	
F值	55.38		56.15		57.23		57.12	
调整后R^2	29.32%		29.39%		29.17%		29.13%	

注:* 表示在10%水平下显著,** 表示在5%水平下显著,*** 表示在1%水平下显著。

表7-33对假设2-d进行实证检验,分析结果显示:高级管理层过度自信心理与金融资产规模显著正相关,被解释变量lnFA与解释变量$Conf_A$(以相对薪酬水平度量的过度自信指标)在5%水平上显著为正,与解释变量$Conf_B$(以内部投资比例度量的过度自信指标)的相关性在5%水平上显著为正,调整后R^2都是29.47%,模型设定显著成立。分别以代理变量RFT和RFP替代lnFA,进行稳健性检验,分析结果显示:RFT与$Conf_A$的相关性在10%水平上显著为正,RFP

与 $Conf_A$的相关性在 5% 水平上显著为正；RFT 与 $Conf_B$的相关性较弱，RFP 与 $Conf_B$的相关性在 10% 水平上显著为正，表明存在高级管理层过度自信的上市公司有显著更高的金融资产规模。基于第二节的理论与文献分析（参见 Hayward and Hambrick，1997；Brown and Sarma，2006；姜付秀等，2009）以及第四节描述性统计和单变量分析，上述实证结果验证了假设 2-d：高级管理层过度自信心理是金融资产规模在公允价值计量下显著增加的解释因素。

表 7-34 对假设 2-a、2-b、2-c 和 2-d 进行联合检验，分析结果显示：以 lnFA 作为被解释变量时，EM_C和 Premium 分别在 1% 水平上显著为正，$HCOMP_A$在 5% 水平上显著为正，调整后 R^2 为 35%，模型设定显著成立；以 RFT 作为被解释变量时，分析结果与 lnFA 一致，调整后 R^2 为 16.68%；以 RFP 作为被解释变量时，EM_C和 Premium 分别在 1% 水平上显著为正，$HCOMP_A$和 $Conf_A$只有弱相关性。过度自信在联合检验中不显著可能因为受到其他变量的干扰。分别以 EM_A和 EM_B替代 EM_C，以 $HCOMP_{A'}$替代 $HCOMP_A$，对这个实证结果再做稳健性检验，回归系数仍然显著为正，分析模型具有解释力，表明分析结果稳健可靠。综上所述，再次验证了假设 2。

三、假设 3 的实证结果

Sample III 由 2007—2009 年所有 A 股上市公司组成，剔除审计意见为否定或无法发表意见的观测值，剔除股东权益为负以及缺失值后，得到 4 380 个公司-年；再剔除盈余波动性为负的取值，最终得到 2 508 个有效观测值。需要剔除盈余波动性为负的取值，一是因为盈余负向波动很可能与正向波动时的经济条件有很大差异，例如经营环境恶化；二是此时金融资产规模对盈余波动性的影响很可能与正向波动不同，例如通过处置可供出售金融资产收益减少盈余波动性。表 7-35 对 Sample III 的主要回归变量进行描述性分析，连续变量已经按 1% 做 Winsorize 极值处理，平均盈余波动性（lnΔEarnings）是 17.599，平均金融资产规模（lnFA）是 7.099，平均总资产规模（ASSETS）是 21.712。

表 7-33 过度自信与金融资产规模的实证分析(Sample II)

变量名称	Y = lnFA				Y = RFT				Y = RFP			
	系数	*T* 值	系数	*T* 值	系数	*T* 值	系数	*T* 值	系数	*T* 值	系数	*T* 值
截距项	-6.430***	-3.95	-6.501***	-4.00	0.082**	2.55	0.081**	2.47	0.608	1.31	0.610	1.29
$Conf_A$	0.268**	2.06			0.005*	1.71			0.099**	2.41		
$Conf_B$			0.260**	2.04			0.005	1.61			0.087**	2.11
CASH	-0.006	-0.13	-0.007	-0.15	0.000	-0.19	0.000	-0.21	-0.032	-1.46	-0.033	-1.49
FSR	0.001	0.29	0.001	0.29	0.000	0.84	0.000	0.84	0.001	0.74	0.001	0.74
FST	0.097	0.69	0.098	0.70	-0.006*	-1.76	-0.006*	-1.75	-0.049	-1.01	-0.048	-1.01
$COMP_T$	0.216**	2.29	0.216**	2.22	0.002	0.66	0.002	0.65	-0.026	-0.79	-0.028	-0.84
DUAL	-0.326	-1.65	-0.324	-1.65	-0.003	-0.81	-0.003	-0.80	0.031	0.51	0.033	0.54
STR	-0.013*	-1.71	-0.013*	-1.71	0.001*	-1.89	0.000*	-1.89	-0.004*	-1.81	-0.004*	-1.77
DIR	0.040	0.03	0.050	0.04	0.006	0.25	0.006	0.26	-0.061	-0.17	-0.059	-0.16
ESR	-0.021*	-1.75	-0.022*	-1.79	0.001	-0.96	0.000	-1.00	-0.008**	-2.11	-0.008**	-2.17
AUD	-0.533	-0.94	-0.530	-0.93	-0.025***	-3.62	-0.025***	-3.61	-0.179***	-2.81	-0.178***	-2.81
BIG	-0.025	-0.19	-0.022	-0.17	-0.001	-0.49	-0.001	-0.47	-0.020	-0.49	-0.019	-0.46
ASSETS	0.895***	14.42	0.897***	14.46	-0.002	-1.61	-0.002	-1.57	0.010	0.49	0.010	0.52
年份	控制		控制		控制		控制		控制		控制	
行业	控制		控制		控制		控制		控制		控制	
观测值	1 656		1 656		1 656		1 656		1 656		1 656	
F 值	54.22		55.71		7.62		7.56		31.4		31.59	
Adj-R^2	29.47%		29.46%		9.01%		8.99%		41.64%		41.59%	

注:* 表示在 10% 水平下显著,** 表示在 5% 水平下显著,*** 表示在 1% 水平下显著。

表 7-34　金融资产规模解释因素的实证分析(Sample II)

变量名称	Y = lnFA		Y = RFT		Y = RFP	
	系数	T 值	系数	T 值	系数	T 值
截距项	-12.132***	-7.25	-0.065*	-1.75	-0.732	-1.24
EM_C	7.915***	11.94	0.169***	7.42	1.369***	3.57
Premium	0.559***	3.3	0.015***	5.25	0.138***	3.17
$HCOMP_A$	0.296**	2.17	0.007**	2.21	0.035	0.75
$Conf_A$	-0.026	-0.21	-0.001	-0.41	0.062	1.47
控制变量	控制		控制		控制	
年份	控制		控制		控制	
行业	控制		控制		控制	
观测值	1520		1520		1520	
F 值	55.67		9.78		28.89	
调整后 R^2	35.00%		16.68%		44.48%	

注：* 表示在 10% 水平下显著，** 表示在 5% 水平下显著，*** 表示在 1% 水平下显著。

表 7-35　各变量的描述性分析(Sample III)

变量名称	观测值	均值	中位数	标准差	最小值	最大值
ΔEarnings	2508	17200	4720	34300	0.52	169000
lnΔEarnings	2508	17.599	17.669	1.812	8.557	21.249
lnFA	2508	7.099	0	8.576	0	21.687
$SIZE_{FA}$	2508	0.641	0	0.822	0	2
RFT	2508	0.016	0	0.044	0	0.210
RFP	2508	0.239	0	0.857	0	4.683
ΔROP_F	2508	0.078	0.031	0.336	-1.550	2.143
ROP_F	2508	0.144	0.133	0.139	-0.293	0.371
ΔROE_F	2508	0.075	0.030	0.340	-1.951	2.300
ROE_F	2508	0.130	0.122	0.114	-0.309	0.311
ASSETS	2508	21.712	21.543	1.267	18.719	25.621

注：ΔEarnings 以万元为单位，本表只含 ΔEarnings 为正的观测值；* 表示在 10% 水平下显著，** 表示在 5% 水平下显著，*** 表示在 1% 水平下显著。

表 7-36 对 Sample III 的主要回归变量做 Pearson 相关分析。被解释变量 lnΔEarnings 与解释变量 lnFA、$SIZE_{FA}$、RFT 以及 RFP 显著相关，lnΔEarnings 与控制变量 ROP_F（以公允价值计量的金融资产收益前的营业利润率）和 ROE_F（以公允价值计量的金融资产收益前的净利润率）有显著相关性。

表 7-36　各变量的 Pearson 相关性分析（Sample III）

	lnΔEarnings	lnFA	$SIZE_{FA}$	RFT	RFP	ROP_F	ROE_F	ASSETS
lnFA	0.245***	1.000						
	0.000							
$SIZE_{FA}$	0.255***	0.967***	1.000					
	0.000	0.000						
RFT	0.133***	0.548***	0.587***	1.000				
	0.000	0.000	0.000					
RFP	0.227***	0.434***	0.447***	0.691***	1.000			
	0.000	0.000	0.000	0.000				
ROP_F	0.327***	0.025	0.026	-0.018	0.082***	1.000		
	0.000	0.187	0.180	0.346	0.000			
ROE_F	0.317***	0.010	0.010	-0.044**	0.031	0.814***	1.000	
	0.000	0.604	0.612	0.021	0.110	0.000		
ASSETS	0.597***	0.347***	0.355***	0.174***	0.324***	0.288***	0.249***	1.000
	0.000	0.000	0.000	0.000	0.000	0.000	0.000	

注：*表示在 10% 水平下显著，**表示在 5% 水平下显著，***表示在 1% 水平下显著。

表 7-37 对假设 3 进行实证检验，分析结果显示：证券投资规模与盈余波动性存在显著相关性，被解释变量 lnΔEarnings 与解释变量 lnFA 在 1% 水平上显著正相关，调整后 R^2 是 40.68%，模型设定成立。然后，分别用 $SIZE_{FA}$、RFT 和 RFP 替代 lnFA 做稳健性检验，这三个变量与盈余波动性的代理变量 lnΔEarnings 仍然显著正相关，模型解释力达到 40%，表明回归结果稳健。基于第二节的理论分析，上述实证结果验证了假设 3：公允价值计量下的金融资产规模与盈余波动性显著正相关，金融资产规模越大，盈余波动性越强。

表 7-37　金融资产规模与盈余波动性的实证分析（Sample III）

变量名称	Y = lnΔEarnings							
	系数	T 值	系数	T 值	系数	T 值	系数	T 值
截距项	0.851	1.41	0.926	1.53	0.492	0.84	0.510	0.87
lnFA	0.010***	2.91						
$SIZE_{FA}$			0.118***	3.25				
RFT					1.284*	1.93		
RFP							0.073*	1.69

（续表）

变量名称	$Y=\ln\Delta$Earnings							
	系数	T 值	系数	T 值	系数	T 值	系数	T 值
ΔROP_F	0.678***	5.64	0.680***	5.66	0.693***	5.77	0.711***	5.93
ROP_F	0.659	1.63	0.658	1.63	0.607	1.51	0.338	0.83
ΔROE_F	0.439***	3.55	0.435***	3.51	0.435***	3.51	0.396***	3.21
ROE_F	1.352***	2.73	1.365***	2.76	1.390***	2.81	1.731***	3.43
ASSETS	0.753***	27.72	0.749***	27.52	0.772***	29.67	0.768***	29.52
年份	控制		控制		控制		控制	
行业	控制		控制		控制		控制	
观测值	2 508		2 508		2 508		2 508	
F 值	86.97		87.15		86.58		86.65	
调整后 R^2	40.68%		40.73%		40.57%		40.63%	

注：* 表示在 10% 水平下显著，** 表示在 5% 水平下显著，*** 表示在 1% 水平下显著。

四、假设 4 的实证结果

表 7-38 对 Sample III 的主要回归变量进行描述性分析，所有连续变量已经按照 1% 做 Winsorize 极值处理。在检验假设 4 时，剔除缺失值后余下 3 348 个有效观测值（此时不需要剔除盈余波动性为负的取值）。其中，$SIZE_{FA}$ 的均值是 0.224，说明有 22.4% 的公司持有大额金融资产；由于 Sample III 将没有证券投资的上市公司的 lnFA 定义为零，因此 lnFA 的平均规模降到 7.197。

表 7-38　各变量的描述性分析（Sample III）

变量名称	观测值	均值	中位数	标准差	最小值	最大值
Beta	3 448	1.046	1.048	0.260	0.204	1.877
lnFA	3 448	7.197	0	8.542	0	21.687
$SIZE_{FA}$	3 448	0.224	0	0.417	0	1
RFT	3 448	0.015	0	0.041	0	0.210
RFP	3 448	0.206	0	0.783	0	4.683
ΔEarnings	3 448	0.143	0.176	0.986	−6.472	5.581

（续表）

变量名称	观测值	均值	中位数	标准差	最小值	最大值
$\Delta Equity_F$	3 448	0.175	0.085	0.323	-1.092	5.544
BM	3 448	0.444	0.376	0.304	0.001	4.763
SIZE	3 448	19.296	19.223	1.014	16.681	22.001

注：ΔEarnings 等于 Earnings 的自然对数的变动值；$\Delta Equity_F$等于 $Equity_F$的自然对数的变动值。

表 7-39 对 Sample III 的主要回归变量做 Pearson 相关分析。被解释变量 Beta 与解释变量具有相关性，变量之间的相关系数在合理范围内。金融资产规模的各个代理变量 lnFA、$SIZE_{FA}$、RFT、RFP 的相关性在 0.50 以上。检验假设 4 时，没有选 SDRETym 做被解释变量，主要是描述性分析表明 SDRETym 与金融资产规模只有弱相关性。实证检验中发现 SDRETym 与金融资产规模只有弱相关性，但 Beta 的实证分析结果是很稳健的。

表 7-40 对假设 4 进行实证检验，分析结果显示公允价值计量下金融资产规模与股票价格的相对风险显著正相关，被解释变量 Beta 与解释变量 lnFA、$SIZE_{FA}$、RFT 和 RFP 都在 1% 水平上显著为正，调整后 R^2 介于 10.51%—10.71%，分析模型具有解释力。表 7-41 在回归模型中加入交叉项对假设 4 做进一步检验，显示金融资产规模与盈余变动的交叉项（$SIZE_{FA}$ × ΔEarnings）在 5% 和 10% 水平上显著为正，表明金融资产规模对计入损益表的证券投资的收益变动与股票价格相对风险的相关性有增强作用；金融资产规模与权益变动的交叉项（$SIZE_{FA}$ × ΔEarnings）在 1% 水平上显著为正，表明金融资产规模对直接计入股东权益的可供出售金融资产的公允价值变动损益与股票价格相对风险的相关性有显著增强作用。综合这两个实证分析结果，验证了假设 4：金融资产规模是公允价值计量影响资产价格波动的解释因素，对公允价值计量与资产价格波动的关联性有显著增强作用。这个实证结果表明金融资产规模越大，越有可能将证券投资风险通过盈余波动性传递给投资者，并且进一步增强了股价波动风险。

表 7-39　各变量的 Pearson 相关性分析(Sample III)

	Beta	lnFA	$SIZE_{FA}$	RFT	RFP	ΔEarnings	$ΔEquity_F$	BM	SIZE
Beta	1.000								
lnFA	0.062***	1.000							
	0.000								
$SIZE_{FA}$	0.050***	0.746***	1.000						
	0.003	0.000							
RFT	0.058***	0.534***	0.638***	1.000					
	0.001	0.000	0.000						
RFP	0.047***	0.406***	0.470***	0.690***	1.000				
	0.005	0.000	0.000	0.000					
ΔEarnings	-0.049***	0.044***	0.056***	0.058***	0.066***	1.000			
	0.004	0.009	0.001	0.001	0.000				
$ΔEquity_F$	-0.024	0.058***	0.074***	0.103***	0.140***	0.413***	1.000		
	0.157	0.001	0.000	0.000	0.000	0.000			
BM	0.105***	0.093***	0.103***	0.060***	0.019	0.100***	-0.122***	1.000	
	0.000	0.000	0.000	0.001	0.262	0.000	0.000		
SIZE	0.083***	0.318***	0.314***	0.143***	0.224***	-0.037**	-0.022	0.210***	1.000
	0.000	0.000	0.000	0.000	0.000	0.032	0.192	0.000	0.000

注：* 表示在 10% 水平下显著，** 表示在 5% 水平下显著，*** 表示在 1% 水平下显著。

表 7-40 金融资产规模与资产价格波动的实证分析(Sample III)

变量名称	Y = Beta							
	系数	T 值	系数	T 值	系数	T 值	系数	T 值
截距项	0.958***	9.21	0.982***	9.38	0.928***	9.09	0.921***	9.09
lnFA	0.001***	2.53						
$SIZE_{FA}$			0.034***	3.09				
RFT					0.406***	3.71		
RFP							0.023***	2.89
ΔEarnings	-0.001	-0.18	-0.001	-0.22			-0.001	-0.19
$\Delta Equity_F$	0.059***	3.58	0.060***	3.62	0.057***	3.46	0.057***	3.46
BM	0.171***	8.82	0.171***	8.86	0.172***	8.92	0.173***	8.96
SIZE	0.068***	9.07	0.069***	9.31	0.071***	9.48	0.071***	9.57
年份	控制		控制		控制		控制	
行业	控制		控制		控制		控制	
观测值	3 448		3 448		3 448		3 448	
F 值	20.29		20.45		20.68		20.39	
调整后 R^2	10.51%		10.61%		10.71%		10.56%	

注：* 表示在 10% 水平下显著，** 表示在 5% 水平下显著，*** 表示在 1% 水平下显著。

表 7-41 金融资产规模、盈余波动性与资产价格波动的实证分析

变量名称	Sample III				Sample II			
	系数	T 值	系数	T 值	系数	T 值	系数	T 值
截距项	0.982***	9.37	0.982***	9.39	0.939***	5.71	0.951***	5.80
$SIZE_{FA}$	0.034***	3.02	0.017	1.38	0.029**	2.01	0.011	0.68
$SIZE_{FA} \times \Delta Earnings$	0.002*	1.82			0.010**	2.16		
$SIZE_{FA} \times \Delta Equity_F$			0.090***	3.12			0.098***	2.62
ΔEarnings	0.025***	4.34	0.024***	4.13	0.033***	3.78	0.030***	3.50
$\Delta Equity_F$	0.060***	3.59	0.028**	2.43	0.061***	2.70	0.002**	2.06
BM	0.171***	8.85	0.171***	8.89	0.127***	4.93	0.129***	5.03
SIZE	0.069***	9.31	0.069***	9.30	0.066***	5.41	0.066***	5.40
年份	控制		控制		控制		控制	
行业	控制		控制		控制		控制	
观测值	3 448		3 448		1 473		1 473	
F 值	19.52		20.02		6.48		6.79	
调整后 R^2	10.57%		10.82%		7.57%		7.96%	

注：* 表示在 10% 水平下显著，** 表示在 5% 水平下显著，*** 表示在 1% 水平下显著。

第六节　本 章 总 结

总结本章,沿着“公允价值计量→金融投资行为→金融资产规模→盈余波动性→资产价格波动”的分析逻辑,对公允价值计量下金融资产规模的显著增加进行了深入分析,经研究发现:利用可供出售金融资产的处置时点和报告方式进行盈余管理的动机、利用金融资产攫取赚钱效应的投机行为、利用金融资产获取高额薪酬的私利动机以及管理层的过度自信心理是我国上市公司金融资产规模显著增加的原因,并且金融资产规模的增加导致了盈余波动性和股票价格波动进一步增加,这个研究结论表明公允价值计量对金融稳定性产生了间接的负面影响。本章主要研究结论总结如下:

(1) 上市公司在处置可供出售金融资产时存在显著的盈余管理动机。有403例在面临盈利下降时通过处置可供出售金融资产得以实现盈利增长(见表7-6),有72例在面临潜在亏损时通过处置可供出售金融资产得以规避ST管制(见表7-7)。当管理层存在此类盈余管理动机时,证券投资规模和盈余波动性都有显著增加(见表7-11、表7-12、表7-30)。这个分析结果显示通过处置可供出售金融资产将公允价值变动损益从其他综合收益转移到会计盈余是金融资产规模在公允价值计量下显著增加的解释因素。

(2) 上市公司在公允价值计量下持有证券投资时存在明显的赚钱效应,金融资产的已实现收益率($ROPG_A$均值是37.6%)和未实现收益率($ROBG_B$均值是47.4%)显著大于其他资产收益率(见表7-13、表7-14);并且,当上市公司存在金融资产赚钱效应时,证券投资规模有显著增加(见表7-31)。这个分析结果显示利用金融资产攫取赚钱效应的投机动机是金融资产规模在公允价值计量下显著增加的解释因素。

(3) 上市公司以公允价值计量的金融资产规模越大时越有可能出现管理层高额薪酬(见表7-17、表7-32);并且,管理层薪酬有随金融资产规模增加而增加的变动趋势(见图7-3)。这个分析结果表明管理层利用金融资产获取高额薪酬的私利动机是金融资产规模在公允价值计量下显著增加的解释因素。

(4) 当上市公司管理层存在过度自信心理时,金融资产规模显著更高(见表

7-21、表7-22、表7-33)。这个分析结果表明管理层过度自信心理是金融资产规模在公允价值计量下显著增加的解释因素。

(5) 我国上市公司在公允价值计量下的金融资产规模(lnFA)与盈余波动性(ΔEarnings)呈现三角型特征:当金融资产规模较小时,盈余波动性较小;当金融资产规模持续增大时,盈余波动性显著增大,且有向上和向下两个方向的大幅波动(见图7-4)。实证分析进一步显示公允价值计量下的金融资产规模与盈余波动性显著正相关,金融资产规模越大,盈余波动性越大(见表7-23、表7-37)。

(6) 我国上市公司在公允价值计量下的金融资产规模(lnFA)与股票价格波动显著正向相关(见表7-24),实证分析表明:金融资产规模是公允价值计量影响资产价格波动的解释因素,对公允价值计量与资产价格波动的关联性有显著增强作用(见表7-40、表7-41)。这个分析结果表明金融资产规模越大,就越有可能将经济活动的内在风险通过盈余波动性传递到资本市场并导致更高的股票价格风险。

第八章　影响机理分析:市场流动性

依据第七章的研究,在公允价值计量下,盈余管理、赚钱效应、高额薪酬以及过度自信使得金融资产规模显著增加,进而增强了盈余波动性和股价波动风险,这个作用机理解释了公允价值计量对上市公司金融投资行为的影响。然而,证券市场上还有另一个重要的参与主体——投资者。那么,上市公司大量增加金融投资的行为及其盈余波动性变化是否影响投资者情绪呢?当投资者行为影响市场流动性时,公允价值计量与资产价格波动的关联性如何,是否进一步增强了金融风险?针对这些问题,本章将对公允价值计量与市场流动性以及金融风险的关系展开分析研究。

第一节　引　　言

本章的研究问题是:当投资者情绪导致市场流动性显著改变时,公允价值计量是否进一步增强了金融风险?针对这个研究问题,现有文献已有一定解释。由于会计信息具有估值有用性(Ball and Brown,1968;Ohlson,1995),因此上市公司的盈余变动会影响股票价格。当投资者的股票持有损益发生改变时,很可能引起投资者情绪改变,进而导致大量的噪声交易(Shefrin and Statman,1985;Odean,1998;Trueman,1988)。在股票持有损益增加的情况下,投资者的股票处置行为相当活跃(Shefrin and Statman,1985;Odean,1998);在股票持有损失增加时,投资者倾向于继续持有股票损失(Shefrin and Statman,1985;Odean,1998)。前一交易行为很可能带来市场交易的繁荣,进而增加了市场流动性并助推了上市公司的股票价格(Shefrin and Statman,1985;Odean,1998);而后一交易行为很可能引起市场流动性缺失,进而引致资产价格超跌(Shefrin and Statman,1985;Odean,1998)。基于上述文献,公允价值信息虽然依价值相关性来看是反映了金融资产的内在风险,但依行为金融学视角却很可能不利于金融稳定性。基于上述分析,沿着"公允价值计量→盈余波动性→资产价格波动→投资者情绪→市场流动性→资产价格波动"的分析逻辑,本章对既定投资者情绪下的公允价值计量、市场流动性与资产价格波动的关联性进行了理论和实证分析,研究结果显示:公允价值计量对市场流动性改变有显著增强效应,并且市场流动性是公允价值计量影响资产价格波动的解释因素。

本章的研究得到一个相当重要的启示,当准则制定者强调会计信息与股票市价的相关性时,会计信息应当充分反映经济活动的内在风险,但准则制定者更应知道与金融资产波动性风险有关的信息并不都有助于投资决策,很可能导致噪声交易和市场流动性变动,从而促使市场价格偏离了内在的经济价值。所以,当强调会计信息的透明度和充分反映时,还应注重会计信息的稳健性和合理性。进一步来说,价值相关性只是原则(把价值相关性作为会计目标是一种错误),金融稳定性才是目标,当这个原则不利于目标的实现时,应当对原则进行修订。在这个意义上说,对价值相关性与会计稳健性应当兼顾,而不是偏离稳健性只取相关性!

第二节　理论分析与研究假设

首先,投资者非理性行为对股票价格的影响相当显著。依据行为金融学的研究,当股票价格波动性增强时,投资者的股票持有损益会发生改变,随着股票持有损益的变动,投资者风险厌恶水平也会变动。当股票价格上涨时,投资者会倾向于冒险,将资产价格推得更高;反之,如果出现亏损,投资者会变得敏感并且更加厌恶风险,此时资产价格可能超跌(Barberis et al.,1998;2005)。如果放置在市场总量层面,投资者非理性情绪还将影响整个证券市场的系统性变化。并且,过度自信交易者的比重越大,市场总体价格波动性就越大(Dumas et al.,2009)。即便在一般市场行情下,股票持有损益也会导致股票的处置效应(Shefrin and Statman,1985;Odean,1998)。

其次,投资者的非理性行为是非常普遍和大量存在的。大量行为金融学的研究表明,当股票持有损益处于盈利状态时,投资者更倾向于处置行为;相反,当股票持有损益处于亏损状态时,投资者更倾向于继续持有(Odean,1998;王美今,2005;李新路、张文修,2005)。这是因为投资者的不良情绪和过度自信心理会产生噪声交易和影响股票价格(DeLong et al.,1991)。这些噪声交易与套利往往不完美,由于基本面的风险和投资期限的约束,很可能带来过度交易行为(Barberis and Thaler,2003)。特别是在面临高风险和不确定情况下,过度自信和表征型投资者通常倾向于对股价变动做出过度反应(Barberis et al.,1998;Barberis and Thaler,2003)。自我归因偏差还将使过度自信的投资者的心理调整速度变得缓慢(Daniel et al.,1998),所以过度交易和非理性行为是大量存在的,而且过度交易以及非理性行为对股票价格的影响是相当普遍的(Shefrin and Statman,1985;Odean,1998;Odean,1999;Odean and Barber,2001)。

再次,2006—2009 年间,国内证券市场的投资者情绪变化相当大并且高度一致,先是整体乐观,然后是整体悲观。就上证综合指数来说,2006 年 1 月至 2007 年 10 月,从 1 180 点上升到 6 036 点,投资者整体来说是持续乐观的;2008 年 1 月至 9 月,从 5 497 点下跌到 1 859 点,投资者整体来说是持续悲观的;2009 年 3 月至 8 月,虽然股指从 2 071 点逐渐上升到 3 471 点,但 2008 年的"股灾"阴影仍然存在,导致市场流动性缺失,投资者仍然普遍处于悲观情绪之中。因此,证券市场 2006—2009 年间的投资者情绪相当于一个已知参数。基于这个特征,本书通过划分市场乐观和市场悲观,把投资者情绪设为已知条件,从而将公允价值计量、投资者情绪、市场流动性、资产价格波动这四个变量的复杂关系简化到三个,可以检验不同投资者情绪下公允价值计量对市场流动性和资产价格波动的影响。

最后,依据行为金融学的研究,在收益函数非凸性、投资风险不可预知和资产供给总量有限的条件下,市场流动性对资产价格波动有助推作用(Allen and Gale,2000;Allen,2008;Diamond and Rajan,2001;Diamond and Rajan,2006)。并且,基于学习效应,即使市场参与者有较大的风险规避偏好,低利率和流动性也将助推资产价格上涨(Adam et al.,2006)。就国内来说,刘春航、张新(2007)研究发现市场流动性是影响当期资产价格波动的主要原因,徐挺、董永祥(2010)将流动性过剩引入噪声交易模型,以噪声交易量作为流动性度量指标,研究发现流动性过剩是资产价格波动的影响因素。依据行为金融学的研究,市场流动性对资产价格有推高作用(Allen and Gale,2000;Allen,2008;Diamond and Rajan,2001;Diamond and Rajan,2006)。

综上所述，提出以下2个研究假设。

假设1　公允价值计量对市场流动性变动有显著增强效应。

假设1-a　当市场乐观时，公允价值计量对市场流动性有增强作用，与市场流动性显著正相关。

假设1-b　当市场悲观时，公允价值计量对市场流动性有紧缩作用，与市场流动性显著负相关。

假设2　市场流动性变动是公允价值计量影响资产价格波动的解释因素。

假设2-a　当市场乐观时，公允价值计量能够增强市场流动性对资产价格的助涨作用。

假设2-b　当市场悲观时，公允价值计量能够增强流动性紧缺对资产价格的助跌作用。

第三节　研究设计

一、对投资者情绪的度量

投资者情绪的测度方法比较多。常用指标之中，客观测量指标有封闭式基金折价（DeLong et al.，1991；Brown，1999）、股票交易量（Brown and Cliff，2004；Baker and Wurgler，2006）、基金赎回率、IPO发行量和首日收益率（Stigler，1964；韩立岩、伍燕然，2007）等，主观测量指标通常选用证券分析师情绪指数、央视看盘、消费者信心指数等。但投资者情绪是一个复杂的心理过程，既会受自身生理、心理因素的影响，也会受各种社会、文化因素、宏观经济状态、宏观政策调整等多重因素的影响，并且投资者情绪变化也是经常和反复的，所以很难由单个指标来替代，通常采用主成分分析方法提取共同因子以衡量市场整体的投资者情绪。

但考虑到我国资本市场在2006—2009年正处在牛市和熊市的转换期间，以至于市场整体的投资者情绪并不需要复杂分析技术就能清晰直观地从综合市场股票指数变化中进行提炼。图8-1绘制了2006年1月至2010年4月上海综合市场指数和深圳成分指数的走势图。在此期间，证券市场指数波动连同投资者情绪变化是显而易见的。就上海综合指数来说，自2006年1月至2007年10

月,股指从 1 180 点一直上升到 6 036 点,投资者情绪是持续乐观的;自 2008 年 1 月 14 日至 9 月 18 日,股指从 5 497 点一直下跌到 1 859 点,投资者情绪是持续悲观的;自 2009 年 3 月 3 日至 8 月 4 日,虽然股指从 2 071 点逐渐上升到 3 471 点,但投资者并没有从 2008 年的"股灾"阴影中走出来,仍然普遍处于悲观情绪之中。深证成分指数走势与上海证券市场走势一致,不再赘述。因此,2006—2009 年间,证券市场上的投资者情绪相当于已知参数,先是整体乐观,然后是整体悲观。

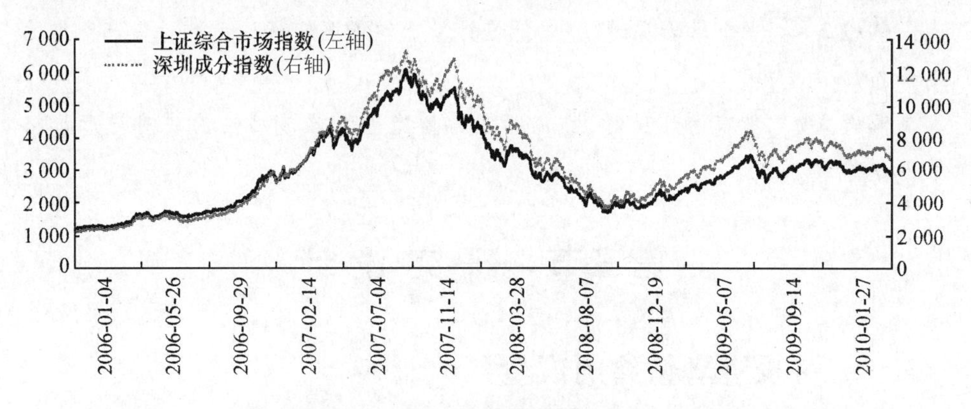

图 8-1 上证综合指数与深圳成分指数走势(2006 年 1 月至 2010 年 4 月)

鉴于这个市场情绪的整体特征,我们参照陆蓉、徐龙炳(2004)对牛市和熊市的划分方法,依上海综合市场指数度量投资者情绪。首先,根据上证综合指数每日收盘指数制作中国股票市场波动周期划分表。表 8-1 报告了 2006 年 1 月至 2010 年 4 月上海证券市场经历的 14 个峰值和 14 个谷值。这 14 个峰值和 14 个谷值将证券市场波动划分为 28 个波段。然后,根据艾略特波浪理论将这 28 个波段划分到 6 个波浪,划分结果见表 8-2。

表 8-1 中国股票市场波动周期划分表(2006.1—2010.4)

上证指数峰谷	上证指数点位	时 间	上证指数峰谷	上证指数点位	时间
起始日	1 180.963	2006-01-04	峰值 8	2 297.501	2008-09-25
峰值 1	1 684.624	2006-06-05	低谷 8	1 706.703	2008-11-04
低谷 1	1 531.327	2006-06-14	峰值 9	2 018.463	2008-12-19

（续表）

上证指数峰谷	上证指数点位	时 间	上证指数峰谷	上证指数点位	时间
峰值 2	2 945.263	2007-01-29	低谷 9	1 878.181	2009-01-08
低谷 2	2 612.537	2007-02-05	峰值 10	2 389.387	2009-02-16
峰值 3	4 334.924	2007-05-29	低谷 10	2 071.431	2009-03-03
低谷 3	3 615.872	2007-07-05	峰值 11	3 471.442	2009-08-04
峰值 4	6 036.281	2007-10-17	低谷 11	2 683.724	2009-09-01
低谷 4	5 562.394	2007-10-25	峰值 12	3 060.26	2009-09-17
峰值 5	5 954.765	2007-10-31	低谷 12	2 754.54	2009-09-29
低谷 5	4 803.394	2007-11-28	峰值 13	3 338.663	2009-11-23
峰值 6	5 497.901	2008-01-14	低谷 13	2 935.174	2010-02-08
低谷 6	3 094.668	2008-04-18	峰值 14	3 166.183	2010-04-14
峰值 7	3 761.009	2008-05-05	低谷 14	2 868.432	2010-04-29
低谷 7	1 895.837	2008-09-18	截止日	2 870.611	2010-04-30

表 8-2 之中，第 I、II 波主要为上升浪，第 III、IV 波主要是下跌浪，第 V、VI 波主要是盘整浪。依照这个波浪走势，将样本区间划分为两个时段。其中，2006 年 1 月 4 日至 2008 年 1 月 14 日为股指高涨期，称为“牛市”阶段，投资者情绪持续乐观，我们将这个波浪区间界定为市场乐观（Bustling）；2008 年 1 月 14 日至 2010 年 4 月 30 日为股指下跌和低位盘整时期，称为“熊市”阶段，多数投资者被高位“套牢”，即使在 2009 年股市回涨到 3 000 点左右也仍然没有“解套”并且很难消除 2008 年股票市场严重下跌时的心理恐惧，因此情绪持续悲观，我们将这个波浪区间界定为市场悲观（Depression）。通过将投资者情绪划分为市场乐观和市场悲观，可以简化变量之间的关系，便于研究公允价值计量在市场乐观和市场悲观两种不同条件下对市场流动性和资产价格波动的影响。

表 8-2　中国股票市场波段划分表(2006.1—2010.4)

序号	时间	波幅	波浪
1	2006-01-04—20—06-06-04	上升:1 180.963—1 684.624 点	I 浪
2	2006-06-04—2006-06-14	下跌:1 684.624—1 531.327 点	
3	2006-06-14—2007-01-29	上升:1 531.327—2 945.263 点	
4	2007-01-29—2007-02-05	下跌:2 945.263—2 612.537 点	
5	2007-02-05—2007-05-29	上升:2 945.263—4 334.924 点	
6	2007-05-29—2007-07-05	下跌:4 334.924—3 615.872 点	
7	2007-07-05—2007-10-17	上升:3 615.872—6 036.281 点	
8	2007-10-17—2007-10-25	盘整:6 036.281—5 562.394 点	II 浪
9	2007-10-25—2007-10-31	盘整:5 562.394—5 954.765 点	
10	2007-10-31—2007-11-28	盘整:5 954.765—4 803.394 点	
11	2007-11-28—2008-01-14	盘整:4 803.394—5 497.901 点	
12	2008-01-14—2008-04-18	下跌:5 497.901—3 094.668 点	III 浪
13	2008-04-18—2008-05-05	上升:3 094.668—3 761.009 点	
14	2008-05-05—2008-09-18	下跌:3 761.009—1 895.837 点	
15	2008-09-18—2008-09-25	上升:1 895.837—2 297.501 点	IV 浪
16	2008-09-25—2008-11-04	下跌:2 297.501—1 706.703 点	
17	2008-11-04—2008-12-19	盘整:1 706.703—2 018.463 点	
18	2008-12-19—2009-01-08	盘整:2 018.463—1 878.181 点	
19	2009-01-08—2009-02-06	盘整:1 706.703—2 018.463 点	
20	2009-02-06—2009-03-03	盘整:2 018.463—2 071.431 点	
21	2009-03-03—2009-08-04	上升:2 071.431—3 471.442 点	V 浪
22	2009-08-04—2009-09-01	下跌:3 471.442—2 683.724 点	VI 浪
23	2009-09-01—2009-09-17	盘整:2 683.724—3 060.261 点	
24	2009-09-17—2009-09-29	盘整:3 060.261—2 754.541 点	
25	2009-09-29—2009-11-23	盘整:2 754.541—3 338.663 点	
26	2009-11-23—2010-02-08	盘整:3 338.663—2 935.174 点	
27	2010-02-08—2010-04-14	盘整:2 935.174—3 166.183 点	
28	2010-04-14—2010-04-30	盘整:3 166.183—2 870.611 点	

二、对市场流动性的度量

中国人民银行在《2006 年第三季度中国货币政策执行报告》中将流动性列为第一专题,划分为市场流动性和宏观流动性两个层次,对市场流动性的定义是:“在几乎不影响价格的情况下迅速达成交易的能力,往往与市场交易量、交易成本、交易时间等因素有关。”这个定义为市场流动性的度量提供了分析基础。国内学者刘春航、张新(2007)建议以全部金融资产为基础来度量流动性变化与资产价格波动的关系,实证结果显示投资者“繁华预期”能对市场流动性产生显著作用,并且是影响当期资产价格波动的主要原因。在此基础上,徐挺、董永祥(2010)将流动性过剩引入噪声交易模型,用股票换手率表示噪声交易量,以噪声交易量作为流动性度量指标,分析结果表明流动性过剩是资产价格波动的影响因素。

综上所述,依据中国人民银行 2006 年对市场流动性的定义以及上述文献的度量方法,本章选用股票交易量作为对市场流动性的度量,个别股票的交易量越大、市场流动性越高;个别股票的交易量越小、市场流动性越小,有以下三个度量方法:(1) 股票换手率(TURNOVER);(2) 股票交易量(VOLUME);(3) 股票交易金额(TRADE)。

三、分析模型

建立分析模型 Model(8-1)以检验假设 1。在 Model(8-1)中,被解释变量是股票换手率 TURNOVER。TURNOVER 有 Tmonth 和 Tyear 两个分析指标。Tmonth 指标等于个别股票在一个会计年度中的所有在市月度换手率的平均值,月度换手率的计算等于当月成交量除以当月股本规模。Tyear 指标是上市公司发行在外的流通股本的年度换手率,等于个别股票年度总交易额除以股本规模。由于股票换手率(TURNOVER)是相对指标,因此可以对不同流通股规模的上市公司的交易活跃度给出具有可比性的分析数值,要优于年度交易量和年度交易金额。其次,用个股年度交易金额(TRADE)和个股年度交易量(VOLUME)对 TURNOVER 进行替代,以检验分析结果的稳健性。解释变量是市场乐观情绪(Bustling),控制变量有金融资产规模(lnFA)、股本规模(SIZE = lnSHARES)、金融资产收益(FEPS、PIPS)等。股本规模(SIZE)参照毛小元等(2008),用流通股本的自然对数表示。预期β_1显著为正,表明市场乐观情绪下公允价值计量对上市公司的股票交易量有显著增强作用。

$$\mathrm{TURNOVER}_{it} = \alpha + \beta_1 \mathrm{Bustling}_{it} + \beta_2 \mathrm{lnFA}_{it} + \beta_3 \mathrm{FEPS}_{it} + \beta_4 \mathrm{PIPS}_{it} + \beta_5 \mathrm{OEPS}_{it} + \beta_6 \mathrm{EPS}_{it} + \beta_7 \mathrm{BM}_{it} + \beta_8 \mathrm{SIZE}_{it} + \mu_{it} \quad \text{Model(8-1)}$$

在 Model(8-1)基础上,建立分析模型 Model(8-2)。在 Model(8-2)中,解释变量是持有以公允价值计量的金融资产(FVA)。预期β_1显著为正,表明公允价值计量作为会计制度对市场流动性存在显著影响。

$$\mathrm{TURNOVER}_{it} = \alpha + \beta_1 \mathrm{FVA}_{it} + \beta_2 \mathrm{lnFA}_{it} + \beta_3 \mathrm{FEPS}_{it} + \beta_4 \mathrm{PIPS}_{it} + \beta_5 \mathrm{OEPS}_{it} + \beta_6 \mathrm{EPS}_{it} + \beta_7 \mathrm{BM}_{it} + \beta_8 \mathrm{SIZE}_{it} + \mu_{it} \quad \text{Model(8-2)}$$

对假设 2 的检验有三个分析步骤。第一步在 Fama(1970)等三因素模型的基础上建立市场流动性与资产价格波动的基本分析模型,见 Model(8-3)。第二步,建立公允价值计量、市场流动性与资产价格波动的分析模型,见 Model(8-4)。在 Model(8-4)中,预期β_3、β_5和β_7显著为正,表示公允价值计量与资产价格波动显著正相关。第三步,以是否持有以公允价值计量的金融资产与市场流动性构建交互变量,以检验公允价值计量对市场流动性与股票价格波动的影响,见 Model(8-5)。最后,分别用 Tyear、Tmonth、TRADE 和 VOLUME 与 CFV 做交互进行稳健性检验。

$$\Delta P_{it} = \alpha + \beta_1 \mathrm{Beta}_{it} + \beta_2 \mathrm{TURNOVER}_{it} + \beta_3 \mathrm{MB}_{it} + \beta_4 \mathrm{SIZE}_{it} + \mu_{it} \quad \text{Model(8-3)}$$

$$\Delta P_{it} = \alpha + \beta_1 \mathrm{Beta}_{it} + \beta_2 \mathrm{TURNOVER}_{it} + \beta_3 \mathrm{FVA}_{it} + \beta_4 \mathrm{FEPS}_{it-1} + \beta_5 \Delta \mathrm{FEPS}_{it} + \beta_6 \mathrm{OIPS}_{it-1} + \beta_7 \Delta \mathrm{OIPS} + \beta_8 \mathrm{OEPS}_{it-1} + \beta_9 \Delta \mathrm{OEPS}_{it} + \beta_{10} \mathrm{BM}_{it} + \beta_{11} \mathrm{SIZE}_{it} + \beta_{12} \mathrm{lnFA}_{it} + \mu_{it} \quad \text{Model(8-4)}$$

$$\Delta P_{it} = \alpha + \beta_1 \mathrm{Beta}_{it} + \beta_2 \mathrm{Tmonth}_{it} + \beta_3 \mathrm{FVA}_{it} \times \mathrm{Tmonth}_{it} + \beta_4 \mathrm{FVA}_{it} + \beta_5 \mathrm{FEPS}_{it-1} + \beta_6 \Delta \mathrm{FEPS}_{it} + \beta_7 \mathrm{OIPS}_{it-1} + \beta_8 \Delta \mathrm{OIPS} + \beta_9 \mathrm{PEPS}_{it-1} + \beta_{10} \Delta \mathrm{PEPS}_{it} + \beta_{11} \mathrm{BM}_{it} + \beta_{12} \mathrm{SIZE}_{it} + \mu_{it} \quad \text{Model(8-5)}$$

本章主要变量的定义与度量见表 8-3。

表 8-3　变量定义与度量

分类	变量名称	变量符号	度量标准
被解释变量	以个股月回报率标准差度量的资产价格波动	SDRETym	等于考虑现金红利再投资的个股月回报率的年度标准差
	以个股周回报率标准差度量的资产价格波动	SDRETyw	等于考虑现金红利再投资的个股周回报率的年度标准差
	以个股系统风险度量的资产价格波动	Beta	等于不考虑现金红利再投资的个股周回报率与市场周收益率的回归参数估计值
	股票月均换手率	Tmonth	等于个股月成交量除以流通股总股本,以年为单位取均值
	股票年换手率	Tyear	等于个股年成交量除以流通股总股本
	个股月均交易量	VOLUME	等于个股月均交易量取自然对数
	个股月均交易金额	TRADE	等于个股月均交易金额取自然对数
解释变量	公允价值计量	FVA	如果采用公允价值计量金融资产,令 FVA 等于 1;否则,FVA 等于 0
	市场乐观	Bustling	如果该公司-年是 2006 年或 2007 年,令 Bustling 等于 1;否则,令 Bustling 等于 0
	市场悲观	Depression	如果该公司-年是 2008 年或 2009 年,令 Depression 等于 1;否则,令 Depression 等于 0
	金融资产综合收益	FE	等于金融资产本期所有已实现收益和未实现收益之和
	金融资产规模	lnFA	等于金融资产期末余额的自然对数
	金融资产每股盈余	FEPS	等于金融资产对净利润的影响数(RF)乘以每股盈余
	交易性金融资产每股未实现收益	UEPS	等于交易性金融资产对净利润的影响数(RUF)乘以每股盈余
	可供出售金融资产每股未实现权益	PIPS	等于可供出售金融资产对股东权益的影响数(RUF)除以总股本
控制变量	其他资产每股盈余	OEPS	等于 EPS 与 FEPS 的差值
	市净值比	BM	等于公司净值除以市值
	股本规模	SIZE	等于流通股本的自然对数

四、样本构建

选取第五章 Sample I-b 构建 Sample I。就 Sample I 来说,剔除金融资产收益为负(31 例)、盈余变动为负的观测值以及缺失值,共有 231 家公司在 2006—2009 年连续四年持有证券投资类金融资产并且符合前述条件,有效观测值是 1 458 个公司-年。考虑到金融资产收益和金融投资亏损是两种不同状态,对投资者情绪的影响不同,所以本章分别构建 Sample II-a 和 Sample II-b 两个子样本。Sample II-a 由 2008—2009 年没有金融资产的上市公司(1 870 个公司-年)和持有金融资产并且期末金融资产收益大于零的上市公司(863 个公司-年)构成。Sample II-b 由 2008—2009 年没有金融资产的上市公司(1 870 个公司-年)和持有金融资产并且期末金融资产收益小于零的上市公司(501 个公司-年)构成。此外,有 98 例上市公司在期末持有以公允价值计量的金融资产但当年没有公允价值变动损益,说明公允价值计量对该公司没有产生实际影响,所以未列入分析样本。[①] Sample I—II 的行业分布和年度分布见表 8-4。本章数据来源与第六章一致,主要取自 CSMAR 数据库。其中,FEPS、UIPS、ΔFEPS 和 ΔUIPS 通过手工采集获取。

表 8-4 行业与年度分布(Sample I—II)

行业分类	Sample I	Year = 2008—2009 Sample II		
		FVA = 1 & FE > 0	FVA = 1 & FE < 0	FVA = 0
农林畜牧渔业	7	16	9	41
石油天然气	2	25	12	43
制造业	98	439	246	1 153
电力业	10	37	20	73
建筑业	2	22	10	38
运输业	13	36	25	67
通信业	21	41	31	136
食品行业	21	63	44	90
房地产	14	55	38	105
餐饮旅游业	6	26	10	60
出版业	4	9	6	13
综合业	20	58	31	44
非金融行业	218	827	482	1 863
金融行业	13	36	19	7
总体	231	863	501	1 870

① 这 98 个公司的金融资产,主要是线下配售股份、金融理财产品等不存在活跃市场和无法取得公开市场价格的证券投资,不符合本研究对公允价值计量的界定,所以没有纳入分析样本。

第四节　实证结果与分析

一、描述性统计

考虑到不同投资者情绪下的公允价值计量与股票价格波动的描述性特征很可能不同，因此将 Sample I 细分为两个子样本，Sample I-a 由市场乐观情况下（2006—2007 年）的观测值组成，Sample I-b 由市场悲观情况下（2008—2009 年）的观测值组成。表 8-5 对 Sample I-a 市场乐观情况下（2006—2007 年）的主要回归变量做描述性分析，所有连续变量已按 1% 进行 Winsorize 极值处理，SDRETym 的均值是 0.180，中位数是 0.167；Tyear 的均值是 7.499，中位数是 6.724；Tmonth 的均值是 0.704，中位数是 0.643；Beta 的均值是 1.033，中位数是 1.039。表 8-6 对 Sample I-b 市场悲观情况下（2008—2009 年）的主要回归变量做描述性分析，所有连续变量已按 1% 进行 Winsorize 极值处理，SDRETym 的均值是 0.165，中位数是 0.159；Tyear 的均值是 1.063，中位数是 1.063；Tmonth 的均值是 0.593，中位数是 0.519；Beta 的均值是 1.062，中位数是 1.007。

表 8-5　各变量的描述性分析（2006—2007 年）

变量名称	观测值	均值	中位数	标准差	最小值	最大值
SDRETym	462	0.180	0.167	0.117	0.031	2.774
Tyear	462	7.499	6.724	3.520	0.999	20.455
Tmonth	462	0.704	0.643	0.316	0.083	1.979
VOLUME	462	20.998	21.000	1.041	18.115	25.102
TRADE	462	23.124	23.124	1.301	19.553	27.032
Beta	462	1.033	1.039	0.365	-2.075	3.429
lnFA	462	11.404	14.835	8.177	0.000	21.687
RFT	462	0.033	0.001	0.087	0.000	0.807
RFP	462	0.776	0.005	5.795	0.000	131.627

（续表）

变量名称	观测值	均值	中位数	标准差	最小值	最大值
FEPS	462	0.009	0.000	0.031	-0.010	0.167
OEPS	462	0.270	0.188	0.391	-1.630	1.590
PIPS	462	0.054	0.000	0.127	-0.182	0.425
BM	462	0.665	0.616	0.353	0.002	2.470
SIZE	462	19.228	19.109	0.968	16.681	22.001

表 8-6　各变量的描述性分析(2008—2009 年)

变量名称	观测值	均值	中位数	标准差	最小值	最大值
SDRETym	462	0.165	0.159	0.077	0.059	2.043
Tyear	462	1.063	1.063	0.280	0.098	1.838
Tmonth	462	0.593	0.519	0.345	0.037	2.385
VOLUME	462	6.318	5.572	3.813	0.150	26.619
TRADE	462	21.326	21.340	0.965	18.337	24.802
Beta	462	1.062	1.007	0.281	-3.498	1.837
lnFA	462	16.772	16.940	2.806	7.218	21.687
RFT	462	0.041	0.006	0.086	0.000	0.827
RFP	462	1.041	0.032	4.416	0.000	47.898
FEPS	462	0.030	0.003	0.053	-0.010	0.167
OEPS	462	0.226	0.152	0.429	-1.630	1.590
PIPS	462	0.007	0.000	0.132	-0.182	0.425
BM	462	0.443	0.353	0.318	-0.038	2.065
SIZE	462	19.726	19.580	0.978	17.009	22.001

表 8-7 对 Sample I-a 市场乐观情绪下的主要回归变量做 Pearson 相关分析，表 8-8 对 Sample I-b 市场悲观情绪下的主要回归变量做 Pearson 相关分析，各主要变量之间相关系数均在合理区间。当市场乐观时，被解释变量 SDRETym、Beta、Tyear、Tmonth 与主要解释变量相关性比较显著。当市场悲观时，被解释变量 Beta、Tyear、Tmonth 与主要解释变量相关性仍然显著，但是 SDRETym 与主要解释变量相关性比较弱。

表 8-7　各变量的 Pearson 相关分析（2006—2007 年）

	SDRETym	Tyear	Tmonth	VOLUME	TRADE	Beta	lnFA	RFT	RFP	FEPS	OEPS	PIPS	BM	SIZE
Tyear	0.302***	1.000												
	0.000													
Tmonth	0.352***	0.932***	1.000											
	0.000	0.000												
VOLUME	0.147***	0.354***	0.320***	1.000										
	0.000	0.000	0.000											
TRADE	0.304***	0.386***	0.371***	0.852***	1.000									
	0.000	0.000	0.000	0.000										
Beta	0.311***	0.215***	0.192***	0.109***	0.144***	1.000								
	0.000	0.000	0.000	0.001	0.000									
lnFA	0.197***	0.211***	0.219***	0.324***	0.452***	0.085***	1.000							
	0.000	0.000	0.000	0.000	0.000	0.009								
RFT	0.207***	0.184***	0.202***	0.119***	0.244***	0.065**	0.407***	1.000						
	0.000	0.000	0.000	0.000	0.000	0.046	0.000							
RFP	0.112***	0.039	0.056*	0.061*	0.127***	0.047	0.147***	0.294***	1.000					
	0.001	0.238	0.088	0.061	0.000	0.152	0.000	0.000						
FEPS	0.245***	0.150***	0.144***	0.110***	0.228***	0.062*	0.233***	0.161***	0.102***	1.000				
	0.000	0.000	0.000	0.001	0.000	0.056	0.000	0.000	0.002					
REPS	0.071**	-0.148***	-0.170***	0.069**	0.370***	-0.001	0.145***	0.107***	0.088***	0.093***	1.000			
	0.030	0.000	0.000	0.035	0.000	0.984	0.000	0.001	0.007	0.004				
PIPS	0.212***	0.244***	0.252***	0.170***	0.316***	0.094***	0.441***	0.735***	0.247***	0.188***	0.117	1.000		
	0.000	0.000	0.000	0.000	0.000	0.004	0.000	0.000	0.000	0.000	0.000			
BM	-0.168***	-0.099***	-0.154***	0.053	-0.213***	0.001	-0.133***	-0.135***	-0.104***	-0.091***	-0.167	-0.132***	1.000	
	0.000	0.002	0.000	0.103	0.000	0.970	0.000	0.000	0.001	0.005	0.000	0.000		
SIZE	-0.002	-0.108***	-0.115***	0.810***	0.657***	-0.019	0.244***	0.040	0.036	0.045	0.154	0.063*	0.160***	1.000
	0.954	0.001	0.000	0.000	0.000	0.563	0.000	0.219	0.275	0.164	0.000	0.053	0.000	

注：* 表示在 10% 水平下显著，** 表示在 5% 水平下显著，*** 表示在 1% 水平下显著。

表 8-8　各变量的 Pearson 相关分析(2008—2009 年)

	SDRETym	Tyear	Tmonth	VOLUME	TRADE	Beta	lnFA	RFT	RFP	FEPS	OEPS	PIPS	BM	SIZE
Tyear	0.030	1.000												
	0.345													
Tmonth	0.074**	0.928***	1.000											
	0.021	0.000												
VOLUME	-0.138***	0.193***	0.191***	1.000										
	0.000	0.000	0.000											
TRADE	-0.070**	0.152***	0.157***	0.878***	1.000									
	0.030	0.000	0.000	0.000										
Beta	-0.193***	0.205***	0.208***	0.206***	0.171***	1.000								
	0.000	0.000	0.000	0.000	0.000									
lnFA	-0.060*	-0.170***	-0.183***	0.308***	0.380***	0.042	1.000							
	0.064	0.000	0.000	0.000	0.000	0.194								
RFT	-0.019	-0.019	-0.015	0.063**	0.115***	0.086***	0.546***	1.000						
	0.557	0.563	0.645	0.050	0.000	0.008	0.000							
RFP	0.037	-0.064**	-0.056*	0.214***	0.311***	0.084***	0.341***	0.504***	1.000					
	0.256	0.049	0.085	0.000	0.000	0.009	0.000	0.000						
FEPS	-0.012	0.033	0.035	0.067**	0.138***	0.077***	0.362***	0.380***	0.253***	1.000				
	0.713	0.313	0.278	0.037**	0.000	0.017	0.000	0.000	0.000					
REPS	-0.046	-0.172***	-0.172***	0.011	0.298***	-0.099***	0.163***	-0.050	0.109***	-0.107***	1.000			
	0.154	0.000	0.000	0.722	0.000	0.002	0.000	0.121	0.001	0.001				
PIPS	-0.143***	0.158***	0.161***	0.177***	0.183***	-0.019	0.180***	0.333***	0.123***	0.178***	0.056*	1.000		
	0.000	0.000	0.000	0.000	0.000	0.548	0.000	0.000	0.000	0.000	0.085			
BM	-0.196***	0.208***	0.205***	0.366***	0.233***	0.058***	0.204***	0.096***	-0.003	0.115***	-0.063*	0.329***	1.000	
	0.000	0.000	0.000	0.000	0.000	0.070*	0.000	0.003	0.932	0.000	0.052	0.000		
SIZE	-0.139***	-0.372***	-0.338***	0.760***	0.708***	0.062*	0.434***	0.070*	0.216***	0.059*	0.128***	0.057*	0.218***	1.000
	0.000	0.000	0.000	0.000	0.000	0.054	0.000	0.031	0.000	0.068	0.000	0.077	0.000	

注:* 表示在 10% 水平下显著,** 表示在 5% 水平下显著,*** 表示在 1% 水平下显著。

二、单变量分析

表 8-9 就 Sample I 以市场情绪进行分组,然后对市场流动性、股票价格波动分别做单变量分析,显示市场悲观情绪下(2008—2009 年)以股票换手率表示的市场流动性(Tmonth、Tyear)指标显著小于市场乐观情绪下的市场流动性,但是以股票交易额表示的市场流动性(VOLUME、TRADE)指标却显著大于市场乐观情绪下的市场流动性,后一个分析指标很可能是市场悲观时出现大量恐慌性抛售所致。在表 8-9 中,市场悲观情绪下的资产价格波动(SDRETym)显著小于市场乐观情绪下的股票价格波动,这很可能与市场乐观情绪下交易比较活跃有关;并且,市场悲观情绪下的股票价格风险(Beta)显著大于市场乐观情绪下的股票价格风险,这很可能与市场悲观情绪下市场综合指数处于历史低位有关。

表 8-9　市场流动性的单变量分析(Sample I)

变量名称	Sample I			
	Bustling	Depression	均值差	*T* 值
SDRETym	0.185	0.165	-0.019***	-3.694
Tmonth	0.712	0.593	-0.118***	-7.623
Tyear	7.433	6.302	-1.131***	-6.761
VOLUME	20.977	21.313	0.336***	7.195
TRADE	23.119	23.609	0.489***	9.010
Beta	1.033	1.062	0.029***	2.797

注:* 表示在 10% 水平下显著,** 表示在 5% 水平下显著,*** 表示在 1% 水平下显著。

表 8-10 仍然按照市场情绪进行分组,就 Sample II 对市场流动性、股票价格波动分别做单变量分析。就 Sample II-a 来说,当市场悲观时(2008—2009 年),如果金融资产收益(FE)大于零,采用公允价值计量模式的上市公司的股票交易量(VOLUME、TRADE)显著大于没有证券投资的上市公司;就 Sample II-b 来说,当市场悲观时(2008—2009 年),在金融资产收益(FE)小于零的情况下,采用公允价值计量模式的上市公司的股票交易量(VOLUME、TRADE)仍然显著大于没有证券投资的上市公司;就股票价格波动(SDRETym)来说,在 Sample II-a 的两个观测组中不存在显著差异,在 Sample II-b 中的持有金融资产损失的样本公司的股票价格波动显著高于没有证券投资的上市公司,这个分析结果初步支持假设 1 和假设 2。

表 8-10　市场流动性的单变量分析(Sample II)

变量名称	Sample II-a				Sample II-b			
	FE = 0	FE > 0	均值差	T 值	FE = 0	FE < 0	均值差	T 值
SDRETym	0.174	0.168	-0.006	-0.755	0.174	0.189	0.015***	2.187
Tmonth	0.783	0.711	-0.072***	-3.463	0.783	0.504	-0.279***	-11.001
Tyear	7.345	7.369	0.024	0.136	7.345	5.146	-2.199***	-10.701
VOLUME	20.743	21.480	0.737***	16.494	20.743	20.952	0.209***	3.814
TRADE	23.166	23.815	0.649***	15.670	23.166	23.259	0.092*	1.823
Beta	1.038	1.052	0.014	1.328	1.038	1.078	0.040***	3.197

注：* 表示在 10% 水平下显著，** 表示在 5% 水平下显著，*** 表示在 1% 水平下显著。

三、假设 1 的实证结果

表 8-11 通过 Sample I 对假设 1 进行检验，分析结果显示：市场乐观情绪(Bustling)与市场流动性(个股换手率 Tmonth 和个股交易量 VOLUME)在 1% 水平上显著正相关。这个实证分析结果验证了假设 1-a：当市场乐观时，公允价值计量对市场流动性有显著增强作用。

表 8-11　公允价值计量与市场流动性的实证结果(Model 8-1)

变量名称	Y = Tmonth				Y = VOLUME			
	系数	T 值	系数	T 值	系数	T 值	系数	T 值
截距项	2.960***	18.64	2.941***	18.85	7.446***	22.28	7.454***	21.94
Bustling	0.344***	17.36	0.342***	16.61	1.183***	24.12	1.177***	23.17
EPS	-0.160***	-8.94			0.476***	10.12		
FEPS			-0.269*	-1.80			0.822***	2.65
PIPS			0.028	0.50			0.090	0.77
OEPS			-0.163***	-9.37			0.454***	9.68
lnFA	-0.003	-1.23	-0.004	-1.31	0.017***	2.84	0.016**	2.36
BM	0.080***	3.29	0.078***	3.23	-0.308***	-5.05	-0.309***	-5.03
SIZE	-0.114***	-14.2	-0.113***	-14.11	0.645***	36.83	0.645***	35.48
年份	控制		控制		控制		控制	
行业	控制		控制		控制		控制	
观测值	924		924		924		924	
F 值	77.67		70.59		264.94		239.4	
调整后 R^2	44.68%		44.81%		54.58%		54.36%	

注：* 表示在 10% 水平下显著，** 表示在 5% 水平下显著，*** 表示在 1% 水平下显著。

表 8-12 通过 Sample II-a 对假设 1 进行检验,分析模型是 Model 8-2,分析结果显示:在市场悲观情绪下(2008—2009 年),就金融资产收益为正的观测值来说,公允价值计量(FVA)对于市场流动性(Tmonth、VOLUME)有显著增强作用,验证了假设 1。

表 8-12 公允价值计量与市场流动性的实证结果(FEPS >0)

变量名称	*Y* = Tmonth		*Y* = VOLUME		*Y* = Tmonth		*Y* = VOLUME	
	系数	*T* 值	系数	*T* 值	系数	*T* 值	系数	*T* 值
截距项	5.711***	21.17	9.773***	14.29	5.704***	21.17	9.762***	18.9
FVA	0.128***	3.18	0.094**	2.04	0.144***	3.53	0.094*	1.87
EPS	-0.255***	-7.94	0.502***	3.03				
FEPS					-0.806**	-2.23	0.806**	2.14
PIPS					0.166	1.07	0.322*	1.94
OEPS					-0.258***	-8.02	0.498***	13.9
lnFA	-0.004	-1.54	-0.001	-0.94	-0.004	-1.68	-0.002	-0.67
BM	0.696***	11.3	0.569***	10.1	0.692***	11.19	0.561***	12.84
SIZE	0.669***	48.05	0.578***	14.92	0.669***	48.13	0.579***	38.44
年份	控制		控制		控制		控制	
行业	控制		控制		控制		控制	
观测值	2 469		2 469		2 469		2 469	
F 值	295.63		216.75		264.78		193.78	
调整后 R^2	48.78%		37.56%		42.81%		31.52%	

注:* 表示在 10% 水平下显著,** 表示在 5% 水平下显著,*** 表示在 1% 水平下显著。

表 8-13 就 Sample II-b 对假设 1 进行检验,分析模型是 Model 8-2,分析结果显示:在市场悲观的情况下(2008—2009 年),对金融资产收益为负的观测值来说,公允价值计量(FVA)与市场流动性(Tmonth、VOLUME)在 1% 水平上显著负相关,表明公允价值计量对市场流动性有紧缩作用,验证了假设 1-b。

表 8-13 公允价值计量与市场流动性的实证结果($FEPS<0$)

变量名称	Y = Tmonth		Y = VOLUME		Y = Tmonth		Y = VOLUME	
	系数	T 值	系数	T 值	系数	T 值	系数	T 值
截距项	5.036***	16.54	9.281***	27.15	5.032***	16.5	9.301***	27.23
FVA	-0.271***	-4.78	-0.343***	-4.72	-0.268***	-4.68	-0.342***	-4.71
EPS	-0.295***	-8.4	0.462***	11.48				
FEPS	0.001	0.38	0.005	1.21	-0.937	-1.27	1.516*	1.81
PIPS	0.727***	7.06	0.664***	12.81	0.315	0.78	0.149	0.31
OEPS	0.704***	43.73	0.604***	35.29	-0.296***	-8.41	0.459***	11.42
lnFA					0.003	0.85	0.005	1.01
BM					0.725***	7.00	0.667***	12.88
SIZE					0.703***	43.54	0.603***	35.28
年份	控制		控制		控制		控制	
行业	控制		控制		控制		控制	
观测值	2 126		2 126		2 126		2 126	
F 值	194.94		158.14		174.63		142.58	
调整后 R^2	25.53%		33.91%		35.54%		33.88%	

注:* 表示在 10% 水平下显著,** 表示在 5% 水平下显著,*** 表示在 1% 水平下显著。

四、假设 2 的实证结果

表 8-14 就 Sample I-a 对假设 2 进行检验,分析结果显示:市场乐观情绪(Bustling)与资产价格波动(SDRETym、SDRETyw)在 1% 水平上显著正相关,Bustling 与个股相对风险(Beta)在 1% 水平上显著正相关;FVA 与 Tmonth 的交互项(FVA × Tmonth)与 SDRETym 在 10% 水平上显著正相关,与 SDRETyw 在 5% 水平上显著正相关,与 Beta 在 5% 水平上显著正相关,表明公允价值计量在市场乐观情绪(Bustling)下增强了市场流动性对资产价格波动的助涨作用,验证了假设 2-a。

表 8-15 就 Sample I-b 对假设 2 进行检验,分析结果显示:市场悲观情绪(Depression)与资产价格波动(SDRETym、SDRETyw)和个股相对风险(Beta)在 1% 水平上显著正相关;FVA 与 Tmonth 的交互项与资产价格波动(SDRETym、SDRETyw)在 1% 水平上显著负相关,表明公允价值计量在市场悲观情绪(Depression)下能够增强流动性紧缺对资产价格的助跌作用,验证了假设 2-b。

表 8-14 公允价值计量、市场流动性与资产价格波动的实证结果（Bustling）

变量名称	Sample I Bustling											
	Y = SDRETym				Y = SDRETyw				Y = Beta			
	系数	T 值	系数	T 值	系数	T 值	系数	T 值	系数	T 值	系数	T 值
截距项	-0.044	-0.63	-0.018	-0.26	0.017	0.78	0.022	0.99	-0.109	-0.26	-0.011	-0.03
Beta	0.063***	6.86	0.061***	6.66	0.029***	9.86	0.028***	9.73			0.067***	3.88
Bustling	0.030***	2.68	0.014	1.38	0.018***	4.86	0.015***	3.51	0.323***	5.09		
Tmonth	0.064**	1.96	-0.034**	-2.35	0.003*	1.75	-0.004	-0.98	0.072*	1.73	-0.058	-0.64
FVA × Tmonth			0.060**	2.20			0.012*	1.71			0.225*	1.69
ΔFEPS	0.006	0.39	0.008	0.57	0.001	0.35	0.002	0.46	-0.218	-1.39	-0.209	-1.28
$FEPS_{t-1}$	0.017	1.28	0.018	1.43	0.002	0.61	0.002	0.69	-0.137	-1.23	-0.132	-1.14
ΔPIPS	0.005	0.52	0.007	0.78	-0.001	-0.42	-0.001	-0.3	0.063	0.98	0.071	1.12
$PIPS_{t-1}$	0.001	0.23	0.002	0.43	-0.001	-0.69	-0.001	-0.59	0.084**	2.26	0.087**	2.42
OEPS	0.005	0.65	0.003	0.43	0.001	0.77	0.001	0.59	-0.001	-0.02	-0.007	-0.13
lnFA	0.000	-0.47	-0.001	-0.61	0.000	-0.71	0.000	-0.8	-0.006	-0.95	-0.006	-1.00
BM	-0.007	-0.71	-0.004	-0.47	-0.005**	-2.07	-0.004*	-1.88	0.046	0.93	0.055	1.10
SIZE	0.005	1.49	0.004	1.3	0.001	0.75	0.001	0.63	0.047**	2.22	0.045**	2.13
年份	控制		控制		控制		控制		控制		控制	
行业	控制		控制		控制		控制		控制		控制	
观测值	624		624		624		624		624		624	
F 值	7.59		7.71		15.27		15.18		4.16		4.05	
调整后 R^2	26.30%		28.09%		30.82%		27.43%		12.21%		12.88%	

注：* 表示在 10% 水平下显著，** 表示在 5% 水平下显著，*** 表示在 1% 水平下显著。

表 8-15　公允价值计量、市场流动性与资产价格波动的实证结果(Depression)

变量名称	Sample I Depression											
	Y = SDRETym				Y = SDRETyw				Y = Beta			
	系数	T 值	系数	T 值	系数	T 值	系数	T 值	系数	T 值	系数	T 值
截距项	0.133*	1.78	0.146**	1.98	0.110***	2.62	0.113***	2.71	0.442***	2.74	0.445***	2.76
Beta	0.062***	3.33	0.061***	3.29	0.035***	2.92	0.034***	2.91				
Depression	0.056***	6.46	0.105***	9.07	0.013***	2.66	0.022***	3.70	0.021***	9.84	0.034***	6.40
Tmonth	-0.029***	-5.44	0.037***	3.79	-0.003	-1.17	0.009**	2.00	0.042***	2.82	0.058*	1.75
FVA × Tmonth			-0.092***	-9.08			-0.018***	-3.99			-0.023	-0.55
ΔFEPS	0.069	1.05	0.073	1.10	0.038	1.02	0.038	1.04	0.173**	2.29	0.174**	2.30
$FEPS_{t-1}$	0.081	1.07	0.082	1.09	0.040	0.94	0.040	0.95	0.092*	1.71	0.092*	1.72
ΔPIPS	0.003*	1.94	0.002*	1.73	0.001	1.49	0.001	1.40	0.012***	2.84	0.012***	2.82
$PIPS_{t-1}$	0.002**	2.17	0.002*	1.86	0.000	0.89	0.000	0.66	0.003	1.05	0.003	1.02
OEPS	0.009	1.07	0.011	1.30	0.005	1.00	0.005	1.09	-0.013	-0.67	-0.012	-0.64
lnFA	0.001***	4.28	0.001***	3.02	0.000	1.51	0.000	0.86	0.001	0.64	0.001	0.56
BM	-0.053***	-9.3	-0.043***	-7.16	-0.027***	-8.28	-0.025***	-7.26	0.012	0.57	0.015	0.68
SIZE	-0.002	-0.6	-0.005	-1.19	-0.003	-1.44	-0.004*	-1.69	0.018**	2.28	0.018**	2.18
年份	控制		控制		控制		控制		控制		控制	
行业	控制		控制		控制		控制		控制		控制	
观测值	624		624		624		624		624		624	
F 值	25.93		30.67		28.4		29.06		7.18		7.11	
调整后 R^2	16.23%		18.31%		10.61%		10.89%		7.09%		7.10%	

注：* 表示在10%水平下显著，** 表示在5%水平下显著，*** 表示在1%水平下显著。

表 8-16 就 Sample II-a 对假设 2 做进一步检验,分析结果显示:在市场悲观情绪(Depression)下,当持有金融资产收益时,市场流动性的解释变量股票换手率(Tmonth)与被解释变量资产价格波动(SDRETym)只有弱相关性,说明换手率已经降到很低并且市场流动性相当紧缺;公允价值计量的回归系数不显著,说明市场对公允价值计量下的盈余波动性缺少反应机制;同时,FVA 与 Tmonth 的交互项(FVA × Tmonth)与 SDRETym 只有弱相关性,表明在市场悲观(Depression)情绪影响下,即便存在以公允价值计量的金融资产收益,也不能显著增加市场流动性。但 FVA × Tmonth 与股票价格风险(Beta)在 10% 水平上显著正相关,ΔPIPS 与股票价格风险(Beta)在 1% 水平上显著正相关,这很可能与可供出售金融资产未实现损益的盈余储备功能有关。

表 8-16 公允价值计量、市场流动性与资产价格波动的实证结果(FEPS > 0)

变量名称	Sample II-a Depression FEPS > 0							
	Y = SDRETym		*Y* = SDRETym		*Y* = Beta		*Y* = Beta	
	系数	*T* 值	系数	*T* 值	系数	*T* 值	系数	*T* 值
截距项	0.214***	6.80	0.213***	6.77	0.160	1.29	0.154	1.25
Beta	0.081	0.00	0.081***	7.18				
FVA	-0.006	-1.48	-0.007	-1.60	0.015	0.00	0.144***	8.22
Tmonth	-0.002	-0.48	-0.005	-0.92	-0.001	-0.04	-0.040	-1.38
FVA × Tmonth			0.004	0.75			0.052*	1.77
ΔFEPS	0.021	1.21	0.021	1.22	0.123	1.26	0.120	1.25
$FEPS_{t-1}$	0.020	1.33	0.020	1.35	0.062	0.90	0.062	0.92
ΔPIPS	0.016***	2.59	0.016***	2.61	0.082	3.20	0.080***	3.26
$PIPS_{t-1}$	0.007*	1.81	0.007*	1.81	0.061***	4.08	0.060***	4.19
OEPS	-0.009***	-4.08	-0.009***	-4.07	-0.092***	-6.29	-0.092***	-6.25
lnFA	0.000	-0.03	0.000	0.04	-0.001	-1.24	-0.001	-1.07
BM	-0.046***	-8.56	-0.046***	-8.49	0.016	0.87	0.017	0.94
SIZE	-0.006***	-4.54	-0.006***	-4.47	0.038***	6.25	0.039***	6.39
年份	控制		控制		控制		控制	
行业	控制		控制		控制		控制	
观测值	2 452		2 452		2 452		2 452	
F 值	23.7		22.93		24.94		24.11	
调整后 R^2	16.96%		16.97%		17.47%		17.59%	

注:* 表示在 10% 水平下显著,** 表示在 5% 水平下显著,*** 表示在 1% 水平下显著。

表 8-17 就 Sample II-b 对假设 2 做进一步检验,分析结果显示:在市场悲观情绪(Depression)下,当持有金融资产损失时,公允价值计量的代理变量 FVA 与被解释变量资产价格波动(SDRETym)和个股相对风险(Beta)在 1% 水平上显著正相关,表明以公允价值计量的上市公司的股票价格波动相对更大;市场流动性的解释变量股票换手率(Tmonth)与被解释变量资产价格波动(SDRETym)显著负相关,与个股相对风险(Beta)显著正相关,表明换手率增加时能够增强股票价格的相对风险;同时,FVA 与 Tmonth 的交互项与资产价格波动(SDRETym)在 1% 的水平上显著正相关,与股票价格风险(Beta)在 1% 水平上显著正相关,表明公允价值计量下的股票换手率越低,则资产价格风险越大,可见市场流动性紧缺是资产价格大幅波动的解释因素,这个实证结果进一步验证了假设 2-b。

表 8-17 公允价值计量、市场流动性与资产价格波动的实证结果(FEPS <0)

变量名称	Sample II-b Depression FEPS <0							
	Y = SDRETym		*Y* = SDRETym		*Y* = Beta		*Y* = Beta	
	系数	*T* 值	系数	*T* 值	系数	*T* 值	系数	*T* 值
截距项	0.169***	6.81	0.171***	6.96	-0.055	-0.44	-0.046	-0.37
Beta	0.093***	14.27	0.091***	13.89				
FVA	0.014***	3.28	-0.007	-1.07	0.063***	2.83	-0.018	-0.58
Tmonth	-0.001	-0.14	-0.006*	-1.71	0.183***	11.22	0.162***	9.16
FVA × Tmonth			0.036***	4.15			0.138***	3.69
ΔFEPS	-0.015**	-2.14	-0.017***	-2.69	0.019	0.27	0.011	0.16
$FEPS_{t-1}$	-0.004	-0.34	-0.010	-0.82	0.139	1.49	0.118	1.26
ΔPIPS	0.000	-0.03	-0.001	-0.37	-0.027*	-1.87	-0.029**	-2.03
$PIPS_{t-1}$	-0.001	-0.32	-0.001	-0.66	-0.022	-1.44	-0.024	-1.61
ΔOEPS	-0.008***	-2.88	-0.009***	-3.04	-0.062**	-2.17	-0.061**	-2.48
$OEPS_{t-1}$	-0.008***	-3.04	-0.008***	-2.96	-0.071***	-4.87	-0.071***	-4.83
lnFA	0.000*	-1.79	0.000	-1.05	-0.001	-0.96	-0.001	-0.44
BM	-0.057***	-13.76	-0.055***	-13.51	-0.028	-1.31	-0.025	-1.13
SIZE	-0.004***	-3.44	-0.004***	-3.44	0.049***	7.96	0.049***	7.95
年份	控制		控制		控制		控制	
行业	控制		控制		控制		控制	
观测值	2 115		2 115		2 115		2 115	
F 值	33.46		33.28		20.81		21.52	
调整后 R^2	30.68%		31.45%		16.87%		17.40%	

注:* 表示在 10% 水平下显著,** 表示在 5% 水平下显著,*** 表示在 1% 水平下显著。

第五节 本章总结

总结本章,沿着“公允价值计量→盈余波动性→资产价格波动→投资者情绪→市场流动性→资产价格波动”的分析逻辑,对既定投资者情绪下的公允价值计量、市场流动性与资产价格波动的复杂关系进行了深入研究,实证结果显示:公允价值计量对市场流动性变动有显著增强效应,并且市场流动性变动是公允价值计量影响资产价格波动的解释因素。这个分析结果表明公允价值计量存在不利于金融稳定性的一面,从而增进了业内对公允价值计量在金融危机之中角色和作用的理解,它的提示意义在于:当业界强调会计信息的充分反映时,应当知道与金融资产波动性风险有关的信息并不都有助于投资决策,反而很可能导致噪声交易和市场流动性变动,从而促使市场价格偏离内在的经济价值! 本章的主要研究结论总结如下:

(1) 当市场悲观时,公允价值计量对市场流动性有紧缩作用,与市场流动性显著负相关(见表 8-10、表 8-11—表 8-13);

(2) 当市场悲观时,公允价值计量能够强化流动性紧缺对资产价格的助跌作用(见表 8-10、表 8-15—表 8-17);

(3) 当市场乐观时,公允价值计量对市场流动性有增强作用,与市场流动性显著正相关(见表 8-10、表 8-11—表 8-13);

(4) 当市场乐观时,公允价值计量能够增强市场流动性对资产价格的助涨作用(见表 8-10、表 8-14)。

第九章 研究结论

本章是全书总结，共有三部分内容：(1) 对实证研究结论进行总结，对主要结论的理论和现实意义进行解释；(2) 提出研究启示和政策建议；(3) 就学术争议做进一步讨论，分析本书的局限性和未来研究方向。

第一节 主要研究结论

回顾全篇，本书以2007年新《企业会计准则》实施和金融危机作为选题背景，以公允价值计量模式和股票价格波动作为研究对象，运用会计管理活动论这个中国学者的原创性会计学说，借鉴宏观经济学、行为金融学和公司治理等领域的已有研究成果，通过研究公允价值计量对盈余波动性、金融资产规模和市场流动性等中介变量以及股票价格波动的影响，就公允价值计量对金融投资行为的影响机理以及对金融市场风险的传导机制进行了比较深入、系统的研究。

第一，本研究的主要结论归纳如下：(1) 在同一基本面下，控制相关因素后，相比成本计量法，采用公允价值计量之后有显著更高的股票价格波动；在同一市场行情下，控制相关因素后，持有以公允价值计量的金融资产的上市公司的股票价格的相对波动幅度显著高于其他上市公司。(2) 在公允价值计量下，由于存在利用可供出售金融资产的处置时点和报告方式进行盈余管理的动机、利用金融资产攫取赚钱效应的投机行为、利用金融资产获取高额薪酬的私利动机以及管理层的过度自信心理，上市公司的金融资产规模显著增加，并且金融资产规模越大，上市公司股票价格的相对波动幅度就越大，这个分析结果表明金融资产规模是公允价值计量影响资产价格波动的解释因素。(3) 就2004—2009年持续持有证券投资的上市公司来说，在公允价值计量下的盈余变动显著大于成本计量下的盈余变动；就2007—2009年持有以公允价值计量的金融资产的上市公司来说，它们的盈余变动显著大于没有证券投资的上市公司，这个分析结果表明公允价值计量能够显著增强盈余波动性。(4) 就 2007—2009 年持有以公允价值计量的金融资产的上市公司来说,金融资产收益变动与股票价格波动的相关系数显著大于其他资产收益变动,表明盈余波动性是公允价值计量影响资产价格波动的解释因素。(5) 当 2007 年市场乐观时,公允价值计量与市场流动性显著正相关,对流动性有增强作用;当 2008—2009 年市场悲观时,公允价值计量与市场流动性显著负相关,对流动性有紧缩作用,这个分析结果表明公允价值计量能够增强流动性变动。(6) 当 2007 年市场乐观时,公允价值计量能通过增强市场流动性导致资产价格进一步上涨;当 2008—2009 年市场悲观时,公允价值计量能通过增强流动性紧缩导致资产价格进一步下跌,表明市场流动性是公允价值计量影响资产价格波动的解释因素。

第二,上述研究结论显示公允价值计量能够显著增强资产价格波动,进而增加金融脆弱性(通常以资产价格波动作为金融脆弱性的衡量指标,大量文献研究表明资产价格的剧烈波动不利于金融市场稳定,并且不利于消费市场和实体经济的稳定),这为深入理解公允价值计量对金融风险的影响提供了新的解释。具体来说:(1) 公允价值计量导致了更大的盈余波动性和金融资产规模,并且这些新增的金融资产规模与盈余管理、过度自信和高额薪酬等负面因素显著相关,还很可能引起金融资产价格泡沫和生产性投资相对不足等潜在问题;(2) 公允价值计量能通过投资者情绪和流动性变动增强资产价格波动,并且这是以价值相关性为前提的,所以即便公允价值信息能够向投资者揭示金融资产风险,但也很可能引起过度交易和导致非理性行为,反而不利于市场估值和金融稳定。

第三,上述研究结论揭示了公允价值计量影响资产价格波动以及金融稳定性的传导机制:首先,在公允价值计量下,盈余波动性显著增加,金融资产规模显著增加;然后,盈余波动性能增加股票价格波动,金融资产规模也能增加股票价格波动;并且,股票价格的波动还能引起投资者股票持有损益的波动,在投资者情绪波动和非理性行为的影响下导致了噪声交易、流动性改变和股价进一步波动;同时,公允价值计量还很可能带来盈余管理、投机、炒作和交叉持股等金融问题,这些问题进一步增加了公允价值会计对金融风险的负面影响,进而在市场总量层面增加了资产价格波动和金融脆弱性。

第二节　研究启示与政策建议

本书从会计学视角在微观层面分析了资产价格波动这个宏观经济问题,为理解金融脆弱性提供了新的分析基础。概括来说,公允价值计量对金融稳定性的负面影响来自四个方面:一是因为将金融资产的市价变动计入损益表而导致盈余波动性增加;二是因为盈余管理动机、过度自信心理、高额薪酬问题而增加了证券投资规模并且使盈余波动性进一步增加;三是盈余波动性和金融资产规模的增加能够增强股票价格波动;四是盈余波动性的增加能够导致投资者情绪以及市场流动性变动,从而进一步增强了证券市场的资产价格波动。这个理论解释意味着全面推行公允价值计量和偏离会计稳健主义将对金融稳定性产生重大不利影响。在这个理论解释下,可以进一步推演和得出以下重要启示:

第一,公允价值会计的推行很可能对经济发展具有比较深远的影响。本书的研究发现表明公允价值会计在经济体系中的作用不仅在于向投资者披露公允价值信息,更在于给管理层提供新的会计选择,这是公允价值计量模式得以影响金融稳定性的关键原因。在公允价值计量下,管理层倾向于加大证券投资规模,倾向于使证券产品复杂化,背后的真实动机是盈余管理、过度自信、赚钱效应和高额薪酬,却没有创造真实的社会财富,对经济发展的不利在于两个方面,一是增加了金融风险,二是很可能引起生产性投资不足和金融衍生过度等大量问题。这两个角色扮演都很可能促使公允价值会计对经济发展具有比较深远的影响,是值得政策制定者和监管者高度关注的。

第二,公允价值计量模式对金融风险的信息传递作用应当谨慎适度,而不是充分反映!这是因为四个重要的考虑:一是与金融资产波动性风险有关的信息并不都有助于投资决策,因为决定市场价格的因素相当复杂并且瞬息万变,不可避免地会受到投机、估计偏差、代理问题、市场情绪等诸多因素的影响,因此很可能导致大量的非理性行为和噪声交易,反而使市场价格更加偏离内在的经济价值;二是当市价信息被披露时实际上已经成为过去的信息,未必代表披露时点的公允价值;三是如果基于未来对资产或负债进行估值,则很可能把更多的不确定因素和受人为操纵的估值假设纳入资产负债表;四是公允价值信息赖以依托的市场定价机制并不完美,未必真正代表资产或负债的内在价值,例如雷曼兄弟在倒闭之前大量采用回购105业务，对金融负债的估价就不是建立在真实公允的基础上。

第三，公允价值计量应当以反映公司基本面和未来真实盈利能力为目标，而不局限于市场价格。20世纪70年代以后，业界越来越倾向于以“盯市会计”替代成本计量模式。市场价格就一定反映了资产的经济价值吗？市场价格能够代表公允价值的前提条件是市场定价机制是有效和公允的，但这个前提条件有时不成立，譬如金融危机时期。从这个意义上说，业界应当将市场价格与公允价值这两个概念区别开来。市场价格只有在能够反映公司基本面和未来真实盈利能力时才能被称为公允价值，否则应当中止或修订“盯市会计”这一类的计量模式。

第四，考虑到会计信息披露能够带来投资者情绪变动和过度交易行为，因此公允价值信息即便不存在会计信息质量问题，也可能不利于市场秩序和金融发展。

第五，虽然业内对公允价值计量是否影响金融风险始终存在较大争议，但如果只把会计看成一个信息处理系统，自然很难认同公允价值计量模式对上市公司的投融资行为存在制度影响。从这个意义上说，现行财务会计概念框架是存在一定缺陷的，没有完整地定义会计在金融经济体系中的职能和作用。

综上所述，本书的理论含义在于：(1) 公允价值计量存在有利有弊的两面性，价值相关性是有利的，对金融风险的影响是有弊的，这就好比硬币的两个面，不可能独立存在；(2) 公允价值计量模式对市价信息的传递应当谨慎适度；(3) 计量属性应当反映公司基本面和真实盈利能力，这也是非金融资产不适合市价计量的原因，因为厂房、设备、股权的盈利能力是相对稳定的；(4) 会计目标也应包含企业长远发展以及金融市场稳定这样更高的层级！

依据上述研究结论和启示，提出以下政策建议[①]：(1) 不建议推行全面公允价值计量；(2) 建议保留会计稳健性原则；(3) 有必要控制管理层投资于高风险业务的投机行为；(4) 金融化进程宜循序渐进，以免引起证券市场和实体经济的震荡。

---

① 本研究虽然是以公允价值计量为研究对象，但这些理论和政策含义对于资产减值会计、债务重组、非货币性交易等其他的公允价值会计方法也是适用的。

第三节 局限性、进一步讨论与未来研究方向

目前,业界对会计的本质和社会属性等基本问题还不够重视。在这个学科背景下解释公允价值计量的经济后果,难免有疏漏。以下对可能存在的问题和局限性做进一步讨论:

第一,公允价值计量与公允价值信息是相近的概念,但将这两个概念区分开来是本研究的基础。公允价值信息是会计对象也是会计结果,公允价值计量是会计方法。如果把会计方法与会计对象混淆一处,就很难正确把握会计的职能。作为会计方法,公允价值计量的经济后果是相当复杂的,其影响至少来自五个方面:(1) 对公允价值信息的确认;(2) 对金融资产规模的影响;(3) 对金融资产收益的影响;(4) 对盈余波动性的影响;(5) 对会计信息质量的影响。在这些经济影响之中,公允价值信息有两点局限性,一是代表了金融资产的价格波动风险,二是不能代表公允价值计量对盈余结构的影响。所以,在分析公允价值计量的经济后果时,这两个概念必须区别开来。

第二,对公允价值计量的金融风险问题展开实证研究是有较大难度的(见第一章第五节),一是需要突破会计学的基本假定,二是金融资产的波动性与会计计量风险两者很难区分,三是制度和市场对股价的影响增加了实证研究的难度,四是 CSMAR 等金融数据库没有金融资产已实现损益等重要数据,因此实证研究面临挑战。针对这些难题,本书进行了一系列改进,定义公允价值计量(以金融资产收益为代理)作为新的研究对象,构建金融资产规模、盈余波动性、市场流动性等中介变量,对公允价值计量与成本计量模式进行比较分析,这是本书的独特之处。

第三,会计具有社会属性和经济后果,其影响方式是多方面的。在实务中,高级管理层对会计政策的选择、规避和利用必然带来会计后果,这是会计影响资本市场的第一个渠道。在市场上,监管者、经理层和投资者都要对资产负债表等会计信息做出反应,这是会计影响资本市场的第二个渠道。第三个渠道是监管层对会计准则和计量模式的规定,在本质上是利益协调机制。所以,会计能够影响经济的发展,公允价值会计能够影响金融的发展。

第四,上市公司持有金融资产很可能带来股票炒作和资产价格泡沫问题,但

就目前来看炒作迹象并不十分明显。2007—2009 年持有证券投资的一共是 1 908 个公司-年。这些观测点的平均持股数是 1.74 家，持股数超过 3 家的公司-年是 251，持股数超过 5 家的公司-年是 157 个，持股数超过 10 家的公司-年是 55 个。

综上所述，公允价值计量是会计学领域一个相当重要而又复杂的研究课题。在学术争议的背后，是对会计在经济体系中的角色和作用有截然不同的认识。在这方面，西方会计学显然还没有重视会计的本质。这个基础理论问题会影响会计学的发展方向。依作者来看，会计的本质是利益协调机制，是用于协调和处理市场各方经济利益的全球通用的计量规则，在这个认识基础上研究会计在金融经济体系中的作用将有比较广阔的前景。

参 考 文 献

[1] Abarbanell, J. S. and B. J. Bushee, 1997, "Fundamental Analysis, Future Earnings, and Stock Prices", *Journal of Accounting Research*, 35(1): 1—32.

[2] Aboody, D., M. E. Barth and R. Kasznik, 1999, "Revaluation of Fixed Assets and Future Firm Performance: Evidence from the UK", *Journal of Accounting and Economics*, 26(1): 149—178.

[3] Adalid and Detken, 2006, "Excessive Liquidity and Asset Price Boom/Bust Cycles", ECB Working Paper, No. 732.

[4] Adam, K., A. Marcet and J. P. Nicolini, 2006, "Learning and Stock Market Volatility", SSRN Working Paper.

[5] Allen C. and E. Carletti, 2008, "Mark-to-Market Accounting and Liquidity Pricing", *Journal of Accounting and Economics*, 45: 358—378.

[6] Allen F. and D. Gale, 2000, "Financial Contagion", *The Journal of Political Economy*, 108(1):1—33.

[7] Baker, M. P. and J. Wurgler, 2006, "Investor Sentiment and the Cross-section of Stock Returns", *Journal of Finance*, 61(1):1645—1680.

[8] Baks, K. and C. Kramer, 1999, "Global Liquidity and Asset Prices: Measurement, Implications and Spillovers", IMF Working Paper.

[9] Ball, R. and P. Brown, 1968, "An Empirical Evaluation of Accounting Income Numbers", *Journal of Accounting Research*, 35(1):159—179.

[10] Barberis, N., A. Shleifer and R. A. Vishny, 1998, "Model of Investor Sentiment", *Journal of Financial Economics*, 49(1): 307—343.

[11] Barberis, N. and R. Thaler, 2003, "A Survey of Behavioral Finance", *Handbook of the Economics of Finance*, 1: 1053—1128.

[12] Barberis, N., A. Shleifer and J. Wurgler, 2005, "Comovement", *Journal of Financial Economics*, 75: 283—317.

[13] Barth M. E., W. H. Beaver and M. A. Wolfson, 1990, "Components of Earnings and the Structure of Bank Share Prices", *Financial Analysts Journal*, 46(3): 53—60.

[14] Barth, M. E., 1994, "Fair Value Accounting: Evidence from Investment Securities and the Market Valuation of Banks", *The Accounting Review*, 69(1): 312—343.

[15] Barth M. E. and W. R. Landsman, 1995, "Fundamental Issues Related to Using Fair Value Accounting for Financial Reporting", *Accounting Horizons*, 9(4): 315—346.

[16] Barth, M. E., W. H. Beaver and W. R. Landsman, 1996, "Value Relevance of Banks Fair Value Disclosures under SFAS 107", *The Accounting Review*, 71(10): 513—537.

[17] Barth, M. E. and G. Clinch, 1998, "Revalued Financial, Tangible, and Intangible Assets: Associations with Share Prices and Non-market-based Value Estimates", *Journal of Accounting Research*, 36(9): 278—312.

[18] Barth, M. E., 2004, "Fair Values and Financial Statement Volatility", In G. M. Constantinides, M. Harris & R. M. Stulz (Eds.), *The Market Discipline across Countries and Industries*, Cambridge, MIT Press.

[19] Barth, M. E., 2006, "Including Estimates of the Future in Today's Financial Statements", *Accounting Horizons*, 20(3): 271—285.

[20] Barth, M. E., W. R. Landsman, M. Lang and C. Williams, 2006, "Accounting Quality: International Accounting Standards and US GAAP", SSRN Working Paper.

[21] Barth, M. E., 2007, "Standard-setting Measurement Issues and the Relevance of Research", *Accounting and Business Research*, 37(3): 7—15.

[22] Barth, M. E., L. D. Hodder and S. R. Stubben, 2008, "Fair Value Accounting for Liabilities and Own Credit Risk", *The Accounting Review*, 83(3): 629—664.

[23] Barth, M. E. and W. R. Landsman, 2010, "How did Financial Reporting Contribute to the Financial Crisis?", *European Accounting Review*, 19(3): 399—423.

[24] Beaver, W. H., 1968, "The Information Content of Annual Earnings Announcements", *Journal of Accounting Research*, 6: 67—92.

[25] Bernanke, B., 1983, "Nonmonetary Effects of the Financial Crisis in Propagation of the Great Depression", *American Economic Review*, 73(3): 257—276.

[26] Bernanke, B. and M. Gertler, 1987, "Financial Fragility and Economic Performance", NBER Working Paper, No. 2318.

[27] Bernanke, B. and M. Gertler, 1999, "Monetary Policy and Asset Price Volatility", *Federal Reserve Bank of Kansas City Economic Review*, 84(4): 17—51.

[28] Bernanke, B. Gertler, M. and Gilchrist, S., 1999, "The Financial Accelerator in a Quantitative Business Cycle Framework", In Taylor, Woodford (Eds.), *Handbook of Macroeconom-*

ics.

[29] Bernard, V. L., R. C. Merton and K. G. Palepu, 1995, "Mark-to-Market Accounting for Banks and Thrifts: Lesson from the Danish Experience", *Journal of Accounting Research*, 33 (1): 1—32.

[30] Bernard, V. and R. Ruland, 1987, "The Incremental Information Content of Historical Cost and Current Cost Numbers: Time Series Analysis", *The Accounting Review*, 62: 701—722.

[31] Borio, M. and P. Lowe, 2002, "Asset Prices, Financial and Monetary Stability", BIS Working Paper.

[32] Brooks, L. D. and D. A. Buckmaster, 1976, "Further Evidence of the Time Series Properties of Accounting Income", *Journal of Finance*, 31: 1359—1373.

[33] Brown, G., 1999, "Volatility, Sentiment and Noise Traders", *Financial Analysts Journal*, 55: 82—90.

[34] Brown, G. W. and M. T. Cliff, 2004, "Investor Sentiment and the Near-term Stock Market", *Journal of Empirical Finance*, 11(1): 1—27.

[35] Brown, R. and N. Sarma, 2006, "CEO Overconfidence, CEO Dominance and Corporate Acquisitions", SSRN Working Paper.

[36] Campbell, J., 1999, "Asset Prices, Consumption and the Business Cycle", In Taylor and Woodford (Eds.), *Handbook of Macroeconomics*, 1: 1—19.

[37] Campbell, J. and J. Cochrane, 1999, "By Force of Habit: A Consumption-based Explanation of Aggregate Stock Market Behavior", *Journal of Political Economy*, 107: 205—251.

[38] Choy, A. K., 2006, "Fair Value as a Relevant Metric: A Theoretical Investigation", Washington University Dietrich, Working Paper.

[39] Cooper, A. C., C. Y. Woo and W. C. Dunkelberg, 1988, "Entrepreneurs Perceived Chances for Success", *Journal of Business Venturing*, 3: 97—108.

[40] Daniel, K. D., D. A. Hirshleifer and A. Subramanyam, 1998, "Investor Psychology and Security Market Under-and Overreactions", *Journal of Finance*, 53: 1839—1885.

[41] DeLong, J. B., A. Shleifer, L. Summers and R. J. Waldman, 1991, "The Survival of Noise Traders in Financial Markets", *Journal of Business*, 64: 1—20.

[42] Diamond, D. and R. Rajan, 2001, "Liquidity Risk, Liquidity Creation and Financial Fragility: A Theory of Banking", *Journal of Political Economy*, 109(2): 287—327.

[43] Diamond, D. and R. Rajan, 2006, "Money in a Theory of Banking", *American Economic Review*, 96(1): 30—53.

[44] Doukas, J. A. and D. Petmezas, 2006, "Acquisitions, Overconfident Managers and Self-attribution Bias", Old Dominion University, Working Paper.

[45] Dumas, B., A. Kurshev and R. Uppal, 2009, "Equilibrium Portfolio Strategies in the Presence of Sentiment Risk and Excess Volatility", *Journal of Finance*, 64: 579—629.

[46] Eccher, E. A., K. Ramesh and S. R. Thiagarajan, 1996, "Fair Value Disclosures by Bank Holding Companies", *Journal of Accounting and Economics*, 22: 79—117.

[47] Eckstein, O. and A. Sinai, 1986, "The Mechanisms of the Business of in the Postwar Era", In Robert Gordon, *The American Business Cycle: Continuity and Change*, University of Chicago Press.

[48] Edwards, E. O. and P. W. Bell, 1961, *The Theory and Measurement of Business Income*, Berkeley and Los Angeles, University of California Press.

[49] Eichengreen, B. and R. Portes, 1987, "Dealing with Debt: The 1930s and the 1980s", NBER Working Paper, No. 2867.

[50] Enria, A. et al., 2004, "Fair Value Accounting and Financial Stability", http://www.ecb.int.

[51] FASB, 1976, "Scope and Implication of Conceptual Framework Project".

[52] FASB, 1978, "SFAC No. 11: Objectives of Financial Reporting by Business Enterprises".

[53] FASB, 1980, "SFAC No. 13: Elements of Financial Statements of Business Enterprises".

[54] FASB, 1980, "Statements of Financial Accounting Concepts No. 2: Qualitative Characteristics of Accounting Information".

[55] FASB, 1997, "Proposed Statement of Financial Accounting Concepts (ED): Using Cash in Flow Information and Present Value in Accounting Measurements".

[56] FASB, 1999, "Preliminary Views: Reporting Financial Instrument and Related Assets and Liabilities at Fair Value".

[57] FASB, 2007, "Statement of Financial Accounting Standards No. 157: Fair Value Measurements".

[58] FASB, 2008, "FAS 157-3: Determining the Fair Value of a Financial Asset When the Market for that Asset is not Active".

[59] FASB, 2009, "FAS 157-4: Determining Fair Value When the Volume and Level of Activity for the Asset or Liability".

[60] Feltham G. A. and J. A. Ohlson, 1995, "Valuation and Clean Surplus Accounting for Operating and Financial Activities", *Contemporary Accounting Research*, 11(2): 689—731.

[61] FelthamG. A. and J. A. Ohlson, 1996,"Uncertainty Resolution and the Theory of Depreciation Measurement", *Journal of Accounting Research*,34(2):209—234.

[62] Fisher, I., 1911, "Purchasing Power of Money".

[63] Fisher, I., 1933, "The Debt-deflation Theory of Great Depressions", *Econometrica*, 1(4): 337—357.

[64] Foster, G., 1977, "Quarterly Accounting Data: Time-series Properties and Predictive-ability Results", *The Accounting Review*, 52: 1—21.

[65] Freeman, R., J. Ohlson and S. Penman, 1982, "Book Rate-of-return and Prediction of Earnings Changes: An Empirical Investigation", *Journal of Accounting Research*, 20: 639—653.

[66] Gaver, J. and K. Gaver, 1998, "The Relation between Nonrecurring Accounting Transactions and CEO Cash Compensation", *Accounting Review*, 73(2): 235—253.

[67] Gervais, S. and T. Odean, 2001, "Learning to Overconfident", *The Review of Financial Studies*, 14(1): 1—27.

[68] Gouteron, S. and D. Szpiro, 2005, "Excess Monetary Liquidity and Asset Prices", SSRN Working Paper.

[69] Hayward, L. A. and C. H. Donald, 1997, "Explaining the Premiums Paid for Large Acquisitions: Evidence of CEO Hubris", *Administrative Science Quarterly*, 42(1): 103—127.

[70] Healy, P. M. and J. M. Wahlen, 1999, "A Review of the Earnings Management Literature and its Implications for Standard Setting", *Accounting Horizons*, 13: 365—383.

[71] Hirst, D. E. and P. E. Hopkins, 1998, "Comprehensive Income Reporting and Analysts' Valuation Judgments", *Journal of Accounting Research*, 36: 47—75.

[72] Hitz, J. M., 2007, "The Decision Usefulness of Fair Value Accounting: A Theoretical Perspective", *European Accounting Review*, 16(2): 323—362.

[73] Hodder, L., P. Hopkins and J. Wahlen, 2003, "Risk Relevance of Fair Value Income Measurement for Commercial Banks", SSRN Working Paper.

[74] Holthausen, R. W. and R. L. Watts, 2001, "The Relevance of the Value-Relevance Literature for Financial Accounting Standard Setting", *Journal of Accounting and Economics*, 31: 3—75.

[75] Holthausen, R. W. and R. W. Leftwich, 1983, "The Economic Consequences of Accounting Choice: Implications of Costly Contracting and Monitoring", *Journal of Accounting and Economics*, 5: 77—117.

[76] Hung, M., 2004, "Financial Statement Effects of Adopting International Accounting Stand-

ards: The Case of Germany", SSRN Working Paper.

[77] IASB, 2009, "Basis for Conclusions on Exposure Draft Fair Value Measurement", http://www.iasb.org.

[78] IASB, 2009, "Fair value measurement (Exposure Draft)", http://www.iasb.org.

[79] Illing, G., 2001, "Financial Fragility, Bubbles and Monetary Policy", http://www.cesifo-group.de.

[80] Jackson, S., T. Lopez and A. Reitenga, 2008, "Accounting Fundamental and CEO Bonus Compensation", *Journal of Accounting and Public Policy*, 27: 374—393.

[81] Jensen, M. C. and W. H. Meckling, 1976, "Theory of the Firm: Managerial Behavior, Agency Costs and Ownership Structure", *Journal of Financial Economics*, 3(4): 305—360.

[82] Jensen, M. C. and K. J. Murphy, 1990, "Performance Pay and Top-management Incentives", *Journal of Political Economy*, 98(2): 225—264.

[83] Kevin, W., 2007, "Market Liquidity: Definitions and Implications", Federal Reserve's Governor Speech at the Institute of International Bankers Annual Washington Conference, Washington D. C., March 5.

[84] Khurana, I. and M. Kim, 2003, "Value Relevance of Fair Value Disclosures in the Banking Industry", *Journal of Accounting and Public Policy*, 1/2: 19—42.

[85] Kindleberger, C., 1978, *Manias, Panics and Crashes*, New York: Basic Books.

[86] Landier, A. and T. David, 2004, "Financial Contracting with Optimistic Entrepreneurs: Theory and Evidence", SSRN Working Paper.

[87] Landsman, R. W., 2007, "Is Fair Value Accounting Information Relevant and Reliable? Evidence from Capital Market Research", *Accounting and Business Research*, *Special Issue*: *International Accounting Policy Forum*, 19—30.

[88] Landsman, R. W. and E. L. Maydew, 2002, "Has the Information Content of Quarterly Earnings Announcements Declined in the Past Three Decades?", *Journal of Accounting Research*, 40: 797—808.

[89] Lev, B. and S. R. Thiagarajan, 1993, "Fundamental Information Analysis", *Journal of Accounting Research*, 31: 190—215.

[90] Lin, Y., S. Hu and M. Chen, 2005, "Managerial Optimism and Corporate Investment: Some Empirical Evidence from Taiwan", *Pacific-Basin Finance Journal*, 13(5): 523—546.

[91] Littleton A. C., 1953, "Structure of Accounting Theory", American Accounting Association Monograph, No. 5.

[92] Machado and Sousa, 2006, "Identifying Asset Price Booms and Busts with Quantile Regressions", SSRN Working Paper.

[93] MacNeal K., 1939, *Truth in Accounting*, Houston: Scholars Books. Co (reprinted).

[94] Maines, L. A. and L. S. McDaniel, 2000, "Effects of Comprehensive-Income Characteristics on Nonprofessional Investors", *The Accounting Review*, 75:179—207.

[95] Malmendier, U. and G. Tate, 2003, "Who Makes Acquisitions? A Test of the Overconfidence Hypothesis", NBER Working paper.

[96] Malmendier, U. and G. Tate, 2005, "CEO Overconfidence and Corporate Investment", *The Journal of Finance*, 60(6):2661—2700.

[97] Marshall, D., 1992, "Inflation and Asset Returns in a Monetary Economy", *Journal of Finance*, 47(4): 1315—1342.

[98] Michael, D. B. and O. Jeanne, 2002, "Boom Bust in Asset Prices, Economic Instability and Monetary Policy", NBER Working Paper No. 8966.

[99] Minsky, H. P., 1971, "Financial Instability Revisited: The Economics of Disaster".

[100] Minsky, H. P., 1982, *The Financial Instability Hypothesis: A Clarification, the Risk of Economic Crisis*, Chicago: University of Chicago Press.

[101] Minsky, H. P., 1986, *Stabilizing an Unstable Economy*, Yale University Press.

[102] Minsky, H. P., 1992, "Financial Instability Hypothesis", SSRN Working paper No. 74.

[103] Mishkin, F. S., 2001, "The Tansmission Mechanism and the Role of Asset Prices in Monetary Policy", NBER Working Paper No. 8617.

[104] Nelson, K. K., 1996, "Fair Value Accounting for Commercial Banks: An Empirical Analysis of FAS No. 107", *The Accounting Review*, 71(4): 161—182.

[105] Newman, P., "Discussion of an Explanation for Accounting Income Smoothing", *Journal of Accounting Research*, 26: 140—143.

[106] Ohlson, J. A., 1995, "Earnings, Book Values, and Dividends in Equity Valuation", *Contemporary Accounting Research*, 11(2): 661—687.

[107] Odean, T., 1998, "Are Investors Reluctant to Realize Their Losses?", *Journal of Finance*, 53: 1775—1798.

[108] Ou, J. and S. Penman, 1989, "Financial Statement Analysis and the Prediction of Stock Returns", *Journal of Accounting and Economics*, 11: 295—329.

[109] Paton, W. A., 1946, "Cost and Value in Accounting", *Journal of Accountancy*, 81(3):

19—20.

[110] Penman, S. H. , 2007, "Financial Reporting Quality: Is Fair Value a Plus or a Minus?", *Accounting and Business Research Special Issue: International Accounting Policy Forum*, 33—44.

[111] Petroni, K. R. and J. M. Wahlen, 1995, " Information about Future Cash Flows in Fair Value Disclosures of Equity and Debt Securities of Property-Liability Insurance Companies", SSRN Working Paper.

[112] Plantin, G. , H. Sapra and H. S. Shin, 2008, "Marking-to-Market: Panacea or Pandora's box?", *Journal of Accounting Research*, 46(2): 435—446.

[113] Roger, W. F. , 2005, "Asset Prices and Monetary Liquidity", http://www. Federa lreserve. gov.

[114] Roll, R. , 1986, "The Hubris Hypothesis of Corporate Overtakes", *Journal of Business*, 59:197—216.

[115] Ryan, S. G. , 2008a, "Accounting in and for the Subprime Crisis", *The Accounting Review*, 83: 1605—1638.

[116] Ryan, S. G. , 2008b, "Fair Value Accounting Understanding the Issues Raised by the Credit Crunch", New York University, Working Paper.

[117] Schneider, D. K. and M. G. McCarthy, 2007, "Fair Value Accounting Broadened with FAS-159", *Commercial Lending Review*, 7/8: 28—35.

[118] Schwarzman, S. , 2008, "Did an Accounting Rule Fuel a Financial Crisis?", http://www. NYtimes. com.

[119] SEC, 2008, "Study on Mark-to-market Accounting: Report and Recommendations Pursuant to Section 133 of the Emergency".

[120] Shefrin, H. and M. Statman, 1985, "The Disposition to Sell Winners Too Early and Ride Losers Too Long: Theory and Evidence", *Journal of Finance*, 40: 777—790.

[121] Shleifer, A. and R. Vishny, 1997, "The Limits of Arbitrage", *Journal of Finance*, 52: 35—55.

[122] Sloan, R. G. , 2001, "Financial Accounting and Corporate Governance: A Discussion", *Journal of Accounting and Economics*, 1/3: 335—347.

[123] Stigler. G. J. , 1964, "A Theory of Oligopoly", *Journal of Political Economy*, 72(1): 44—78.

[124] Trueman, B. , 1988, "A Theory of Noise Trading in Securities Markets", *The Journal of*

Finance, 43(1): 83—95.

[125] Trueman, B. and S. Titman, 1988, "An Explanation for Accounting Income Smoothing", *Journal of Accounting Research*, 26: 127—139.

[126] Venkatachalam, M., 1996, "Value Relevance of Banks Derivatives Disclosures", *Journal of Accounting and Economics*, 22: 327—355.

[127] Watanabe, M., 2008, "Price Volatility and Investor Behavior in an Overlapping Generations Model with Information Asymmetry", *Journal of Finance*, 163: 229—272.

[128] Waymire G. and S. Basu, 2011, "Economic Crisis and Accounting Evolution", *Accounting and Business Research*, 41(3): 207—232.

[129] Wilson, G., 1996, "Discussion Write-Offs: Manipulation or Impairment?", *Journal of Accounting Research*, 34: 171—178.

[130] Zeff, S. A., 1978, "The Impact of Accounting Reports on Decision Making May Be the Most Challenging Accounting Issue of the 1970s", *The Journal of Accountancy*, 12: 56—63.

[131] Zeff, S. A., 2005, "The Evolution of U. S. GAAP: The Political Forces behind Professional standards", *The CPA Journal*, 2: 20—29.

[132] 财政部会计司,2008,"美国救市法案发布后 20 天回顾——国际各方针对公允价值会计的最新动态",《会计研究》,第 11 期,第 141—143 页。

[133] 财政部会计准则委员会,2005,《国际财务报告准则》,北京:中国财政经济出版社。

[134] 曹越、伍中信,2009,"产权保护、公允价值与会计改革",《会计研究》,第 2 期,第 28—33 页。

[135] 陈美华,2006,《公允价值计量基础研究》,北京:中国财政经济出版社。

[136] 陈旭东、逯东,2009,"金融危机与公允价值会计:源起、争论与思考",《会计研究》,第 10 期,第 18—23 页。

[137] 陈彦斌,2005,"情绪波动和资产价格波动",《经济研究》,第 3 期,第 36—45 页。

[138] 邓传洲,2005,"公允价值的价值相关性:B 股公司的证据",《会计研究》,第 10 期,第 55—62 页。

[139] 方军雄,2009,"我国上市公司高管的薪酬存在粘性吗?",《经济研究》,第 3 期,第 110—124 页。

[140] 葛家澍,2006,《财务会计理论研究》,厦门:厦门大学出版社。

[141] 葛家澍,2007,"关于在财务会计中采用公允价值的探讨",《会计研究》,第 11 期,第 3—8 页。

[142] 葛家澍、杜兴强,2003,《会计理论》,上海:复旦大学出版社。

[143] 葛家澍、徐跃,2006,“会计计量属性的探讨——市场价格、历史成本、现行成本与公允价值”,《会计研究》,第9期,第7—14页。

[144] 韩立岩、伍燕然,2007,“投资者情绪与IPOs之谜——抑价或者溢价”,《管理世界》,第3期,第51—61页。

[145] 郝振平、赵小鹿,2010,“公允价值会计涉及的三个层次基本理论问题”,《会计研究》,第10期,第12—18页。

[146] 何德旭、饶明,2010,“资产价格波动与实体经济稳定研究”,《中国工业经济》,第3期,第19—30页。

[147] 黄世忠,1997,“公允价值会计——面向21世纪的计量模式”,《会计研究》,第12期,第1—4页。

[148] 黄世忠,2009,“公允价值会计的顺周期效应及其应对策略”,《会计研究》,第11期,第23—29页。

[149] 姜付秀、张敏、陆正飞、陈才东,2009,“管理者过度自信、企业扩张与财务困境”,《经济研究》,第1期,第131—143页。

[150] 李新路、张文修,2005,“中国股票市场个体投资者‘处置效应’的实证研究”,《当代经济科学》,第5期,第76—80页。

[151] 刘春航、张新,2007,“‘繁华预期’、流动性变化和资产价格”,《金融研究》,第6期,第1—12页。

[152] 刘骏民、伍超明,2004,“虚拟经济与实体经济关系模型——对我国当前股市与实体经济关系的一种解释”,《经济研究》,第4期,第60—69页。

[153] 刘霞辉,2002,“资产价格波动与宏观经济稳定”,《经济研究》,第2期,第11—18页。

[154] 刘志远、白默,2010,“公允价值计量模式下的会计政策选择——基于上市公司交叉持股的实证研究”,《经济管理》,第1期,第118—124页。

[155] 卢永华、杨晓军,2000,“公允价值计量属性研究”,《会计研究》,第4期,第60—62页。

[156] 陆正飞、姜国华、张然,2009,《财务会计与资本市场实证研究——重点文献导读》,北京:中国人民大学出版社。

[157] 路晓燕,2006,“公允价值的国际应用”,《会计研究》,第4期,第81—85页。

[158] 毛新述、戴德明,2011,“论公允价值计量与资产减值会计计量的统一”,《会计研究》,第4期,第15—22页。

[159] 毛小元、陈梦根、杨云红,2008,“配股对股票长期收益的影响:基于改进三因子模型的研究”,《金融研究》,第5期,第114—129页。

[160] 瞿强,2007,“资产价格波动与宏观经济政策困境”,《管理世界》,第 10 期,第 139—149 页。

[161] 斯蒂芬 · A. 泽夫,2005,《会计准则制定:理论与时间》,北京:中国财政经济出版社。

[162] 孙铮、刘浩,2008,“公允价值的目标论与契约研究导向——兼以上市公司首次确认辞退补偿为例”,《会计研究》,第 1 期,第 4—11 页。

[163] 谭洪涛、蔡春,2009,“新准则实施会计质量实证研究——来自 A 股上市公司的经验证据”,《中国会计评论》,第 2 期,第 127—156 页。

[164] 王建成、胡振国,2007,“我国公允价值计量研究的现状及相关问题探析”,《会计研究》,第 5 期,第 10—16 页。

[165] 王美今,2005,“我国基金投资者的处置效应——基于交易账户数据的持续期模型”,《中山大学学报(社会科学版)》,第 6 期,第 122—128 页。

[166] 王守海、孙文刚、李云,2009,“公允价值会计和金融稳定研究——金融危机分析视角”,《会计研究》,第 10 期,第 24—31 页。

[167] 伍志文,2002,“中国银行体系脆弱性状况及其成因实证分析(1978—2000)”,《金融研究》,第 12 期,第 21—37 页。

[168] 徐经长、曾雪云,2010,“公允价值计量与管理层薪酬契约”,《会计研究》,第 3 期,第 12—19 页。

[169] 徐挺、董永祥,2010,“货币流动性过剩、噪声交易与资产价格波动”,《经济问题》,第 2 期,第 4—10 页。

[170] 薛爽、徐浩萍、施海娜,2009,“公允价值的运用与应计利润功能——基于中国新旧会计准则比较的研究”,《南开管理评论》,第 5 期,第 125—135 页。

[171] 薛爽、赵立新、肖泽忠、程绪兰,2008,“会计准则国际趋同是否提高了会计信息的价值相关性?——基于新老会计准则的比较研究”,《财贸经济》,第 9 期,第 62—67 页。

[172] 阎达五,1983a,“马克思的价值学说与会计理论建设——纪念马克思逝世一百周年”,《会计研究》,第 1 期,第 1—5 页。

[173] 阎达五,1983b,“经济效果与会计理论建设”,《阎达五文集》,北京:中国人民大学出版社。

[174] 阎达五,1983c,“成绩、问题、展望——评三年来我国会计理论的研讨”,《会计研究》,第 4 期,第 20—26 页。

[175] 阎达五,1988,“会计管理理论的框架结构”,《阎达五文集》,北京:中国人民大学出版社。

[176] 阎达五,1994,“中国企业会计准则及其实施情况”,《阎达五文集》,北京:中国人民大

学出版社。

[177] 杨纪琬、阎达五,1980,“开展我国会计理论研究的几点意见——兼论会计学的科学属性”,《会计研究》,第 1 期,第 2—10 页。

[178] 杨纪琬、阎达五,1982,“论‘会计管理’”,《经济理论与经济管理》,第 4 期,第 39—45 页。

[179] 杨雄胜,2009,“追寻会计学术灵魂,召唤会计理论良知——为《会计研究》创刊 30 周年而作”,《会计研究》,第 12 期,第 32—37 页。

[180] 张峥、徐信忠,2006,“行为金融学研究综述”,《管理世界》,第 9 期,第 155—167 页。

[181] 赵进文、高辉,2009,“资产价格波动对中国货币政策的影响——基于 1994—2006 年季度数据的实证分析”,《中国社会科学》,第 2 期,第 98—114 页。

[182] 郑鸣、倪玉娟、刘林,2009,“公允价值会计制度对金融稳定的影响——兼论美国金融危机的启示”,《财经研究》,第 6 期,第 17—28 页。

[183] 支晓强、童盼,2010,“公允价值计量的逻辑基础和价值基础”,《会计研究》,第 1 期,第 21—27 页。

[184] 周华、刘俊海,2009,“会计理论的演进与盯市会计的形成”,《理论学刊》,第 8 期,第 40—46 页。

[185] 周明春、刘西红,2009,“金融危机引发的对公允价值与历史成本的思考”,《会计研究》,第 9 期,第 15—21 页。

后　记

拙作是在我的博士学位论文基础上修改而成。在付印之际,首先要深深感谢我的博士指导教师中国人民大学商学院徐经长教授和博士后指导教师北京大学光华管理学院陆正飞教授。五年前,承蒙徐老师接纳,使我有机会重返校园。两年前,又承蒙陆老师接纳,使我得以在博士论文的基础上进行后续研究。两位恩师对会计准则与会计监管都有长期的跟踪研究、独到的思考、敏锐的洞察和精湛的授课。两位老师讲授会计课程,高屋建瓴,深入浅出,融会贯通了会计与金融、会计与经济、会计与社会等多门学科的知识,让学生受益匪浅,深深折服,是我们学习的典范。在如此厚重的学术支持和人文关怀中,我收获了大量的知识和见闻,得以顺利完成学业。两位恩师的培养和教诲让我深深感动和难以言谢!

在我求学期间,还要特别感谢几位无导师之名却有导师之实的老师。诚挚感谢支晓强副教授和叶康涛副教授对我的悉心指导与帮助。支老师是班主任,在第一次班会上就提醒大家,取法乎上、只得乎中,取法乎中、只得其下,要求我们设立高水平的发表目标,他是我们的良师益友。叶老师给我们讲会计学主文献课程,很有深度,传授实证研究方法颇有耐心。两位老师严谨、认真的治学态度和许多可贵品质,让我由衷地钦佩!

诚挚感谢戴德明教授和王化成教授对我的悉心指导。在戴老师的首肯下,我们班研读了两个学期的专业主文献,同学们都喜爱钻研。这股凝聚力离不开戴老师担任系主任期间对我们的支持。更要感谢戴老师给我指出博士论文中存在的问题和不足,又悉心指导我对会计管理活动论进行了综述。我非常荣幸能与王老师合作写三峡案例的文章。王老师颇有大师风范,往往简单几句点评,就让我思绪顿开,少走许多弯路。在此,向两位老师致以最诚挚的感谢!

诚挚感谢荆新教授对我的指导和关心。荆老师对学位论文有相当高的要求,并倾注了大量精力和期待,这些高标准和严要求是我完成学位论文的压力也是动力。特此,向荆老师致以诚挚敬意!诚挚感谢姜付秀教授对我的毕业去向给出了珍贵建议！姜老师对学术的挚爱，让我深受感染。诚挚感谢宋建波教授、于富生教授、林钢教授、杨有红教授、祁怀锦教授、王君彩教授和张敏副教授，他们在我博士论文答辩、预答辩和开题时提出了宝贵意见，使我学位论文的质量得到提升！我在中国人民大学商学院学习的五年中，还得到了赵西卜教授、文光伟副教授、周华副教授、陈君老师、施晓斌老师等诸位老师的指导和关心，特此致以真挚谢意！

诚挚感谢张伟华、王玉梅、张洁、龙月娥、成颖利、邸丛枝、王军会、王美因、王小鹏、刘西友和赵懿清等同学对我的支持和帮助。感谢胡文龙、王志超、王胜海、刘锦全、海洋、叶勤松、何洲娥、雷雪、叶慧芬、徐舒菲等同门师兄妹在数据采集和其他重要方面对我的支持和帮助。同门和同窗情谊，弥足珍贵！

特别感谢北京大学出版社林君秀老师和李娟老师的大力帮助和支持，使本书得以很快出版。

深深感谢家人长期以来对我的支持！没有父母亲的照顾、爱人的支持和女儿的理解，我想我没有时间和精力长期专注于工作。家人善良的本性、坚毅的性格、健康开朗和通情达理，是我最宝贵的财富。

最后，公允价值计量作为一项制度安排，对企业投融资行为的影响是多层次、多方面和极复杂的。本书的后续研究发现企业在公允价值会计下的金融投资行为在一定程度上有风险应对的作用，但也可能增加债务风险。相关研究敬请关注。希望拙作的出版能够引起更多的思考和有价值的研究。对于本书的疏漏和局限性，敬请读者批评指正。邮件请发至 zengxueyun@ live. com。

曾雪云

2014 年 1 月